U0711927

"中国地方法制研究与开发研究基地"项目书系　中国地方法制研究中心书系

中国当代公法研究文丛
ANALYSIS OF CONTEMPORARY CHINESE PUBLIC LAW

多阶段行政行为的
司法审查研究

Research on Judicial Review of
Multi-stage Administrative Act

周泽中 / 著

中国政法大学出版社

2023·北京

声　　明　　1. 版权所有，侵权必究。

2. 如有缺页、倒装问题，由出版社负责退换。

图书在版编目（ＣＩＰ）数据

多阶段行政行为的司法审查研究/周泽中著.—北京：中国政法大学出版社，2023.6
ISBN 978-7-5764-1012-9

Ⅰ.①多… Ⅱ.①周… Ⅲ.①行政行为－行政法－研究－中国 Ⅳ.①D922.112.4

中国国家版本馆 CIP 数据核字(2023)第 125574 号

出　版　者	中国政法大学出版社
地　　　址	北京市海淀区西土城路 25 号
邮寄地址	北京 100088 信箱 8034 分箱　邮编 100088
网　　　址	http://www.cuplpress.com (网络实名：中国政法大学出版社)
电　　　话	010−58908586(编辑部) 58908334(邮购部)
编辑邮箱	zhengfadch@126.com
承　　印	固安华明印业有限公司
开　　本	720mm×960mm　　1/16
印　　张	16
字　　数	280 千字
版　　次	2023 年 6 月第 1 版
印　　次	2023 年 6 月第 1 次印刷
定　　价	79.00 元

总　序

　　不少学者断言，21世纪是公法的时代，笔者不知道这种判断是否妥帖，但讨论公法的问题在近几年的确变成了某种学术时尚，而对当代公法问题的研究显然属于其中的焦点。择主要者就有：罗豪才先生主持的"公法名著译丛""行政法论丛""现代行政法论著丛书"；梁治平君主持的"宪政译丛"；贺卫方教授主持的"司法文丛"；夏勇君主持的《公法》；谢晖教授主持的"公法研究"；张树义教授主持的"公法论丛"；陈兴良教授主持的"刑事法评论"等。各文丛均有所侧重，一部部重头的著作，使得中国法学的学术一时间似乎进入了"公法时代"，这一切当然令吾辈欢欣鼓舞。

　　众所周知，公法与私法的划分最早可以追溯到古罗马时期。古罗马法学家乌尔比安首先提出："公法是关于罗马帝国的法律，私法是关于个人利益的法律。"查士丁尼对这一经典性的定义加以肯定："法律学习分为两部分，即公法与私法。公法涉及罗马帝国的政体，私法涉及个人利益。"罗马法学家这种关于法的部门的划分对后世产生了极大的影响，这种划分在法律技术方面使立法变得无比清晰。作为古代世界最完善、最发达的法律体系，罗马法对后世法律制度最重要的贡献就是公法、私法分立的理念及其制度安排。按德国学者梅迪库斯在其《德国民法总论》中的说法，当今各国对整个法律材料所做的一个根本性的划分几乎无一例外地就是将法律分为公法和私法。可以说，公法与私法的区分是当今整个法律制度基本的分类，当然也是首要的分类。宪法、刑法、行政法、国际法为公法；民法，广义上包括商法、劳动法和其他民事特别法为私法。笔者以为公、私法的划分乃是人类社会文明发展的重大成果。德国著名学者基尔克断言，公法和私法的区别是现代整个法秩序的基础，日本学者美浓部达吉也认为，公法和私法的区分是现代法的基本原则。

相当长的一段时间，由于受到苏联的影响，我国法学界对划分公法、私法的问题大多持否定或回避的态度。至少在笔者读大学的那个年代，就不接受这种划分。主要原因是列宁1922年说过的一段话："目前正在制定新的民法。……我们不承认任何'私人的'东西，在我们看来，经济领域中的一切都属于公法范围，而不是什么私人的东西。"[1]现在看来，这种认识受到了单一的公有制和计划经济思想的影响。改革开放以来，人们的思想解放，特别是市场经济体制确立后，许多法律问题突显出来：市场经济的法律基础是什么？国家宏观调控属于什么性质的法律规范？建立社会主义市场经济法律体系究竟应以什么作为基本结构？如何规范公权力？法治政府该如何实现？法治政体又该如何架构？在此情况下，公私法之分重新被摆上了法学论坛。时至今日，公法和私法的划分传统为当今各国普遍接受并被视为立法科学中的常识。这种划分传统是立法实践的历史的产物，也是立法实践的历史的选择。

但笔者认为，当下的公法是不发达的，与我们正在进行着的宏业不相匹配。自由、平等、正义、民主、秩序、效率这些大词，不仅没有认真地解构，更没有好好地实践，我们为人类公法思想的宝库并没有做出多大的贡献。中国正在努力担负大国的责任，正在跨越"百年民族悲情"年代；而"思在历史，心在当下"正是公法学人应有的态度。为此，我校宪法与行政法学科提出"阅读经典，关注现实"的学科发展思路，并在法律出版社和中国政法大学出版社的支持下公开出版了两套丛书——"中国近代公法丛书"和"中国当代公法研究文丛"。"经典"是人类思想的结晶，是伟大思想家给人类留下的一座座思想"富矿"。牛顿把自己在科学领域的

---

[1] 《列宁全集》（第36卷），人民出版社1984年版，第587页。

成就归于站在巨人的肩膀上，我们也可以站在前人经典之作的肩膀上，通过阅读文化经典或者经典解读，提升我们自己的人文素养。素质不是知识，是仁义礼智，是孟子的四心，即：是非之心、羞恶之心、恻隐之心、辞让之心。深入经典，学术才有宽厚坚实的基础。而关注现实，学术才有正确的指向。体悟生活，思想才能打动人心。有生命的思想是需要讨论的，思想争论是一个民族、一个国家走向成熟的标志，不管是左还是右，是新还是旧。我们欣赏也期待带有强烈中国问题意识的公法思想表达。公法思想是人类法学思想的精华，也是精神标杆，它高居于人类法学思想的金字塔尖，如果它缺失了，就是人类法学思想高度的缺失。

西南政法大学宪法与行政法学科于 1992 年经国务院学位委员会批准获得硕士学位授予权，属于全国较早一批设立硕士学位授予点的法学二级学科。本学科于 1996 年被确定为校级重点学科，2000 年被重庆市确定为省部级重点学科，2004 年被批准为博士学位授权点，2005 年开始单独招收博士研究生，2009 年开始招收博士后研究人员，是重庆市"十五"和"十一五"重点学科。学校历来重视宪法与行政法学科点的建设，在王连昌教授、贺善征教授、郑传坎教授、姚登魁教授、文正邦教授等老一辈学者的创建、经营、带动和培养下，薪火相传，生生不息。经过多年的辛勤劳作，本学科点造就了一批优秀的教学科研人才，并持续保有一支具有探索精神的学术梯队，在中国近代公法制度、行政法基础理论、行政程序法、比较行政诉讼法等领域做出了自己的贡献，形成了自己的专业特色。

目前我校宪法与行政法学科下设有两个校级研究中心：一个是"人大与宪政制度研究中心"，另一个是"中国地方法制研究中心"。

"中国地方法制研究中心"成立于 1994 年 7 月，是一个以公法制度为主要研究领域的学术机构，中心成员以西南政法大学宪法和行政法两个教研室的教师为主，并邀请了国内外部分公法学人加盟，中心首任主任是新中国行政法学创始人之一的王连昌先生。成立十多年来，中心倡导对于公法制度进行跨学科、多角度的综合研究，强调学术研究与司法实践之间的对话与互动，力求通过中心的研究成果及学术活动推动公法研究领域的学术繁荣。这套"中国当代公法研究文丛"正是展现中心研究成果及国内外公法制度研究成果的窗口。2009 年 3 月 12 日，中心申报了中央与地方共建项目——"地方法制研究与开发研究基地"，并于同年 9 月获得批准。"中国当代公法研究文丛"的出版获得了中心及该项目的大力支持。该"公法研究文丛"是一个持续性的园地，入选作者以西南政法大学宪法与行政法学科学者为主，同时也欢迎国内外公法学界符合中心学术旨趣和成果标准的优秀成果，本文丛的宗旨和学术理念是"用真方法、解真问题、求真作品、做真学问"。

其实，生命的个体往往渺小，而思想则能直达苍穹。我们都是从原点出发去感悟着属于自己的人生。一本书，一个傍晚，一杯清茶，或窗前，或树下，随着书页唰唰翻过的声音，享受着那属于自己的流淌的生命，此为人生最为高远的快意。

唯愿此文丛于我国公法之建设，有所贡献！

是为序。

王学辉

2012 年 11 月 4 日于重庆渝北回兴

序

关于行政行为基本理论研究的新视角

　　《多阶段行政行为的司法审查研究》一书系湖南师范大学法学院讲师，周泽中博士在中国政法大学出版社 2023 年 6 月出版的一本行政法学专著。学生又出新书了我当然高兴，近十年来，基本上形成了这样一个习惯，只要是自己学生出了新书，我都会认真阅读一遍，然后多多少少写些文字以示纪念，这既是肯定，也是见证，好在是"秀才人情纸半张"。其实，泽中博士自在西南政法大学读行政法学研究生以来，六年间一直喜欢关注行政法基本理论问题，愿意思考也善于思考，是个"拼命三郎"，笔耕不停，成绩显著，公开发表了十几篇有质量的学术文章，还有两篇被中国人民大学复印报刊资料全文转载，这在博士研究生中是前所未有的。这次他出版的书是研究行政行为的，我认为："作为行政法学体系的'阿基米德支点'，行政行为呈现出来的多阶段化特征，注定会成为一种'新常态'。"多阶段行政行为对于现代公共行政体系和行政法律规范制度建构所产生的影响，丝毫不逊于任一类型化了的行政行为，其所代表的复合行政已然成为当下行政管理模式的"基点"，能够有机地连接"执法金字塔"的不同行为表现形式。众所周知，随着现代社会公共行政事务的日趋繁杂，社会整体的结构和功能高度分化最终会直接影响行政分工和组织架构的精密程度。最为明显的表现方式便是越来越多的行政活动需要依靠多个部门的积极参与和多种手段的综合应用，这就意味着通过多阶段行政行为和复数行政活动来达成行政管理目的，业已成为现代行政的一种常态模式。多阶段行政行为既可能由一个行政主体完成，在形式上呈现出"一主体、多程序、多决定"的连续过程构造，也可能由多个行政主体分段实施，形成"多主体、多程序、多决定"的接连过程构造。那么，在多阶段行政行为案件起诉至人民法院之后，行政相对人能否在后行政行为的争讼过程中主张先行政行为的违法性问题，人民法院能否直接或者间接审查先行政行为的合法性问题，影响到对后行政行为的合法性认定，俨然成为现代行政法学理论研究和司法实践皆无法绕开的一项重要议题。

多阶段行政行为是一种未以型式化、类型化的行政行为，多见于行政许可、行政征收等行政争议案件之中，如何处理和审查其中的先行行为对于后续行为合法性的影响问题，在理论和实践层面均未对其给予应有的重视和关注，致使在学术讨论中一直处于"冷、偏"的边缘位置，近年来鲜有文字对其展开论述，多以日本和我国台湾地区的学理成果为参照对象，且借鉴程度相对较低。同时，在我国行政审判实践过程中，由于缺乏行之有效的学理指引以及典型案例的有效指导而造成"同类案件的裁判结果差别明显"的忧人现状。

2018年3月，最高人民法院针对"饭垄堆案"进行再审，在判决中肯定违法性继承问题的存在并首次提出了违法性继承的判断标准，表明了最高审判机关对待多阶段行政行为的官方态度。表面看来此案中确有两个前后相继的行政行为，即先行的《采矿许可证》与后行的行政许可延续行为，先行行为的合法性也的确对后行延续行为的合法性产生了影响。但实际上，这两个行为同属于采矿许可程序之中的不同环节，一个为许可发证，一个为许可延续。虽主管机关级别不同，但同为我国国土资源行政主管部门。因而，此案并不是违法性继承的典型构造，并非发生于多阶段行政行为过程之中的不同行政主体作出的前后相继的两个行政行为，但这并不影响最高人民法院在本案中确立的我国违法性继承的判断标准。最高人民法院在本案中明确了不同行政行为之间能够产生违法性继承的具体判断标准：第一，先行政行为必须是后行政行为所必需的权利来源和内容基础，且先行政行为的合法性能够对后行政行为产生影响；第二，先行政行为存在"重大且明显违法"的效力瑕疵；第三，"先行行为经治愈，后续行为不继承违法性"。

值得正视的是，在我国行政审判实践中，一些人民法院亦明确指出：先行政行为与后行政行为是各自独立、互不干涉的行为，因此，在针对后行政行为的诉讼程序中拒绝对先行政行为进行审查。例如，阶段性行政许可过程中的各个行为已经具备了行政行为的成立要件，能够独立地对外产生行政行为的效力，为了尊重行政行为的法律效果和保护相关主体的信赖利益，不能以先行政行为违法为由认定后行政行为违法。由此可见，不同的人民法院对于多阶段行政行为的性质认定和裁判理据可能存在较大差异。

本书写作目的并非仅仅关注和解决我国多阶段行政行为司法审查过程中所能够涉及的理论与实践问题，而是应当重点关注司法审查过程中多阶段行政行为案件所涉及的理论基础和实践逻辑，剖析多阶段行政行为的整体概貌和现实面向，探讨其所依据的一些行政法学基础理论之间存在的内容张力。通过分析我国人民法院所作出的一些典型裁判文书对于上述理论观点的实际运用，对比考察域外关于多阶段行政行为司法审查的学理实践，进而充分挖掘多阶段行政行为司法审查能够为现代行政法学理论研究和行政审判制度完善带来的重要制度启示。通过重点言说多阶段行政行为司法审查所涉及的行政行为效力、违法性继承、行政过程安定、司法审查强度以及行政诉讼目的等理论观点之间的逻辑张力，反观这些学理在司法裁判实践过程中的不同偏重以及如何理性审思和妥善处理多阶段行政行为司法审查的个案利益衡量问题。

在我看来，本书创新点在于突破传统的论证框架和分析视角。破除多阶段行政行为司法审查研究固有的视野窠臼和框架限制——仅仅侧重于违法性继承理论，选择将其与行政行为效力、行政过程安定以及行政诉讼成熟等行政法学基础理论有机结合，并分析其中存在的理论张力，为理解和分析我国司法机关裁判路径和对比考察域外学理实践奠定基础；摒弃多阶段行政行为学理探讨与司法裁判实践相互脱节的研究短板，选择将其所关涉的基础学理张力和现实情境下的司法审查逻辑相互连结、对比考察，这一论述主旨始终贯穿于司法审查中多阶段行政行为的实践样态、概念意蕴和审查逻辑等领域之中，积极探寻理论研究与实践运行二者实然存在的对话基础，以期能够为我国司法机关妥善处理多阶段行政行为司法审查的重难点问题提供一些可资参考的有益结论；进一步改变司法审查研究往往过于侧重具体的对策建议分析思路，而选择将多阶段行政行为司法审查的实践张力与制度完善作为本书的重点研究成果。当然，我国行政审判实践中对于多阶段行政行为案件的司法审查仍旧沿循实体与程序二分的研究进路，其中行政行为效力与行政违法性继承等原则多从实体层面进行分析，行政过程安定、行政诉讼成熟等观点则多从程序维度展开论证。但是，除了程序和实体的考量空间之外，还需要从行政诉讼目的、司法审查强度之间关系问题进行论述，全面涵括多阶段行政行为司法审查过程中可能会遇到的问题以及与之相关的制度完善。

最后我想表达的是，虽然多阶段行政行为司法审查理论与实践繁芜复杂，但多阶段行政行为的司法审查问题必然会随着我国行政法学理论研究的纵深发展和行政诉讼审判实践工作的不断推进而受到学术界和实务界的共同重视。毕竟，"一种从最深的基础理论土壤中长出来的制度实践，应当继续向上生长……"

王学辉

2023 年 6 月于南川中海黎香湖日内瓦蔚王居

前　言
FOREWORD

一、研究背景与目的

现代社会的公共行政事务日趋繁杂，从而造成了社会整体结构和功能的高度分化，最终会直接影响行政分工和组织架构的精密化程度。最为明显的表现方式便是，越来越多的行政活动需要依靠多个部门的积极参与和多种手段的综合应用，这就意味着通过多阶段行政行为和复数行政活动来达成行政管理目的，业已成为现代行政的一种常态模式。那么，在多阶段行政行为过程中的先行政行为和后行政行为之间的合法性能否主张衔接以及如何具体处理和审查二者的合法性问题，便成为现代行政法学理论研究和行政诉讼审判实践需要共同面临的疑难困惑。

多阶段行政行为是一种未型式化、类型化的行政行为，多见于行政许可、行政征收等行政争议案件之中，如何处理和审查其中的先行政行为对于后行政行为合法性的影响问题，在理论和实践层面均未对其给予应有的重视和关注，致使在学术讨论中一直处于"冷、偏"的边缘位置，近年来鲜有文字对其展开论述，多以日本的学理成果为参照对象，且借鉴程度相对较低。同时，在我国行政审判实践过程中，由于缺乏行之合理的学理指引以及典型案例的有效指导而造成"同类案件的裁判结果差别明显"的忧人现状。因此，有必要基于一些典型案例对多阶段行政行为的司法审查实践展开细致分析，界定概括多阶段行政行为的现实面向，进而探讨其在行政行为效力、行政过程安定以及行政行为违法性继承等行政法学基础理论层面存在的内容张力，并以我国司法机关对于多阶段行政行为案件的裁判路径和域外学理实践的意脉总结展开对比考察，探究多阶段行政行为司法审查出现理论与实践明显脱节的关键所在，最终以期能够从多阶段行政行为司法审查所涉及的相关理论与实践之中获取一些有益的制度启示。

现代社会的高速发展促使行政职能的分工日益精细化，庞杂的行政管理事务依赖多部门主体的共同参与，形成一种由不同行为阶段组成的行政过程。此种多阶段行政行为，既可能由一个行政主体完成，在形式上呈现出"一主体、多程序、多决定"的连续过程构造，也可能由多个行政主体分段实施，从而形成"多主体、多程序、多决定"的接连过程构造。换言之，由多个行政行为分阶段组合起来完成某一项行政任务，俨然成为当前行政管理实践运行的一种寻常现象。那么，在多阶段行政行为案件起诉至司法机关之后，行政相对人能否在后行政行为的争讼过程中主张先行政行为的违法性问题，人民法院能否直接或者间接审查先行政行为的合法性问题，进而影响对后行政行为的合法性认定，便成为现代行政法学理论研究和司法实践均无法绕开的重要议题。

笔者通过查阅关于多阶段行政行为及其司法审查的现有论著文献资料，发现我国大多数公法学人侧重于引入德国、日本颇为主流的"行政行为违法性继承"理论视角，其中杨建顺、朱芒、王贵松等教授先后对日本法上的相关学理讨论和司法判例结果予以梳理分析，根据他们的阐述和介绍，早期的日本行政法论著皆是借助行政行为的公定力理论，原则上否认行政行为的违法性继承观点，而仅仅是基于行政行为之间的效果关系和救济目的等角度例外地承认行政行为的违法性继承。而最新的理论发展情况则是从程序法的角度衡量权利保护与法安定性的要求，突破了既往的"原则—例外"的传统理论模式。在德国，行政法学者则认为，既然后行政行为需要以先行政行为的规制结论为基本的构成要件，那么，在相同或相关问题的判断上不能与先行政行为相互背离，因此，如果先行政行为罹患违法瑕疵，此种违法性判断必然会由后行政行为所继承，这便是德国行政法最为流行的学理观点。

我国在法治传统上虽然更倾向于大陆法系国家，但无论是关于行政行为效力的理论阐述，还是涉及行政诉讼制度的程序设计，都与德、日等国家不尽相同，因而不可完全机械地照搬域外业已成熟的学理结论和具体应用。实际上，尽管未能冠以"违法性继承"之名，加之我国行政法学界对此展开的学理讨论尚不充分，但司法实践对于此类多阶段行政行为诉讼案件的审理并非少见。在多阶段行政行为诉讼案件的审查过程中，关于先行政行为的合法性判断和效力认定必然是一个经常被触及、无法回避的问题。不同的人民法院在处理这些个案的过程中所适用的标准和原则不一定完全合理，且在不同个案之中展现的审查立场和裁判理据也不尽统一，而正是这些不够合理、不够统一的裁判立场和审查逻辑，无疑能够为本书全面观察、客观评析和认真反思多阶段行政行为司法审查的制度图景提供了最为丰富、真实的案例素材，同时也为形成符合我国本土法治框架的理论教义和实践路径提供了最为现实的基础和可能。

2018年3月，最高人民法院对"饭垄堆案"进行再审，在判决中肯定违法性继承问题的存在并首次提出了违法性继承的判断标准，表明了最高审判机关对待多阶段行政行为的官方态度。何兵教授认为，表面看来此案中确有两个前后相继的行政行为，即先行的《采矿许可证》与后行的行政许可延续行为，先行政行为的合法性也的确对后行延续行为的合法性产生了影响。但实际上，这两个行为同属于采矿许可程序之中的不同环节，一个为许可发证，一个为许可延续。虽主管机关级别不同，但都为我国国土资源行政主管部门。因而，此案并不是违法性继承的典型构造，并非发生于多阶段行政行为过程之中的不同行政主体作出前后相继的两个行政行为，但这并不影响最高人民法院在本案中确立的对我国违法性继承的判断标准。最高人民法院在本案中明确了不同行政行为之间能够产生违法性继承的具体判断标准：其一，先行政行为必须是后行政行为所必需的权利来源和内容基础，且先行政行为的合法性能够对后行政行为产生影响；其二，先行政行为存在"重大且明显违法"的效力瑕疵；其三，"先行政行为经治愈，后行政行为不继承违法性"。

　　值得正视的是，在我国行政审判实践中，一些人民法院亦明确指出：先行政行为与后行政行为是各自独立、互不干涉的行为，因此，在针对后行政行为的诉讼程序中拒绝对先行政行为进行审查。例如，阶段性行政许可过程中的各个行为已经具备了行政行为的成立要件，能够独立地对外产生行政行为的效力，为了尊重行政行为的法律效果和保护相关主体的信赖利益，不能以先行政行为违法为由认定后行政行为违法。由此可见，不同的司法机关对于多阶段行政行为的性质认定和裁判理据可能存在较大差异。此外，郑春燕教授针对城乡规划案件中所体现的多阶段行政行为审判路径进行专项研究，指出之所以将多阶段行政行为的理论观点引入城乡规划案件的裁判说理之中，是出于对诉讼经济的理性考量，通过在后行政行为的诉讼程序中一并审查先行政行为的合法性问题，并将此确立为一项基础条件。但是，在一些例外情形下，人民法院仍旧需要充分地尊重因先行政行为的形式存续力而产生的构成要件效力。加之，诉讼成熟原则的司法适用能够实质性地指引法院对"依据"的合法性审查只能附带在具有处分性的行政行为所引发的诉讼程序中进行。因此，司法审查的范围只能局限于与个案相关的"依据"内容，法院裁判的否定性效力通常亦仅仅及于该部分内容。故而，除了行政行为违法性继承理论之外，多阶段行政行为亦关涉行政行为效力、行政过程安定、行政诉讼成熟等理论实践，并且亦可从司法审查强度与行政诉讼目的之间的逻辑关系对此展开研究，探求行政诉讼程序与实体的效果兼顾。

　　鉴于目前国内的文献资料大多未能全面系统地展现多阶段行政行为司法审查所关涉的基础理论和实践探索，以及这些学理实践之间存在的内容张力，从而无法为行政审判实践提供有效的理论指引。加之，法院在处理个案过程中所采取的立场理据可能会出现大相径庭的局面，但正是这些不同甚至相互冲突的个案裁判，生动地展现了司法审查过程中关于多阶段行政行为理论认知和实践理据等问题的复杂性和严峻性，并展现了在基础学理尚未形成共识前的知识竞争。因此，本书拟将基于多阶段行政行为司法审查的实践面向和整体概貌，对其概念内涵、类型构造等内容进行概括阐述，进而针对其所涉及的基础理论进行系统梳理和逐层分解，对比考察我国司法机关的裁判路径和域外学理实践经验，最终得到一些较之有益的制度启示。

二、选题特色与意义

（一）选题特色：

首先，行政活动在过程上的多阶段化、复合化，是现代公共行政日趋复杂精细的发展产物，尤其是在城市化推动下的规划许可等相关实践中尤为明显，那么一项城市规划许可活动的完成，往往需要数个行政行为相互连接，此时先行政行为的合法性能否对后续行为产生影响，便是一个学术研究和实践运行皆需要重点关注和认真思考的难题；其次，随着我国司法机关审理日益增多的多阶段行政行为纠纷案件，缺乏有效的学理指引和案例指导，导致在同类案件中容易出现裁判要点不一致甚至截然相反的显著差异。最高人民法院公布"饭垄堆案"裁判文书，其中涉及和引发的学理论争是否为后续多阶段行政行为的司法审查提供范本索引，值得行政法学基础理论研究的审思检视。据此，本书试图综合考量和客观分析多阶段行政行为司法审查过程中所能涉及的理论张力和逻辑总结，并从中得到一些制度启示和观点革新，既有助于实现行政法学理论研究与行政诉讼实践运行之间的对话沟通与知识融贯，同时亦能督促年轻一代的学术研究者树立一种立足于历史变迁和现实国情进行理论引入和观点阐释的合理研究进路。

（二）研究意义

本书研究目的并非仅仅关注和解决我国多阶段行政行为司法审查过程中所能够涉及的理论与实践问题，而是应当重点关照司法审查过程中多阶段行政行为案件所涉及的理论基础和实践逻辑，剖析多阶段行政行为的整体概貌和现实面向，进而探讨其所依据的一些行政法学基础理论之间存在的内容张力。通过分析我国人民法院所作出的一些典型裁判文书对于上述理论观点的实际运用，对比考察域外关于多阶段行政行为司法审查的学理实践，从而充分挖掘多阶段行政行为司法审查能够为现代行政法学理论研究和行政审判制度完善带来的重要制度启示。如此可见，本书研究的难点是：在个案裁判差异明显的司法案例中如何做到准确归纳和客观总结多阶段行政行为司法审查的现实面相及其相关的制度启示，本身确是一项非常繁杂琐碎的艰难任务，尤其是对于不同类型的行政纠纷案件中如何提取"多阶段性"的共同特征作为实证考察的分析对象以及如何理性对待司法机关对于多阶段行政行为的裁判态度差异等。当然，如何有效地吸收借鉴域内外学者们关于行政行为效力、行政过程安定、行政行为违法性继承以及行政诉讼成熟等理论观点的阐发，以及如何处理上述基础理论在司法实践过程之中存在的内容张力对于多阶段行政行为司法审查具有的路径指引和制度启示等问题，皆值得认真审视和客观考量。

本书选取"多阶段行政行为"这一新型行政行为类型作为论述主题，旨在对多阶段行政行为所关涉的行政法学基础理论之间存在的内容张力进行逻辑阐发，以此梳理和分析我国司法机关审理类似案件所展现的裁判路径，并与域外对于行政行为违法性继承等学理实践观点的逻辑总结进行对比考察，从而对行政行为效力、行政过程安定以及行政违法性继承等理论进行客观审思，最终在多阶段行政行为司法审查的研究中得到一些基础性但又非常重要的制度启示。

从选题和框架来看，本书的研究基础直接指向多阶段行政行为司法审查的理论与实践问题，可是学术研究必须能够与实践需求密切联系并且发挥其应有的指引作用，故而对多阶段行政行为所涉及的不同理论观点展开细致论述，其实践意义在于深入分析我国司法机关对于多阶段行政行为案件的裁判路径和论证要点，并以最高人民法院和地方各级人民法院作出的一些典型裁判文书作为分析样本，从中归纳和反思人民法院在面对个案审理时所采取的不同立场和论证理据，生动地勾勒出学理观点在实务操作过程中的差异运用。为了减少司法机关裁判同类案件的反复不定，需要从多阶段行政行为司法审查的制度启示中得到实践指引。

综上所述，本书通过重点言说多阶段行政行为司法审查所涉及的行政行为效力、违法性继承、行政过程安定、司法审查强度以及行政诉讼目的等理论观点之间的逻辑张力，反观这些学理在司法裁判实践过程中的不同偏重以及如何理性审思和妥善处理多阶段行政行为司法审查的个案利益衡量问题，确实符合学术思辨应当关照实践发展的研究理路，并经由研究成果助推制度完善的意义反馈。因此，以上皆能集中体现作者对于理论研究与现实问题的系统归纳能力及敏锐的观察视角。

三、研究思路与方法

本书研究的最终目的是基于多阶段行政行为司法审查而获取一些对于行政法学理论研究和审判实践而言较为有益的制度启示，前文已经分章论及多阶段行政行为司法审查的现实检视、多阶段行政行为司法审查的基础内涵、多阶段行政行为司法审查的域外考察、多阶段行政行为司法审查中的实践张力以及多阶段行政行为司法审查的制度完善，这些便是本书所要沿循的论述线索和阐发主旨。首先，通过现实检视、逻辑阐发以及类型构造等维度分析，准确界定司法审查中多阶段行政行为的概念内涵和认知边界，奠定后文所意指的对象基础。其次，对多阶段行政行为司法审查所关涉的基础理论进行逐一阐述，并从中分析不同基础理论之间存在的内容张力，大致从行政行为效力与违法性继承、行政过程安定与违法性继承、司法审查强度与行政诉讼目的等方面内容，为多阶段行政行为司法审查的逻辑阐发铺设伏笔。再次，通过对比考察我国司法机关在审理多阶段行政行为案件中的裁判路径和域外关于违法性继承理论等学理实践，推导出多阶段行政行为司法审查需要注意的实体与程序的价值考量空间。最后，鉴于多阶段行政行为司法审查过程中可能出现的学理指引尚不充分以及司法裁判容易产生反复不定、差异明显，故而有必要从中得出更为有益的制度启示：行政行为效力瑕疵的制度审视、行政过程一体导向的制度变革、行政诉讼主客均衡的结构优化。

为完成以上研究思路，本书采取如下几种研究方法：一是概念分析法，针对多阶段行政行为在行政管理事务中的不同表现形式，充分概括其行为类型和法效意蕴，从而在整体上把握多阶段行政行为的概念内涵和内容构成；二是比较分析法，将多阶段行政行为所关涉的基础理论所存在的内容张力进行剖析，以及将我国司法机关在审理多阶段行政行为案件过程中呈现的裁判路径和域外学理实践展开对比考察；三是实证分析法，通过引用我国最高人民法院"饭垄堆案"以及其他人民法院的一些典型案例，引出本书拟将研究的主要问题，尽量做到客观地反思实践问题以折射理论供给不足，努力地夯实理论研究以解决实践中的留存问题。

四、研究的创新之处

多阶段行政行为的司法审查研究，既是对传统学术话语的重新思考，亦是对现实问题的系统追问。当论及如何理性看待和妥善处理多阶段行政行为司法审查过程中涉及的学理论争和实践张力，确实无法脱离对行政行为效力、行政过程安定、行政行为违法性继承以及行政诉讼成熟等原则内容的准确厘定和对比考察，进而在不同视角下审视多阶段行政行为实体与程序的价值考量空间问题。因此，本书的创新点在于突破传统的论证框架和分析视角。

首先，破除多阶段行政行为司法审查研究固有的视野窠臼和框架限制——仅仅侧重于违法性继承理论，选择将其与行政行为效力、行政过程安定以及行政诉讼成熟等行政法学基础理论有机结合，并分析其中存在的理论张力，从而为理解和分析我国司法机关裁判路径和对比考察域外学理实践奠定基础。

其次，摒弃多阶段行政行为学理探讨与司法裁判实践相互脱节的研究短板，而选择将其所关涉的基础学理张力和现实情境下的司法审查逻辑相互联结、对比考察，这一论述主旨始终贯穿于司法审查中多阶段行政行为的实践样态、概念意蕴和审查逻辑等领域之中，积极探寻理论研究与实践运行二者实然存在的对话基础，以期能够为我国司法机关妥善处理多阶段行政行为司法审查的重难点问题提供一些可资参考的有益结论。

最后，进一步改变司法审查研究往往过于侧重具体对策建议的分析思路，选择将多阶段行政行为司法审查的实践张力与制度完善作为本书的重点研究成果。当然，我国行政审判实践中对于多阶段行政行为案件的司法审查仍旧沿循着实体与程序二分的研究进路，其中行政行为效力与行政违法性继承等原则多从实体层面进行分析，行政过程安定、行政诉讼成熟等观点则多从程序维度展开论证。但是，除了程序和实体的考量空间之外，还需要从行政诉讼目的、司法审查强度之间关系问题进行论述，以求能够全面含括多阶段行政行为司法审查过程中可能会遇到的问题以及与之相关的制度完善。

内容摘要

　　行政行为的司法审查是大陆法系行政法学体系框架中的重要理论议题，在各国行政行为法和行政诉讼法的研究领域中始终居于核心地位。综观德国、日本、法国行政法学理论与实践的发展变迁，有关行政行为司法审查的理论阐述、程序设置和判例制度皆极为丰富，以此所确立的一系列规范体系亦日趋精细。尤其是近些年来，关于多阶段行政行为司法审查的理论研究和实践探索越发引起我国行政法学人的重视与关注，这一"新常态"问题便是深刻地反映出了公共行政急剧扩张与行政法学传统教义之间的内在矛盾。然而，关于多阶段行政行为司法审查的整体样貌、裁判理据以及制度构建等相关议题研究，国内外学者们可谓是众说纷纭，至今尚未能达成一致的学术共识。与此形成强烈反差的是，我国行政管理和行政诉讼实践中涉及多阶段行政行为的认知态度和审查逻辑却展现出较为明显的差异，且缺乏必要的基础理论和诉讼机制予以有效地统筹应对。因此，我国行政法需要重点关注多阶段行政行为司法审查的现实检视、基础内涵、理论考察、实践张力以及制度完善等重要问题。全面展开对上述问题的研究讨论，有助于从源头上准确地把握多阶段行政行为司法审查过程中出现"同类案件的裁判结果差别明显"的深层症结，理性审视和妥善解决多阶段行政行为审查不严、救济乏力的系统难题，对于有效督促行政权的合法、合理、有效行使，促进社会公众福祉的实现无疑具有重要的现实意义。

　　本书围绕多阶段行政行为司法审查的现实检视、基础内涵、理论指向、实践张力以及制度完善的论述逻辑，分为六个部分对多阶段行政行为司法审查的理论实践进行系统研究：

前言部分，首先，阐述多阶段行政行为司法审查这一选题的研究背景与目的，为本书后续内容的细节展开提供最为基本的、不可或缺的文献综述和论证基调；其次，分析和探讨多阶段行政行为司法审查的选题特色、理论意义以及实践意义，廓清本书研究内容的必要性和重要性；再次，交代本书在分析多阶段行政行为司法审查实践所运用的研究思路和研究方法，指明本书研究框架所沿循的基本路径；最后，提出本书对于多阶段行政行为司法审查实践过程中所展现的逻辑张力进行逐一对比和深层考察的论证创新之处，从而呼应本书对于基础理论与实践操作的视野流转和意义融贯。

正文共分为五章，其中前两章内容可被归纳为"行为本论"，主要检视我国多阶段行政行为司法审查的实践样态和逻辑理路，力求从形式和内容两个层面准确检视多阶段行政行为司法审查的现实概貌和基础内涵；第三章、第四章内容可被归纳为"审查理据"，重点探讨多阶段行政行为在司法审查实践过程中所关涉的基础理论，以及作为审查理据的观点之间可能产生的实践张力，及其对于司法裁判说理和结论能够产生的影响作用；第五章内容可被归纳为"制度启示"，基于多阶段行政行为司法审查的实践样貌以及相关基础理论的双重考察，力求能够将研究目光重新拉回与之密切关联的理论与实践之中，从而总结出一些较为直观且可行的完善路径。

第一章，多阶段行政行为司法审查的现实检视。本章主要着眼于鲜活生动的行政审判实践和司法案例展示，推导出多阶段行政行为经常出现在行政许可、行政征收等相关领域争议案件之中。借助这些典型的裁判文书，能够基本勾勒出我国各级人民法院在处理和审查涉及多阶段行政行为的个案过程中所表现出来的态度、立场存在着比较明显的差异。沿循行政法学判例研究的整体思路展开对多阶段行政行为司法审查逻辑进行梳理阐发，能够归纳总结出"多阶段行政行为全部审查论""多阶段行政行为各自独立论"和"多阶段行政行为实际影响论"三种具有代表性的审查逻辑和裁判思路。

第二章，多阶段行政行为司法审查的基础内涵。前章是对于多阶段行政行为司法审查现实面相的形式描述，本章则是对多阶段行政行为司法审查基础内涵的整体把握。采取学理回溯的论述手法，重新反思传统行政法学理论对于多阶段行政行为构成要素的观点阐述，客观借鉴和批判吸收国内外不同学者对于多阶段行政行为的一些经典论述观点，进而借助要素限定的定义方法对其在行为主体、行为外观和行为效果三个方面进行概念揭示，通过廓定多阶段行政行为学理概念的逻辑边界，有助于消除既有认知视域内存在的盲点和误点，继而考察先行政行为与后行政行为在内容逻辑、效力判定以及意义指向等方面存在的关联关系，大致从"依据—结果""前提—结果"以及"事实—结果"三个维度探讨多阶段行政行为司法审查更为深层次的行为法意蕴。

第三章，多阶段行政行为司法审查的域外考察。通过前文剖析我国司法机关在多阶段行政行为案件审查过程中作出的一些典型裁判文书，为本章需要展开多阶段行政行为司法审查的域外考察内容提供不可或缺的基本论点和思考线索。笔者从中选取了"行政行为违法性继承""附属性问题"和"诉讼成熟原则"作为核心词眼，进一步探讨和借鉴其他国家在处理多阶段行政行为司法审查问题过程中得出的学理观点和经验教训。

第四章，多阶段行政行为司法审查的实践张力。首先，需要合理改造行政行为效力与行政行为违法性继承内涵中所存在的明显抵牾之处，使得二者在行政行为法和行政救济法之间实现概念视野和效力指向的体系融贯，完成了行政行为构成要件效力与行政行为违法性继承的内容配合和效果对接。其次，需要重视行政过程的连续性及法律规范对其进行控制，行政过程的全面性要求不能片面地将过程中不同阶段的行政行为进行简单拆分、孤立审查，而是应当全面分析先行政行为存在的效力瑕疵对于后行政行为违法性认定的影响作用。最后，一般而言，法院对于多阶段行政行为的司法审查强度，更为注重对最终行政处理决定的合法性审查，而疏于顾及行政过程之中的其他行政行为，从而导致先行政行为很难得到实质性地关注，无疑会直接影响行政诉讼目的的实现。

第五章，多阶段行政行为司法审查的制度完善。首先，重新审视行政行为效力理论关于违法、无效等瑕疵情形的判断基准和制度功能，从而在学理上激活依法行政原则的明确意涵，促使行政行为效力理论与行政行为违法性继承理论相互补充。其次，需要着眼于多阶段行政行为的过程性特质，梳理对比行政许可、行政规划等具有代表性的相关实体法规范，明确先行政行为与后行政行为之间的内容关联和效力传导。最后，多阶段行政行为司法审查的受案范围问题，需要借助概括主义的解释进路，对"权利义务实际影响条款"进行适度扩展，在现有规范基础上参照民事诉讼理论的"诉的客观合并"制度，进一步完善行政诉讼程序中的诉讼合并内容，将先行政行为与后行政行为置于一个全面系统的行政诉讼程序之中予以审查。

目 录

CONTENTS

第一章
CHAPTER 01
多阶段行政行为司法审查的现实检视

行政法是关于公共行政的法律，旨在维持行政管理的秩序稳定和规范行政权力的有效运行。[1]基于此，秉持形式主义法治的传统行政法学以各类行政主体实施的不同行政行为作为其主要的调整对象和规制目标，经由立法机关的事前性规范授权、行政机关的层级化内部规制、司法机关的事后型裁判救济，从而确保单个行政行为不得违反合法性的最低原则标准。[2]由此可见，传统意义上的行政法学特别注重针对某一特定的行政行为展开合法性审查，行政行为必须具备规范层面的法律依据，厘清各类不同行政活动基本单元的概念内涵与外延范畴，容许性与合法性要件以及法律效力等问题，以符合依法行政原则的基本要求，[3]此亦构成奥托·迈耶创立的行政法教义学之核心要义：通过运用行政行为形式理论构建起以行政处分为基础内核的一整套法技术概念系统。[4]在德国行政法中，行政行为是一个独具传统风格而又

---

〔1〕 美国著名学者弗伦德教授曾指出："行政法的主要内容是发展出对政府管理行为的规制和限制。"这一观点正是美国法学院开启行政法研习的重要航标。See Freund, *The law of the administration in American*, 9 Pol. Sci. Q. 403（1894）.

〔2〕 在集自由主义行政法大成的德国学者奥托·迈耶等人的努力下，受到法律约束侵犯人民财产与自由的"行政处分"，也成为行政法的重心。参见［德］彼德·巴杜拉："行政法之任务——彼德·巴杜拉的'自由主义法治国与社会法治国中的行政法'"，载陈新民：《公法学札记》，中国政法大学出版社2001年版，第95页。

〔3〕 参见赖恒盈：《行政法律关系论之研究》，元照出版公司2002年版，第53页。

〔4〕 自德国奥托·迈耶以来，法解释学框架之下的行政法学结构非常倚重行政行为形式理论，其结果是逐渐积累起以行政处分为概念核心的一整套法技术概念系统。参见朱新力、唐明良："现代行政活动方式的开发性研究"，载《中国法学》2007年第2期，第41页。

具有未来丰富意义的基本法律制度，是最为惯常使用的公共行政活动方式，是最为基础的行政法学概念，是现代行政活动方式得以类型化的基石，也是行政主体完成其广泛复杂之行政任务的基本手段。[1]

正是受到近代自由主义法治国原则理念的深刻影响，我国行政法学理论研究与实务操作均带有非常强烈的大陆法系色彩，视野目光多聚焦于抽象和提炼行政行为的法律形式。[2]关于行政行为的一般性基础理论，仍旧占据着近现代行政法学的中心地位。以行政行为作为研究原点探求其概念内涵、程序要件、法律效果以及责任救济等方面的规范框架，即针对"行为权限"（何种主体具有作出何种行为的权力）、"行为程序"（该行为可以通过何种程序予以作出）、"法律效果"（此种行为能够产生何种权利义务关系）以及"责任救济"（该行为产生争议之后应采取何种途径进行救济、如何划定相关主体的责任范围）等方面进行内容对接。[3]从方法论和技术化等角度来看，传统行政法学采取公因式锻造的途径对特定行政行为的合法性问题展开精细化考察，确实具有一定的可行性和必要性，并且能够为依法行政原则和行政法治目标奠定重要的理论基石。[4]加之，借助于立法和司法的实践方式将庞杂多元的行政活动进行抽象化、型式化，为这些不同种类的行政行为设置法定的成立生效要件（特定种类的行政行为必须符合相应的法定要件，否则视为不成立或者无效），在行政主体作出某种行政行为的过程之中为其设定相关的程序性职责义务（要求该行为主体必须履行一些特定的法定程序要素），以及设置专门的司法审查制度用以规制和裁判行政行为作出之后的效果影响（独立于行政系统之外的法院必须承担起判定被诉行政行为是否具备合法性的主体职责），由此可推导出传统行政法学尤为侧重于事先的立法授权和事后的审查

〔1〕[德] 汉斯·J. 沃尔夫、奥托·巴霍夫、罗尔夫·施托贝尔：《行政法》（第2卷），高家伟译，商务印书馆2002年版，第9页。
〔2〕正如应松年教授曾经一针见血地指出："行政行为法律制度是现代行政法学知识体系中最复杂、最富理论意义和实践特色的薄弱环节。"载应松年主编：《行政行为法》，人民出版社1993年版，前言。
〔3〕行政行为论从法律技术上为行政法对行政活动的规范提供了可能性，使得依法行政原则具有现实的可行性。因此，从法律技术上看，应当承认行政行为理论在行政法学中的重要性。参见李琦："行政行为效力新论——行政过程论的研究进路"，中国政法大学2005年博士学位论文，第12页。
〔4〕参见 [日] 铃木义男等：《行政法学方法论之变迁》，陈汝德等译，中国政法大学出版社2004年版，第35页。

监督等途径保障行政行为的合法性。[1]

综观世界各国行政法学理论的发展状况，无一不是以本国现行的行政诉讼制度或者司法审查实践为基点架构自身的行政法学体系，其关注的重中之重均在于法院如何妥善解决私人与政府之间产生纠纷的案件，其关注的时间节点亦被置于所有行政活动方式的"末端或者结尾"，力图通过事后的一系列监督救济手段达到规范行政权力和维护行政相对人合法权益的终极目标。[2]因此，传统行政法学关于许可类、处罚类、规划类等诸多概念化、类型化行政行为的学理研究，更多的是采取相对静态的各个击破的割裂式分析思路，从而极大地忽略了这些行政活动方式皆是由前后连续的时间节点所共同组成，同时亦是为了实现某个特定的政府管理目标所进行的各个环节密切联系、各个阶段相互配合的行政行为链条及其功能目的耦合。因此，面向真实世界和规制的现代行政法学越发注重将行政行为看作是一个动态的行政过程，需要更为全面地把握每个事件和其间发生的不同法律现象。[3]

更需明确的是，随着现代政府的职能分工日渐细化、公共行政的事务类型日趋复杂，行政管理活动的专业化程度不断提升，行政法学理论研究和实务操作需要吸纳和关注更为丰富多元的职权主体和作用对象，而不再仅局限于行政过程末端或者说是行政过程结果的行政行为的合法性问题，甚至传统行政法学对于行政行为法律规制的路径依赖已然难以有力地支撑起"依法行政"的目标实现。[4]特别是公共行政领域的点面扩展，行政活动方式和手段的日益多样化，用以前的行为概念无法包容的行政行为形式增加，以定型化、抽象化为灵魂的传统行政行为形式体系建构的理论缺憾越加显现。[5]换言之，在现代行政国家兴起的大背景下，行政行为的体系认知绝不能停留在"局部

---

〔1〕 参见江利红："行政过程的阶段性法律构造分析——从行政过程论的视角出发"，载《政治与法律》2013年第1期，第141页。

〔2〕 参见朱新力、宋华琳："现代行政法学的建构与政府规制研究的兴起"，载《法律科学（西北政法学院学报）》2005年第5期，第40~41页。

〔3〕 参见［日］盐野宏：《行政法》，杨建顺译，法律出版社1999年版，第63页。

〔4〕 有关传统行政法学中"行政行为"概念的局限性，参见江利红："论行政法学中'行政过程'概念的导入——从'行政行为'到'行政过程'"，载《政治与法律》2012年第3期，第82页。

〔5〕 参见陈爱娥："行政行为形式——行政任务——行政调控：德国行政法总论改革的轨迹"，载《月旦法学杂志》2005年第5期，第79页。

化、单一性"的狭隘视野，而应置于"全过程、复合型"的现实情境。〔1〕一般而言，单一的行政行为就其外部形式而言往往被看作是一个处理决定，但是若从其微观层面进行观察可知其存在组合现象。换言之，再简单的行政行为也是一系列过程的组合形式。〔2〕更何况越来越多的行政管理任务趋向于复杂化，需要多个行政主体参与和多种行政手段综合运用，复合行政作为单一行政的对应范畴，正日益成为现代公共行政的常态化表现形式。近年来，备受理论界和实务界关注的"多阶段行政行为"便是最佳例证，亦是本书尝试破除传统行政行为形式理论对于行政任务和公共领域的既有限制，转而将研究目光重新拉回至行政过程与司法审查的鲜活实践之中。〔3〕

据笔者观察，目前我国对于多阶段行政行为司法审查的学理研究与实务探讨大多是基于各级人民法院的司法案例，依据裁判文书的说理能够大致窥见其在很大程度上借鉴了德国、日本的主要学说观点。〔4〕因此，有必要从司法审查过程之中归纳出多阶段行政行为的概念内涵、类型划分以及内在构造，进而为后文展开论证奠定逻辑基础和提供阐发线索。如前所述，在现代公共行政的视阈下行政主体之间的职权分工日益精细化，需要由多个行政行为分阶段进行组合完成某一具体的行政任务或者由多个阶段性行为组合形成一个最终的行政决定，已然成为行政行为理论范畴中的一种"新常态化"表现形式。加之，此种多阶段行政行为案件在司法实践过程中亦屡见不鲜，不同的法院对此作出的裁判说理和认定结论亦不尽相同，甚至会出现截然相反的情

---

〔1〕 ［日］盐野宏：《行政法》，杨建顺译，法律出版社 1999 年版，第 63 页。

〔2〕 参见方世荣："具体行政行为的组合现象简析"，载《法商研究（中南政法学院学报）》1996 年第 1 期，第 20 页。

〔3〕 多阶段行政行为的性质要求我们从理论与实践的结合中不断地去深入研究，也正是对多阶段行政行为实际运行状态的关注，使理论研究和实务操作皆能认识到多阶段行政行为是一系列不断运动、相互关联具有承接性的过程，同时更应将研究视野拓宽至行政与司法审查的全过程。参见朱维究、胡卫列："行政行为过程性论纲"，载《中国法学》1998 年第 4 期，第 67 页。

〔4〕 我国学者们关于多阶段行政行为的司法审查理论研究与实践探讨，大多是援引和借助德、日等国家通行的行政行为违法性继承理论进行阐述。其中以杨建顺教授、朱芒教授、肖泽晟教授、王贵松教授等人论著最为典型。参见杨建顺：《日本行政法通论》，中国法制出版社 1998 年版；朱芒："'行政行为违法性继承'的表现及其范围——从个案判决与成文法规范关系角度的探讨"，载《中国法学》2010 年第 3 期；肖泽晟："多阶段行政许可中的违法性继承——以一起不予工商登记案为例"，载《国家行政学院学报》2010 年第 3 期；王贵松："论行政行为的违法性继承"，载《中国法学》2015 年第 3 期；等等。

形。需要正视的是，之所以涉及多阶段行政行为的行政争议的裁判结果会有明显差异，除了司法者的主观认知差异之外，很大程度应归咎于多阶段行政行为的实践样态较为复杂，而我国行政法学理论界和行政诉讼实务界深受德国、日本的观点影响，致使对于所涉案件中的行为方式之"多阶段"内容存在认知模糊和概念不清。[1]因此，本书选择以"多阶段行政行为的司法审查"为论证主题，需要着眼于收集和整理一些具有代表性的典型案例，列举分析其中涉及多阶段行政行为实践样态的裁判文书意见，从中提取和对比不同人民法院对于"多阶段行政行为"的态度取向。以此，反思整合现有的研究成果有助于厘清和辨析当前司法实务界对于多阶段行政行为案件的认定意见和裁判立场，从而深刻地揭示出多阶段行政行为在司法审查过程中所凸显的认知混杂和逻辑差异，而这些内容恰恰能够生动地检视出多阶段行政行为司法审查实践的整体概况。

第一节　多阶段行政行为司法审查的实践样态

为了适应庞杂繁复的行政管理事务，政府及其工作部门需要选择更为灵活多变、操作性更强的行为模式来达到预期目标，致使行政主体采取多个行政行为分阶段地组合实施或者多阶段组合实施某个特定的行政行为。那么，若对多个阶段行政行为组合而成的后行政行为或者某特定行政行为中的最终阶段行为争讼时，能否主张审查先行政行为或者非最终阶段行为的合法性，以及能否将先行政行为或者非最终阶段行为的违法性，作为后行政行为或者最终行政行为违法或者被撤销的事由，成为我国行政法学理论研究和行政诉讼制度实践必须共同面对却又无法避开的一道难题。[2]

叶俊荣教授提出现代行政法学理论研究应该注意的四种逻辑取向，大致可分为概念主义、功能主义、规范主义和实证主义四种进路。[3]那么，对于

---

〔1〕 其中较具代表性的观点是：在形式上，根据前阶段行为是否依法针对行政相对人作出为标准，该种行政活动可以划分为多阶段行政程序和多阶段行政行为两大类。前者系指由相互衔接的多个直接对外发生法律效果的行政行为构成的行政过程；后者系指需由其他行政机关参与表示意见、同意或者核准方能作成的行政行为。参见吴庚：《行政法之理论与实用》，三民书局2015年版，第317~325页、第341~343页。

〔2〕 参见成协中："行政行为违法性继承的中国图景"，载《中国法学》2016年第3期，第48页。

〔3〕 参见叶俊荣：《行政法案例分析与研究方法》，三民书局2003年版，第30~31页。

多阶段行政行为这一基本范畴的理论研究，是否应当全面兼顾四种研究进路，还是侧重于选择某种研究进路，是本书需要先行交代的前提问题。首先，从概念主义维度看待多阶段行政行为的理论体系，可以发现在我国目前通用的行政法学理论教材体例编排之中，确实很难见到对于多阶段行政行为概念及内容的介绍，因此，很难立足于以基础概念入手构建多阶段行政行为的理论体系；[1]其次，从功能主义维度观察多阶段行政行为的制度效用，可以发现我国目前行政管理实践并未过多地关注和论证多阶段行政行为的制度功能，导致多阶段行政行为在实际适用过程中容易异化为行政主体单纯追求效率、多方利益主体围猎公共利益的"机械工具"；再次，从规范主义维度考量多阶段行政行为的立法意涵，可以发现我国现行的法律体系之中并未明确出现多阶段行政行为的立法用语，而多为公法学人借鉴德国、日本的学说观点而提出的学理概念，仅仅建基于域外的经验借鉴和学理阐述，很难实现规范法学意义上的研究目的；[2]最后，从实证主义维度总结多阶段行政行为的实践样貌，可以发现目前我国各级人民法院在行政审判实践中对于涉及多阶段行政行为的争议处理中所采取的分析理路和裁判立场，进而能够在吸收域外司法审查经验的同时，有效地结合我国行政管理的实践情况进行批判性地吸收参照，从而为中国行政法学理论研究修正和完善既有的行政行为形式及其效力类型理论观点提供全新的研究视野和创新动力。[3]故而，多阶段行政行为作为一种新型行政行为，由于尚不具备完整明确的概念体系、功能指向和规范结构，需要重点从实证案例分析的角度进行更为细致的理论构建和实践探索，从而最终实现多阶段行政行为研究进路的全方位兼顾。对比看来，一种脚踏实地的、实证主义的路径选择，对于本书开展多阶段行政行为理论研究而言确实更为适宜、更为可控。[4]

---

[1] 章志远教授指出："行政行为概念一直都是学术争论的焦点，需要重申行政行为概念界定严格主义进路的基本构想。"参见章志远：《行政法学总论》，北京大学出版社2014年版，第152~164页。

[2] 参见蔡志方：《行政救济与行政法》（二），三民书局1993年版，第20页。

[3] 关于案例分析方法对于我国行政法学研究的价值及其局限性，可参见章志远："行政法案例研究方法之反思"，载《法学研究》2012年第4期，第20~23页。

[4] 章剑生教授认为："行政法适用是法规范具体化的基本路径，没有行政法的适用，法规范永远处于抽象状态而不能对社会生活发生作用。而行政主体的基本功能是行政法的适用，其前提是存在个案，没有个案，行政法也就无用武之地。"对此，在行政法理论上可以将其提炼为"规范—个案"的适用框架。在这个关联框架中，行政主体的行政法适用表现为"眼光流转往返于事实与规范之间"。参见章剑生：《现代行政法总论》，法律出版社2014年版，第93~95页。

基于此，本部分的主要内容是着眼于分析我国行政审判实践之中的现实案例，初步考察和尝试总结出多阶段行政行为在司法审查过程中所呈现出来的整体概貌，为后文展开其类型构造剖析和基础概念揭示提供必不可少的、最具支撑性的研究对象和分析素材。旨在探究我国此前行政审判实践中如何对待和处置"多阶段行政行为"问题，笔者以"多阶段行政行为"为关键词，对我国已经公开发布的行政诉讼案件进行仔细的检索，搜集整理后得到60 余份裁判文书。[1]囿于技术条件和搜索范围，本书所搜集引用的司法案例并非能够完全地囊括"多阶段行政行为"实践样态的全部内容，尚不能排除一些裁判文书中由于未能明确提及类似于"阶段性行政行为"的表述内容而被人为地遗漏，在此作出简要的说明。但是，就目前所搜集到的案例情况来看，透过这些鲜活生动的行政审判实践和司法案例展示，基本可以勾勒出我国各级人民法院在处理和审查涉及多阶段行政行为的个案过程中所表现出来的态度立场，这些裁判意见可能在类似或者相同案件中存在比较明显的差异。恰恰是因为司法文书的裁判意见所体现出来的逻辑差异，反而更能生动地反映出多阶段行政行为在行政管理过程和司法审判实践中的整体样态，这些实践样态的差别对照，着实能够引发我们深刻地思考多阶段行政行为的实践应用，绝非如同理论观点所描述的那般轮廓分明、内容清晰。

一、首次行政许可与许可延续之间

在"郴州饭垄堆矿业有限公司与中华人民共和国国土资源部等国土资源行政复议决定再审案"（以下简称"饭垄堆案"）中，主要的争议焦点是2006 年行政许可决定存在的违法事由，是否必然影响到 2011 年行政许可行为合法性的问题。被申请人国土资源部作出的行政复议决定明确提及，"湖南省国土厅委托郴州市国土局颁布 2006 年《采矿许可证》违法可以作为撤销湖南省国土厅颁布 2011 年《采矿许可证》的理由之一"。[2]一审法院认为，"2011 年行政许可行为系 2006 年行政许可行为延续变更而来，后者是前者的基础，前者是后者的延续，后者在有效期届满后，其权利内容会被前者所继

---

〔1〕　司法案例文书处理规则说明：①本书所援引案例来源于"中国裁判文书网""北大法宝"等重要法律数据和司法信息资源库；②数据检索关键词为"多阶段行政行为""先行政行为"或者"后行政行为"；③数据采集时间截止于 2020 年 10 月 1 日。
〔2〕　北京市第一中级人民法院［2015］一中行初字第 839 号行政判决书。

承与吸收","因为 2006 年行政许可行为违反了法律的禁止性规定，故而 2011 年行政许可行为亦存在违法问题"。[1]二审法院认为，"相对于 2011 年采矿许可而言，2006 年采矿许可处于基础行政决定的法律地位"。[2]由此可见，该案所涉及的行政主管部门、受理法院均为明确承认了首次许可与延期许可之间存在的"阶段性"关联关系。尽管，最高人民法院通过再审程序撤销了行政复议决定和一、二审法院的司法裁判，但从其审查的内容来看，审查许可延续行为的合法性问题，明显已经涉及对首次许可行为实体内容的审查，即法院对于存在多阶段组合关系的行政行为进行审查时，必定会一并考虑对先行政行为的内容展开合法性审查。[3]

在"梁某生等诉佛山市住房和城乡建设管理局等复议决定案"（以下简称"梁某生案"）中，行政主体作出《房屋拆迁许可证》，明确将行政相对人享有的所有房屋纳入拆迁范围之内，尔后该许可证期限届满，被上诉人根据土地储备中心的申请，先后五次对该拆迁许可证进行延期，可是上诉人对第六次延期许可表示不服提起行政诉讼。终审法院认为，"由于首次行政许可与案件讼争拆迁延期许可属于不同的行政行为，那么上诉人对于首次许可提出的异议请求不属于本案的审查范围"。同时，还提及，"房屋拆迁裁决是以房屋拆迁许可作为基础性的前置行为，许可决定的实体合法性问题并非裁决机关受理裁决申请以及作出补偿裁决需要审查的内容，并不构成被诉拆迁补偿裁决合法性的前提障碍"。[4]由此可知，该案受理法院显然承认了首次许可与延期许可之间、拆迁许可与拆迁裁决之间存在的"阶段性"关联关系，但出于对司法权本身的谦抑性要求，不能对超出案件审理范围的"其他阶段性"行政行为进行合法性审查，而这种司法立场与前述"饭垄堆案"的判决理由无疑会形成鲜明对比。

在"资源县梅溪乡随滩大水坑萤石矿诉桂林市国土资源局行政处罚决定行政复议案"（后文简称为"随滩矿案"）中，主要争议焦点是"被告桂林市国土资源局能够以资源县国土资源局在 2009 年进行矿业权实地核查以及矿产储量核实、开采方案审查、年度检查的监管环节存在工作疏忽，长期未发

---

〔1〕 中华人民共和国国土资源部国土资复议〔2014〕455 号行政复议决定书。
〔2〕 北京市高级人民法院〔2015〕高行终字第 3209 号行政判决书。
〔3〕 中华人民共和国最高人民法院〔2018〕最高法行再字第 6 号行政判决书。
〔4〕 广东省佛山市中级人民法院〔2017〕粤 06 行终 411 号行政判决书。

现其划定的矿区范围与实际采矿范围位置不一致,进而将下级行政机关颁发的采矿许可证的效力予以否定"。一审法院认为,"既然被告桂林市国土资源局认为采矿许可证存在颁证错误,应该先行对随滩矿与杉树冲矿的采矿许可证进行实地勘察,然后对采矿许可证进行变更登记,并以此作为依据进行司法鉴定,再行确定杉树冲矿是否存在越界开采的情况。相反,本案中被告既没有对采矿许可证进行变更登记,也没有新的证据能够证明杉树冲矿没有越界开采的事实,便直接作出撤销县局行政处罚的复议决定"。[1]二审法院则认为,"涉案主体杉树冲矿和随滩矿的采矿许可证,均因未依法延续,其采矿权已于 2010 年自行废止。尔后,2012 年该两个矿区与其他五个矿区已被整合为一个矿权人,同意办理一个采矿许可证。资源区县国土资源局在 2014 年作出行政处罚决定,责令杉树冲矿退回本矿区范围内开采,显然丧失了执行内容,确系不当。此外,根据我国现行的法律法规规定,资源县国土资源局作为本案中唯一有权变更采矿许可证的行政主体,其基本认可了杉树冲矿越界采矿的违法事实,因此作出相应的处罚决定"。[2]

根据再审法院的裁判要旨:设立和取得采矿权,是通过多个不同阶段、多个先后步骤的行政行为共同作用作出的最终结果。采矿权人获得矿产资源的开采权,在形式上必须取得有权机关颁布的采矿许可证,但是如果采矿权出让合同依法生效之后,行政相对人仍旧未能取得采矿许可证,仅仅表明受让人暂时无权进行相应的开采作业,而除此之外的其他占有性权利应当获得法律的充分保障。另外,如果采矿许可证规定的期限已经届满,亦仅仅表明采矿权人在未经获得延续许可之前,不得继续开采相应的矿产资源,在本质上并不能够影响或者阻碍其基于采矿权出让合同等已经取得的矿产资源权利,更不应以采矿许可证未得到事后延续为由,完全否定其与在先的采矿许可行为之间存在法律上的利害关系。本案中,杉树冲矿自 2004 年 3 月申请变更采矿范围之后,并未收到来自随滩矿的任何争议请求,那么,直至 2010 年采矿许可证自行废止之前,随滩矿和杉树冲矿各自办理的采矿许可证便是合法有效的。因此,桂林市国土资源局不能以资源县国土资源局存在工作疏忽为由,

---

[1] 广西壮族自治区桂林市资源县人民法院 [2015] 资行初字第 3 号行政判决书。
[2] 广西壮族自治区桂林市中级人民法院 [2015] 桂市行终字第 107 号行政判决书。

直接否定该局颁发的采矿许可证的效力。[1]由此可见，本案中唯一有权颁发采矿许可证的行政主体资源县国土资源局，未能按照法律规定对所辖区域内的矿业权进行实地核查、矿产储量核实、开采方案审查等职权工作，并不能以此否定行政相对人随滩矿和杉树冲矿所持有采矿许可证的法律效力。即便二者的采矿许可证已然超过了规定的存续时间范围而未予延续，亦不能简单地否定首次行政许可所保障当事人取得的矿产资源权利以及其与在先的采矿许可行为之间的利害关系。

当然，此处列举的"饭垄堆案"与"梁某生案"仅是用以描述我国司法机关对于行政许可领域"首次许可与许可延续系多阶段行政行为"的认定态度，不容置疑的是不同法院对于同一案件的判决说理呈现出明显的差异。而"随滩矿案"的判决意见却认为，首次许可与许可延续之间的效力传导关系是相对独立的，行政相对人的采矿许可证未能在法律规定的期限内获得延续，并不能以此为由全然否定行政相对人与先前许可行为之间存在客观的利害关系。因此，首次许可与许可延续之间存在的多阶段行政行为关系在司法实践中并非表现得整齐划一，况且不同法院对于首次许可对许可延续的效力传导以及许可延续对于首次许可的效力反向所表现出来的态度立场显然有很大的差异。但是，法院对于首次许可与许可延续之间的多阶段行政行为关系的整体态度而言，更多地倾向于将二者进行相对的独立化处理，否定不同阶段行政行为在法律效力层面的传导影响。

二、建设规划许可与竣工验收之间

在"李某等与上海市城市规划管理局建设工程竣工验收纠纷上诉案"（以下简称"李某案"）中，其中备受争议的焦点之一是规划许可与其后续的竣工验收决定之间的关系问题，即先前作出的规划许可行为之合法性问题，能否影响到后续的竣工验收行为？二审法院认为，"本案针对被诉竣工规划验收行为进行司法审查，必然会涉及审查在先的规划许可行为。规划许可证既可看作是诉讼证据，又是被诉行政行为的前提条件。因此，对竣工验收行为进行审查应当在把握证据审查标准的同时，亦需注意作为关联行政行为——规

---

[1] 广西壮族自治区高级人民法院［2017］桂行再第15号行政判决书。

划许可的内容合法性"。[1]换言之，对后行政行为进行形式审查的过程，只要先行政行为符合法定要件，那么被诉行政行为是在与之相关联的行政许可范围内作出决定，只要符合法定要件，便应当具有合法性。由此可见，在本案受理法院看来，规划许可与竣工验收之间的关系能够通过"形式审查"进行准确定位：作为先行政行为的规划许可若不具备法定要件，必然会影响到后续竣工验收行为的合法性，更何况上述审查逻辑在诉讼证据层面亦是能够自圆其说的。[2]

在"叶某红诉安徽省岳西县住房和城乡建设局等竣工验收备案纠纷上诉案"（以下简称"叶某红案"）中，一审法院认为，"建设工程必须经过法定的竣工验收备案行为，是建设行政主管部门为了加强房屋建设的质量监督管理的一种对外产生法律效力的具体行政行为，应当严格地遵循按照国家现有的法律、法规以及规章的相关内容，对施工单位提交备案登记的材料文件进行形式要件审查，并且按照材料的形式要件作出予以备案登记或者不予备案登记的相关处理决定。行政主体在未经环保、消防等其他主管部门验收合格程序，并且规划主管部门未签署相关意见的情况下，对第三人负责开发的房屋建设工程作出了备案登记的行政行为，确已违反了《建设工程质量管理条例》等相关规定，因此，判决确认被告的竣工验收备案登记行为违法"。[3]但是，二审法院却提出了相反的裁判意见，认为，"竣工验收备案行为是行政主体在其所管辖的行政区域内，对特定的建筑工程实施监督和管理的具体行政行为，特定的行政相对人向建设行政主管部门如实汇报建设工程的完成验收情况，行政主体进行相应的登记备案，以备后续检查和监督程序所用。我国现有法律规定之所以专门设立此项制度，目的即在于国家和政府能够充分保证和加强监管房屋建筑质量，督促行政主体依法进行竣工验收备案，避免房屋建筑质量的监管工作产生任何不必要的安全质量隐患。因此，作为普通购房者能

[1]　上海市第二中级人民法院［2008］沪二中行终字第67号行政判决书。
[2]　章剑生教授以工商企业登记为例指出："在工商企业许可登记审查中，行政机关通过行使自己的行政立法权解除了实质审查义务，以规避由此可能引发的国家赔偿责任。但是，法院在因工商企业登记引起的行政诉讼中，却采用了实质审查的标准。"参见章剑生："行政许可审查标准：形式抑或实质——以工商企业登记为例"，载《法商研究》2009年第1期，第98页。
[3]　安徽省安庆市岳西县人民法院［2011］岳行初字第4号行政判决书。

够以保障自身合法权益为由，有权对竣工验收备案行为提起行政诉讼"。[1]

在本案中，一审和二审法院的判决意见分别呈现出了两种主要的意见分歧：一种意见认为，竣工验收备案行为作为一种事实行为，仅仅只是针对房屋建设工程的发展过程进行客观描述和如实记载，自身并不具备行政决定的法律效力，对当事人的权利义务内容不能产生法律意义上的实际影响，不属于行政诉讼的受案范围；另一种意见则认为，竣工验收备案行为能够对现存的行政法律关系产生直接的实际影响，是一项法定可诉的具体行政行为。行政主体在审查竣工验收备案的过程中，绝非仅仅是简单地受理和留存施工单位向其呈报的相关书面资料，而且还要对这些备案资料展开较为严格的形式审查。一旦发现存在违法情形，便会直接作出责令停止使用的行政决定，并且重新开展组织竣工验收程序。由此可见，建设工程的竣工验收备案行为，不管是对于建设施工单位，还是对于普通购房者皆会产生行政法意义上的现实拘束力，尤其是对于后者的人身财产权益能够产生实质性的影响。

在"夏某荣诉徐州市建设局行政证明纠纷案"（以下简称"夏某荣案"）中，二审法院认为，"被上诉人的一项重要法定职责是检查所辖小区的土地使用情况是否违背要求、具体建设是否符合建设工程规划、单项工程所需的各项检验合格证明是否齐全，而出具《规划许可证》与相关的合格证明等文件并不属于其职权范围之内"。因此，二审法院判决便以此否定先行政行为对被诉行政行为合法性的影响作用。[2]此后，该案上诉人申请再审程序，再审法院认为，"原审被上诉人在对再审申请人夏善荣颁布验收合格证之前，应当保证该证书所依据的规划许可等全部事实均为真实有效，否则会严重影响和破坏政府机关的公信力。在竣工验收过程中，作为验收小组的组织者，徐州市建设局虽不承担直接审阅有关验收材料的法定职责，但是对于住宅小区的竣工综合验收报告负有法律规定的审查职责。由于108号规划许可证的复印件系当事人伪造的证据，并据此伪造证据颁布验收合格证，徐州市建设局应当承担审查失职的法律责任"。[3]

可以见得，"夏某荣案"与"李某案"相同的是都运用了诉讼证据的形

---

[1] 安徽省安庆市中级人民法院［2011］宜行终字第54号行政判决书。

[2] 参见《最高人民法院公报》2006年第9期。

[3] 江苏省高级人民法院［2006］苏行再终字第1号行政判决书。

式审查，均是将先行政行为看作是后行政行为所需的证据材料。但是，三个案件的最终判决结果却大相径庭，"夏某荣案"中法院认为后行政行为的合法性并非直接由先行政行为决定，而是作出后行政行为的行政主体必须对先行政行为的规范要件进行全面审查，否则便要承担因审查不严而导致败诉的不利后果；而"李某案"中法院却认为处于多阶段行政行为关系中的规划许可与竣工验收之间存在合法性的必然关联，先行政行为只要符合法定要件，后行政行为便无违法之虞；而"叶某红案"与"李某案""夏某荣案"的裁判思路均有所差别，体现在法院对于建设工程的竣工验收备案行为之性质认定存在不同的意见分歧，基本围绕着该竣工验收行为是否会造成行政相对人的合法权益受损这一事实情况展开论证。但是，上述三个案例的裁判文书皆明确承认了建设工程的竣工验收行为对于后续的行政过程具有非常直接、现实的影响作用，彼此之间当然构成内容衔接、意义关联的多阶段行政行为。

三、房屋征收拆迁与关联程序之间

在"沈某伯诉宁波市房产管理局、宁波市镇海区城市土地储备中心房屋拆迁行政裁决案"（以下简称"沈某伯案"）中，主要的争议焦点是"人民法院对于房屋拆迁行政裁决类案件的审理，若原告在诉讼请求中针对房屋拆迁许可证等裁决前置行政行为提出异议，能否影响到被诉行政裁决行为的合法性"。一审法院认为，"行政主体在作出房屋拆迁行政裁决时，特别强调的是有无作出用地批准文件、房屋拆迁许可证等前置行为，而拆许字〔2016〕第 24 号浙江省城市房屋拆迁许可证经被告宁波市房产管理局于 2006 年 7 月 15 日颁发，并于 2008 年 6 月 26 日经批准延期至 2009 年 6 月 30 日，在未经法定的撤销程序之前，该拆迁许可证应当被认定为合法有效。故而，原告对此提出异议并无法律依据，本院不予采纳"。[1]本案中的原告认为，房屋拆迁许可证虽然在形式上盖有宁波市房产管理局的公章，但是实际上是由镇海区房地产管理处审批签发的，此项活动方式违反了法律的相关规定（拆迁许可证的发放主体、责任主体只能是市、县人民政府房屋拆迁管理部门），因此拆迁裁决的前置行为存在违法，当然地会导致后续的行政裁决行为不具备合法性。但是，受理本案的一、二审法院并不认同这种异议立场，而是拒绝介入对先

---

〔1〕 浙江省宁波市镇海区人民法院〔2009〕甬镇行初字第 4 号行政判决书。

行政行为（即前置签发的拆迁许可证）的合法性审查，通过借用"行政行为一经作出即具有先定力、约束力和执行力"的传统行政行为效力理论承认了拆迁许可证对于后行政行为（拆迁裁决书）的直接影响。

在"许某与苏州市住房和城乡建设局行政许可案"（以下简称"许某案"）中，原告的起诉理由主要是"苏州市土地管理部门作出的行政批复文件，是在自己享有的土地使用权未注销情况下，又将该土地许可拆迁人苏州市土地储备中心使用，违反了法定程序；苏州市规划局作出的041号建设用地规划许可证作为被告给予拆迁许可以及连续五年多十一次延期许可的重要依据，却无法说明本案土地收回与公共利益和旧城改造等土地管理法相关，属于适用法律错误"。一审法院认为，"本案审查对象是所涉房屋拆迁延期许可的合法性，被告对第三人提交的申请仅需作形式审查。经查明第三人提交的材料符合申请条件，被告作出准许延期决定并无不当。至于原告提出的拆迁许可证及其前置文件不合法等问题，不属于本案审查范围，本院不予理涉"。[1]尽管，法院判决确认被诉拆迁延期许可决定程序违法，但从文书内容来看，法院并没有介入对拆迁延期许可这一前置行为的合法性审查，而是直接指出上述行为皆"不属于本案审查范围"。

在"张某诉兰州市城关区房屋征收管理办公室、兰州市城关区人民政府皋兰路街道办行政征收案"（以下简称"张某案"）中，备受争议的焦点是"两被告作为负责作出行政征收决定的行政主体和具体实施征收的行政主体，共同委托甘肃信诺房地产咨询估价有限公司对原告享有所有权的涉案房屋进行价格评估，且已经作出《征收房屋分户估价报告》。那么，该估价报告是否具备法律上的可诉性"。一审法院认为，"估价报告仅系一个过程性行政行为，是行政主体作出房屋征收决定而必须实施的事实前提，对外不产生任何的法律效力，当事人完全有权通过针对后续的行政征收决定提起行政诉讼，从而获得司法救济。因此，本案原告的诉讼请求并不符合起诉条件，依法裁定驳回"。[2]嗣后，原告不服该裁定，依法提起上诉。在上诉文书中明确提及，"国有土地上房屋征收程序由多个阶段构成，每个阶段具有一定的相对独立性，而房屋估价报告作为最终征收方案的重要组成部分，可以对行政相对人

〔1〕 江苏省苏州市姑苏区人民法院［2015］姑苏行初字第202号行政判决书。
〔2〕 甘肃省兰州市七里河区人民法院［2019］甘0103行初52号行政裁定书。

的实体权利造成影响。房屋估价报告是行政主体作出终局性征收决定的基础条件，应当被认定为行政主体在行使自身职权过程中需要完成的一项独立且具有法律效力的决定事项，并非行政主体内部开展的前提论证、过程研究性工作环节或者所谓的过程性行政行为，而是基于行政职权自主作出的一项具有独立法律效力的行政行为"。二审法院对前述争议内容作出相应的判决意见，认为"在房屋征收过程中，行政主体对涉案房屋的价值进行评估，仅仅是确定被征收房屋价值的依据。作为征收补偿行为的一个程序性环节，房屋估价行为尚不具备终局性的、对外的直接法律效力，因此并不具有独立的法律行为地位，此种过程性行政行为不属于人民法院的受案范围。此外，房屋估价程序并非原告所称的房屋征收方案之组成部分，其效力内容往往会被最终的征收处理决定所吸收和覆盖。因此，原告张雷对房屋估价报告的内容存在异议，有权向人民法院提请审查最终的征收补偿决定而获得司法救济，并且根据现有的相关法律规定，原告不能对房屋估价报告的结果单独提起行政诉讼"。[1]在本案中，房屋估价行为作为房屋行政征收程序的关联程序，二者之间相互衔接形成了多阶段行政行为的典型法律关系，法院对于房屋估价报告在征收补偿法律关系中的依据作用进行了确认，但是却明确否定了其对于行政相对人合法权益所可能会造成的直接影响，进而将其排除在人民法院的受案范围之外。

由此可见，"沈某伯案""许某案"和"张某案"的判决意见均指明了房屋征收拆迁案件中经常出现"拆迁许可证与拆迁裁决书""拆迁延期许可与前置申请程序"以及"房屋估价报告与征收补偿决定"等不同情形的多阶段行政管理过程，皆明确承认了行政主体作出的先行政行为对于后行政行为而言具有一定的影响效果。可是，这三起案件中所显现出来的审查态度和认定逻辑亦存在着明显的差异："沈某伯案"的受理法院引用传统行政法学关于行政行为公定力的经典论述，拒绝对先行政行为进行合法性审查；"许某案"的裁判意见表明，除了审查涉案房屋拆迁延期许可的合法性问题之外，法院并不会直接干涉被告作出延期许可所依据的拆迁许可证以及其他前置性文件的合法性认定，体现了司法权对行政程序的充分尊重；而"张某案"的一审、二审法院对于房屋估价报告的性质认定均是基于"能否对行政相对人的权利义

---

[1] 甘肃省兰州市中级人民法院［2019］甘01行终201号行政裁定书。

务关系直接造成实际性的、最终性的影响"作出认定结论,二审法院甚至明确指出,在先作出的房屋估价报告可以作为确定涉案房屋市场价值的依据,其效力最终会被征收补偿行为所吸收、覆盖,因此,法院既承认了房屋征收补偿过程中存在多阶段行政行为的情形,同时又将先行政行为与后行政行为之间的效力认定进行同一化处理,以便于减少人民法院在类似争议案件中所需承受的成本讼累。

四、房屋征收决定与补偿方案之间

在"黄某玲等人诉贺州市人民政府国有土地上房屋征收决定案"(以下简称"黄某玲案")中,原告黄某玲等人提起行政诉讼的主要理由是"被告拟定的征收补偿方案未能向社会公开发布被征收人的意见,亦未明确告知听证权利、没有组织听证会,且被诉的房屋征收决定未予公告送达,载明的诉讼期限错误,以上行为侵犯了被征收人的决定,故而请求撤销被告作出的[2018] 53 号《贺州市人民政府国有土地上房屋征收决定》"。受理法院认为,"从本案证据来看,被告提交的证据材料并不能充分证明其作出的征收决定已经依法履行了相关的程序要求。虽然被告作出了补偿方案和征收决定公告,但没有证据证明已经如实送达原告或者已经张贴公告,因此,被诉行政行为存在违法问题"。[1] 由此可见,本案中法院对于补偿方案、征收公告等在先的行政行为一并进行合法性审查,并从此二行为的诉讼证据角度确认了被诉行政征收决定的违法性质。

在"叶某诉运城市盐湖区人民政府房屋行政征收上诉案"(以下简称"叶某案")中,争议焦点之一是"被上诉人作出的补偿方案所依据的补偿标准出现了内容瑕疵,导致本案中所签订的拆迁补偿安置协议适用法律错误,那么补偿方案的合法性能否影响到房屋征收决定"。二审法院认为,"被上诉人在上诉人所在村集体土地未办理征收手续,上诉人所在村委会亦没有收回上诉人集体土地使用权的情况下,直接作出被诉的房屋征收决定,不符合法律的相关规定。并且,被上诉人对于中纪办[2011] 8 号规定所指的法律文件具体内容出现了理解偏差,导致补偿标准错误地以国有土地上房屋征收程序

---

〔1〕 广西壮族自治区贺州市中级人民法院[2019]桂 11 行初 34 号行政判决书。

代替了集体土地征收程序，进而影响了补偿方案的法律效力。[1]故而，判决被告作出的运盐政公［2017］3 号《关于盐湖区姚孟办岳坛村城中村改造房屋征收决定的公告》违法"。[2]不难得知，"黄某玲案"与"叶某案"均反映了行政征收案件中补偿决定与征收决定之间的关联关系，虽然没有特别明确地阐释"补偿方案的违法性质能够影响征收决定"的相关说理，但显然承认了二者之间的多阶段行政行为构造。

　　在"夏某峰诉潍坊市奎文区住房和城乡建设局行政撤销案"（以下简称"夏某峰案"）中，主要争议焦点是"原告夏某峰提出的诉讼请求是否属于法院依法受理的案件范围，即撤销被告潍坊市奎文区住房和城乡建设局作出的《潍坊市老市府东院片区被征收房屋调查认定结果》中对原告未登记建筑认定为违法建筑的认定结论"。被告潍坊市奎文区住房和城乡建设局和一审法院皆坚持认为，"国有土地上的房屋征收与补偿程序，应当认定为一个典型的多环节的综合行政过程，具有多阶段行政管理的本质特征。被诉行政行为系国有土地上的房屋征收与补偿过程中对未登记建筑的认定和处理行为，本身只是县级以上地方人民政府为作出征收补偿决定进行的准备工作，并不能对土地行政征收补偿法律关系产生任何的最终性影响，只有通过县级以上地方人民政府作出征收补偿决定之后才能产生相应的法律效果。由于此类过程性行政行为并不具有最终的行政处理效果，其不直接为行政相对人设定或者消灭行政法上的权利义务，因此，不属于行政诉讼的受案范围"。[3]在本案中，被告对原告未登记的建筑作出的行政行为，被认定是行政征收处理过程中的一项阶段性行政行为，并未对行政相对人的合法权益作出终局性的处理结果。因此，法院并不能对国有土地上房屋征收前的性质调查认定结果进行审查，只能对最终的征收补偿处理决定进行合法性审查。[4]

　　足以见得，在国有土地上房屋征收补偿的行政争议案件中，补偿处理方案、行政征收决定以及房屋性质认定结论之间能够形成多个环节互相关联的

---

　　〔1〕　参见章剑生："论行政程序违法及其司法审查"，载《行政法学研究》1996 年第 1 期，第 15～16 页。

　　〔2〕　山西省高级人民法院［2018］晋行终 943 号行政判决书。

　　〔3〕　山东省潍坊市奎文区人民法院［2018］鲁 0705 行初 41 号行政裁定书。

　　〔4〕　参见章文英："国有土地上房屋征收范围确定行为的可诉性"，载《人民司法》2015 年第 23 期，第 69～70 页。

多阶段行政行为过程。"黄某玲案"中法院从补偿方案和征收决定公告的发布程序角度进行审查，否定了行政主体作出征收决定行为的合法性，虽然在文书中未能直接地指明补偿方案的程序违法能够直接导致征收决定被撤销的法律后果，但是仍然能够窥见先行政行为对后行政行为的效力影响；"叶某案"则是从行政主体作出补偿标准过程中出现的适用法律依据错误，导致补偿方案的法律效力产生本质上的瑕疵，进而否定了行政征收决定的合法性；而"夏某峰案"则是着眼于审查国有土地上房屋征收前的性质调查认定结论，作为征收补偿过程中的阶段性行政行为，不能产生影响行政相对人合法权益的最终处理效果，因此无法将其纳入法院的行政诉讼受案范围，这就意味着，先行政行为的程序联结意义和实体效力判断会直接影响到法院对于后行政行为的司法审查效果。

五、内部批复调查与处置决定之间

在"李某英、李某荣等诉武汉市人民政府、武汉市国土资源局和规划局土地行政管理案"（以下简称"李某英案"）中，案件争议焦点是"原告提起诉讼所针对的武政供地字〔2012〕43号供地方案批复作为所涉地块的后续挂牌出让行为的阶段性行政行为，是否具有可诉性"。受理法院认为，"被诉供地方案批复行为系人民政府与其所属工作部门之间的公文来往，该行为虽然可能会对涉案地块的土地使用权及项上房屋产生某些具体的规制效果，但是并非能够立即地导致相应的房屋所有权或者土地使用权受到限制，而前述规制效果只有通过后续的土地挂牌出让等行为才能得以落实"。[1]在本案中，法院将两位被告之间的行政批复行为认定为多阶段行政行为过程中的先行政行为，属于行政处分成立之必要要素，既没有直接地额外设定所涉土地范围内原土地使用权人的权利义务，亦不会涉及所涉土地范围上房屋的所有权处置问题，其法律效力或者效果并未产生外化的具体情形，故不具有可诉性。相反，行政主体采取的征用土地、土地挂牌出让等后行政行为才是能够对行政相对人的权利义务关系产生最终的、直接的影响。

在"青岛和远机械设备有限公司诉国家税务总局胶州市税务局税务行政强制违法上诉案"（以下简称"和远公司案"）中，一审法院认为，"被告对

---

〔1〕 湖北省武汉市江岸区人民法院〔2015〕鄂江岸行初字第140号行政裁定书。

案外人的税务申报和缴纳行为进行稽查，直至被告对其作出处罚结论前，需要作出多个不同的行政行为，构成了一个典型的多阶段行政行为过程。而被诉行政行为只是被告作出最终行政处理决定的一个阶段，属于尚未成熟的过程性、内部性行政行为，不属于行政诉讼的受案范围"。[1]在本案中，一审法院明确地将税务稽查过程中正在进行的一个阶段，或者说是在税务稽查过程中尚未结束时作出的一项行政行为认定为阶段性行政行为，并且在该行政行为处于未完成的阶段，司法权的强力介入可能会侵蚀行政权的固有领域，影响和妨碍人民法院的中立地位。行政机关对其法定职权范围内的事项处理享有首次决定权，其在作出最终的行政处理决定以前，不应受到法院的主动干预。以上观点无疑深刻反映了行政行为的构成要件效力对于司法审查所能产生的显著影响，同时亦体现了司法机关对于行政主体作出不同阶段行政行为的审查强度。

在"王某炳等诉湖北省国土资源厅土地行政征收案"（以下简称"王某炳案"）中，一审法院认为，"行政主体作出某一行政行为，倘若须其他行政主体批准、附和、参与始能完成，此时应当将其认定为多阶段行政行为。在此类情形中，各行为主体既可能是不存在上下级隶属关系的平行机关，也可能是存在直接上下级领导关系的垂直机关。而对于存在隶属关系的行政主体之间，如下级行政主体作出的行政行为，必须经过报请上级批准之后才能对外产生法律效力，或者是上级行政主体指示下级作出产生某种法律效果的行政行为。此时，倘若被诉行政行为只是多阶段行政行为过程之中的一个阶段，则只能认定直接对外产生法律效力的最终行政行为作为可以诉请法院审查的行政行为"。[2]因此，被告湖北省国土资源局作为湖北省人民政府的职能部门之一，负责审查下级行政主体呈请报批的《征收土地方案》，仅仅只是行政系统内部对涉案项目进行审批的多阶段行政行为过程中的一个阶段，不能作为产生最终法律效力的行政处理结果，故而不具有可诉性。二审法院作出的裁判意见亦是从"被诉行政行为能否直接对行政相对人的权利义务关系产生实际性的影响"的角度进行审理，从而作出驳回上诉，维持一审裁定的最终结

---

〔1〕　山东省胶州市人民法院［2019］鲁0281行初1号行政裁定书。

〔2〕　湖北省武汉市武昌区人民法院［2017］鄂0106行初126行政裁定书。

论。[1]在本案中，一审、二审法院明确地将农用地转为建设用地的行政程序认定为多阶段行政行为，湖北省人民政府是负责作出最终处理结果的行政主体，而湖北省国土资源厅对咸宁市人民政府呈报的《征收土地方案》进行审查，仅仅是多阶段行政行为过程的一个中间阶段而已，并不具有直接影响原告王某炳等人合法权益的法律效力，因此，司法机关不得随意地提前干预多阶段行政行为中的任何一个阶段性行为。

多阶段行政行为除了涉及前述行政许可、行政征收等具体行政管理领域之外，其亦以零散错落的形式交叉出现在行政主体系统内部作出最终处理决定之前需要履行的批复调查程序之中。在"李某英案"中，被告武汉市人民政府与武汉市国土规划局作出的供地方案批复，属于行政系统内部的正常公文来往，其所产生的规制效果并非能够及时地限制原告的房屋所有权或者土地使用权，而是通过后行政行为才能得以实现，因此，作为先行政行为的内部行政批复当然不具有可诉性；在"和远公司案"中，法院认为，被告要求原告履行的补充材料行为以及被告返还检举材料等作为税务稽查处理决定的阶段性行政行为，并不能直接影响最终处理结果的效力实现。因此，内部调查行为是多阶段行政行为过程中的先行政行为，由于不具有外部效力、不满足行政行为的成熟性要求，而被法院排除在行政诉讼的受案范围之外；在"王某炳案"中，被告湖北省国土资源厅对于咸宁市人民政府呈送的《征收土地方案》进行审查后作出的认定结论，亦是行政系统内部作出最终处理决定所履行的一些必要性手续，并不具有终局性的影响效力。

综上所述，鉴于多阶段行政行为在行政管理和司法审查过程中所涉及的争议形式和案件范围均比较复杂，前述内容仅仅是根据笔者所搜集整理的裁判案例进行部分列举，包括但不限于"首次行政许可与许可延续之间""建设规划许可与竣工验收之间""房屋征收拆迁与关联程序之间""土地征收决定与补偿方案之间"以及"内部批复调查与处置决定之间"等具体领域之中，试图归纳和总结多阶段行政行为在整体意义上所呈现出来的司法实践样态，从而为后文展开阐述其审查逻辑提供必不可少的现实素材。

---

[1] 湖北省武汉市中级人民法院［2018］鄂01行终42号行政裁定书。

第二节　多阶段行政行为司法审查的逻辑理路

通过前文描述多阶段行政行为司法审查实践样态的相关内容，可知多阶段行政行为在行政管理过程中越发受到各类行政主体的青睐和使用，其所密切影响的行政部门均是经常出现在人们生活视野之中的行政许可、行政征收以及行政规划等具体事务领域。行政征收、房屋拆迁等涉及多阶段行政行为的政府活动方式，都在深刻且直接地影响着相关行政法律关系的产生、变更和消灭，必然也会由此招致越来越多的行政争议案件，这就意味着多阶段行政行为案件日趋成为我国现阶段行政管理和行政审判实践工作需要重点解决、不容忽视的社会问题。加之，随着各级人民法院行政审判经验的不断积累，这些实践问题亦引起了我国行政法学理论研究的热切关注。尤其是最高人民法院 2004 年公布的"沈某贤案"以及 2018 年公布的"饭垄堆案"等典型案例，显然是我国实务界向学术界所展现出的关于多阶段行政行为案件审理的逻辑阐发以及后续需要跟进的崭新命题。当然，目前我国学界关于多阶段行政行为的理论研究仍处于相对薄弱单一的发展局面，尚未针对多阶段行政行为基础概念、类型划分以及诉讼救济等内容形成较为系统、全面的认知思路。笔者私以为，多阶段行政行为理论研究出现的混杂难辨之不利现状，很大程度上是直接受到多阶段行政行为诉讼实践所适用的审查逻辑模糊不清甚至相互矛盾的深刻影响。毕竟，法学理论层面的问题探讨，大多数都需要源自对实践经验的不断总结和反思，而实践经验的取得则主要依靠主体的理性认知。具体到多阶段行政行为的审查逻辑而言，不同法院对于多阶段行政行为案件所作出的裁判结论，无疑皆会生动地反映出司法者对于行为性质和行为效果的判断裁量。如果某一具体案件成为指导性案例或者典型案例，其所产生的辐射影响作用自不待言。

基于此，本节内容需要继续沿循着行政法学判例研究的整体思路展开对多阶段行政行为司法审查逻辑的梳理阐发，试图从中得出我国法院在审理具体案件过程中所表现出来的不同方法论要求或者立场理据，从而为后文界定多阶段行政行为的基础概念与类型构造等内容提供基本可行的论证方向。根据笔者所搜集整理的关于多阶段行政行为案件的司法裁判文书内容，大致能够归纳总结出三种具有代表性的审查逻辑和裁判思路：首先，"多阶段行政行为全部审查论"要求法院对于先行政行为与后行政行为之间的关联关系予以肯定，认为先行政行为一旦存在合法性瑕疵，那么后行政行为必然因为其所依据的事实前提的性质认定而存在合法性问题，这种裁判思路与后文所谓之行政行为违法性继承理论保持一致；其次，"多阶段行政行为各自独立论"要求法院对于先行政行为与后行政行为之间的关联关系予以否定，认为不同行政主体之间的行政职权应当各自独立，先行政行为的合法性不能直接影响到后行政行为，这种裁判思路与后文所谓之行政行为构成要件效力理论存在部分契合；最后，"多阶段行政行为实际影响论"虽然要求法院对于先行政行为与后行政行为之间的关联关系予以肯定，但是认为先行政行为对于行政法律关系内容的实际影响并不能预先确定，而需要经过后行政行为才能得以最终实现，因此，不少法院对于先行政行为的合法性问题不予审查。此三者虽然无法完全涵盖多阶段行政行为案件审查逻辑的全部具体情形，但是俨然构成了当前我国法院系统对于多阶段行政行为司法审查的主要态度立场，其中牵扯着行政行为效力理论、行政行为违法性继承理论以及行政过程理论等相关基础内容，着实值得学者们细致思考和反复推敲。

一、"多阶段行政行为全面审查论"

根据前文所述的多阶段行政行为实践样态，先行政行为与行政行为之间必然会存在某种内容关联关系，而法院对于此种关联关系一般都是持肯定态度，并且认为行政主体作出的先行政行为是后行政行为得以成立生效或者效力延续的事实依据，故而，在对后行政行为进行审查的同时，必须一并确认先行政行为是否具有法律效力上的问题瑕疵，此种审查逻辑可被归纳为"多阶段行政行为全面审查论"。

例如，前述"夏某荣案"中的被诉行政主体在作出《住宅竣工验收合格证书》这一后行政行为之前，必须保证其所依据的包括住宅小区竣工综合验收报告在内的所有事实依据皆为真实，否则会破坏政府机关的公信力。后行政行为的规制结论建立在伪造证据的基础上，因此不能具备证明住宅小区经验收合格可以交付使用的法律效果。由此可见，先行政行为具有的效力瑕疵会直接影响到后行政行为，因此，本案再审法院在审查后行政行为合法性的同时亦需要对先行政行为一并审查。此外，"李某案"裁判文书之中亦载明：对后行政行为进行司法审查，必须审查先行政行为的合法性问题。因为先行政行为既可看作是后行政行为得以成立的证据来源，又是后行政行为得以作出的前提条件，故而，对后行政行为的司法审查应当建立在对证据审查标准把握的基础之上，同时还必须审查作为其关联行政行为——规划许可的合法性。换言之，一旦先行政行为存在某些违法情形，必然会直接影响对后行政行为的效力评判。

在"吴某炳等诉乐东黎族自治县人民政府土地行政登记案"（以下简称"吴某炳案"）中，终审法院在对后行政行为进行审查时，一并针对其所依据的先行政行为的合法性问题展开仔细审查。但是，法院在终审判决的要旨部分提到，"土地登记的前置行为，即土地征收决定已经报送省人民政府审批，可见该征地审批行为符合法定程序，而且需要将该先行政行为作为被诉行政行为的一种特殊证据材料予以审查，既能够在一定程度上承认先行政行为具有公定力，又能够充分地保障行政相对人的合法权益"。[1] 可见，本案中的土地征地决定作为一种先行政行为，被看作是后行政行为所必需的证据材料予以审查，与本章第一节所例举"许某案""沈某伯案"的裁判理由颇为相似，均是在后行政行为的审查过程中，将在先的行政行为作为其所依据的证据材料一并进行合法性审查。前述这些案件的受理法院坚持认为：由于后行政行为的合法性判断受到先行政行为的直接影响，行政相对人皆有权以先行政行为违法为由，诉请法院依法撤销后行政行为。此时，法院的审查逻辑在无形之中基本遵循了行政行为违法性继承的整体思路。

"多阶段行政行为全面审查论"主张尽可能地将多阶段行政行为的整体过程纳入之司法审查程序之中，先行政行为与后行政行为的合法性被置于同一关联诉讼之中进行审查，能够起到便于法院行使司法监督权、有效督促行政主体依法行政、实质性地促进行政相对人合法权益保障等作用。但是，据笔者的不完全统计，该种审查逻辑在我国司法实践过程中的出现次数和频率并不高，由此可以大致窥见大多数法院对多阶段行政行为案件的态度立场还是相对保守的，一般而言，对后行政行为的审查不会轻易涉足先行政行为的合法性判断，看似符合"不告不理"司法谦抑原则的要求。但是，从行政过程的连续性、全面性以及对行政相对人合法权益的保障方面来看，便会显得有些不够周延，同时也不符合行政诉讼实质正义观的价值理念。

---

[1]　海南省高级人民法院［2011］琼行终字第50号行政判决书。

二、"多阶段行政行为各自独立论"

通常意义上，在某个具体的行政诉讼案件中，法院只能针对行政相对人提起诉请的行政行为展开合法性审查，如果还有其他行政行为与被诉行政行为之间形成多阶段行政行为的构造关系，那么法院会直接裁决行政相对人另行起诉或者通过其他救济途径予以解决。其实，在这类多阶段行政行为案件中，法院一般会选择认可先行政行为与后行政行为存在内容上的密切关联，但是，却倾向于将先行政行为与后行政行为的合法性审查分别对待，认为它们是两个相互独立的问题，可以通过不同的诉讼程序予以认定解决，此种审查逻辑可被归纳为"多阶段行政行为各自独立论"。

例如，"陆某军与马某根民间借贷纠纷案"（以下简称"马某根案"）的二审法院认为，作为被诉行政拆迁裁决行为所依据的《拆迁安置实施方案》划定的拆迁红线范围虽然大于浙江省人民政府批准征收的范围，但是超出浙江省人民政府批准范围的这部分并不涉及行政相对人的房屋，因此该实施方案并无不当。故而，法院对于先行政行为的合理性问题不予审查。换言之，法院在审理本案的过程中选择将先行政行为与后行政行为的合法性问题进行拆分处理，仅仅关注和审查后行政行为合法性，而不审查其所依据的先行政行为合法性的问题。此外，"袁某良案"的一审判决书中亦明确指出，被诉行政行为与在先的行政许可行为之间存在特定的内容关联，法院将先行政行为作为后行政行为得以成立的证据材料看待，只要该证据不存在重大且明显违法而导致不具备合法性的情形，法院便不可对其展开审查。

在"兰某玲等诉乐山市国土资源局市中区分局土地行政征收案"（以下简称"兰某玲案"）中，四川省人民政府根据下级行政主体的申请所作出的两份征地批复意见，是对被告作出最终处理决定的依据。本案原告对后行政行为即征收决定行为提起诉讼，同时亦针对征地批复这一先行政行为的合法性提出疑问，认为先行政行为系被告通过欺骗上级人民政府所取得，并且该先行政行为已经超过 2 年的有效期限，现已不具有法律效力。那么，据此作出的后行政行为亦应当被认定为违法。被告则认为，先行政行为是省政府依法作出，其效力问题并不属于本案的审查范围。故而，该案二审判决明确指出："省级以上人民政府批准征地的行为系属于行政主体的专属职权，不受人民法院的司法审查，此类征地批复行为的合法性不属于人民法院的受案范围，故本案对原告诉请的两份批复合法性问题不予审查。"[1]二审法院主张先行政行为在行政诉讼的受案范围之外，拒绝对其进行合法性审查的裁判思路便是属于典型的"多阶段行政行为各自独立论"审查逻辑。同样的拒绝理由在"江某喜诉南京市人民政府土地行政登记案"（以下简称"江某喜案"）二审判决文书中得以体现，"原告在庭审中多次对被告作出的先行政行为提出异议，而这一行政行为并不属于本案的审查范围，原告有权通过提起相关行政诉讼以主张合法权利"。[2]

其实，法院将多阶段行政行为案件中的先行政行为与后行政行为之合法性问题进行独立审查、分别对待，是当前我国法院审理多阶段行政行为案件较为常见的裁判思路。虽然先行政行为与后行政行为确实存在某种意义上的关联关系，先行政行为在很大程度上能够构成后行政行为的事实依据或者基础要件。但是，先行政行为一经作出便具有可推定为合法有效的公定力，或者先行政行为对于其他行政主体和法院具有构成要件效力，只要不存在重大且明显违法的无效情形，法院便只能对其进行形式审查，甚至直接将其认定为不属于本案的受案范围。此种审查逻辑在一定程度上保证了行政主体行使职权的自主性和专业性，避免行政过程陷入不安定的困境之中，同时避免司法机关过度干预行政权，保持国家机关权限分配的秩序稳定，同时也部分保留了行政相对人能够针对先行政行为提起行政诉讼的救济通道。但是，一味地强调将多阶段行政行为的合法性进行拆解、独立判断，会增加司法审查程序的成本和压力，从而造成不必要的司法权负累。同时，诉讼程序的额外增加，必然不利于行政相对人的权利诉求在同一关联的行政诉讼程序中得到及时有效的实现。

三、"多阶段行政行为实际影响论"

在多阶段行政行为过程中，先行政行为与后行政行为之间存在某种内容上的关联关系，尤其是行政系统内部出现的批复指示类行政行为，对于行政主体作出最终的行政处理决定而言确实充当着一种不可或缺的意思表示。但是，传统行政法学理论认为，所谓之内部行政行为或者尚未对当事人合法权益产生实际影响的行政行为，在性质上并不属于法律规定的行政诉讼受案范

---

[1]　四川省乐山市中级人民法院［2014］乐行终字第 22 号行政裁定书。
[2]　江苏省高级人民法院［2014］苏行终字第 123 号行政裁定书。

围，这种理论认知和规范指引便造成一些人民法院在判断先行政行为可诉性问题时，往往注重考虑其是否对行政相对人的权利义务关系形成一些确定性的、实际性的影响，进而决定是否将其纳入对后行政行为的审查过程之中。据此，在针对后行政行为展开合法性审查时，不少案件会出现由于先行政行为未能产生行政法意义上的实际影响，而被人民法院排除在司法审查范围之外，这种审查逻辑可以被归结为"多阶段行政行为实际影响论"。

例如，前述"张某案"的一、二审法院均认为，《征收房屋分户估价报告》系房屋征收行政主管部门委托房屋征收实施单位在具体组织实施征收补偿工作过程中，为了作出最终的房屋征收补偿决定而实施的一些过程性行政行为，仅系征收补偿过程中的一个程序性环节，不直接对外产生效力和创设权利义务，亦不具有独立法律地位，尚不具备最终的法律效力，不属于人民法院的行政诉讼受案范围。在"珠海市西区华昌实业公司诉珠海市人民政府土地行政批复纠纷案"（以下简称"华昌公司案"）中，受理法院认为，"行政主体对其所属行政部门的请示作出批复，属于一种典型的内部行政行为，不向行政相对人送达，对行政相对人权利义务不会产生实际性的影响，故而，应当将其排除在行政诉讼的受案范围之外。只有在下级行政主体将该批复的内容直接付诸实施，并已经对行政相对人的权利义务产生了实际影响，行政相对人对该批复不服时，才能依法提起诉讼。据此，被告对下级行政部门的请示作出批复，属于内部性行政行为，且该批复从未直接送达原告，该批复行为未能发生效力外化，不能直接对外发生最终的法律效力，对原告的权利义务确不产生实际的影响"。[1]

在"王某平诉张家港市规划局规划行政许可案"（以下简称"王某平案"）中，受理法院认为，被诉行政行为确实是拆迁许可行为的先行政行为，但是，该行政行为对于行政相对人而言并不必然影响其实体权利。原告在诉讼程序中选择了对自身利益不具有实际影响的先行政行为提起诉讼，却未对产生最终法律效果的后行政行为提起诉讼，法院依法不应受理。但是，原告的上诉理由却明确指出："如果法院对先行政行为不予审查，那么便会直接排除了司法机关对拆迁许可证各个取得要件的合法性审查，对拆迁许可证的司法审查也会因此流于形式，在本质上剥夺了上诉人应当享有的实际救济权利。"但是，二审法院仍

---

[1] 广东省珠海市中级人民法院［2017］粤04行初5号行政裁定书。

旧维持一审的意见结论，认为"被诉的先行政行为并未对当事人的合法权益造成最终的实际影响，进而认定上诉人与被诉行政行为之间不存在行政法上的利害关系。故而，原告不具有提起本案行政诉讼的主体资格"。[1]

此外，在"朱某诉泰兴市发展和改革委员会土地审查批复案"（以下简称"朱林案"）中，一审法院认为，"先行政行为（征地批复）只是造成了当事人的权利义务处于不确定的法律状态，房屋征收决定这一后行政行为才是影响当事人合法权益的最终处理行为，因此，裁定驳回原告诉请审查前置批复行为"。二审法院也认为，"被诉的审查批复行为对当事人的权利义务未能产生实际的影响"，进而维持一审法院的裁定意见。[2]

由此可见，基于行政行为能否对行政法律关系的内容产生实际性影响，判断该行政行为是否属于行政诉讼的受案范围，以及认定起诉人是否具备法定的原告资格，是当前我国行政诉讼制度实践针对起诉要件所设置的必要"门槛"，能够帮助法院将一些本不属于自己管辖范围内的争议案件进行分流处理，既能够避免司法权过度侵蚀行政权的自主性，又能够助力于提升司法审查效率和诉讼救济效果。但是，在多阶段行政行为案件中，先行政行为可能会以行政系统内部批复或者会议纪要等行为形式而存在，一味地强调内部行政行为不可诉的狭隘观点早已被我国理论界和实务界所诟病，[3]甚至德国、日本行政法学皆已经明确表示摒弃传统的特别权力关系理论。[4]在某些个案中，先行政行为虽然在形式上并未针对行政相对人的合法权益作出某种具体的安排或者处分，但是其所追求的管理效果会在后行政行为的处理内容之中

---

〔1〕　江苏省苏州市中级人民法院［2014］苏中行终字第 183 号行政裁定书。

〔2〕　江苏省泰兴市中级人民法院［2015］泰中行诉终字第 8 号行政裁定书。

〔3〕　有学者认为："内部行政行为不可诉，违背了法治的统一性原则、违背了行政法治的原则、违背了'自己不得充当自己案件法官'的自然公正原则。"参见蒋德海："内部行政行为不应长期排斥在法治之外"，载《学术月刊》2016 年第 12 期，第 92~93 页；也有学者指出："应当以有限可诉性作为司法监督内部行政行为的一种有效路径。"参见邓志："有限可诉性：司法监督内部行政行为的一种路径"，载《南京大学法律评论》2009 年第 2 期，第 353~354 页。

〔4〕　例如，德国公务员法已将任命、免职、命令退休、撤职等行为规定为可诉行为。后来德国学者进一步认为行政机关对公务员所为的行为究竟是不是可诉的行为，主要看这个行为是否以自然人为目标而发生法律效果，公务员能否请求司法救济的关键是其固有权利是否遭到侵害，而不论该行为是在行政领域内发生，还是在行政领域外发生。日本也受德国理论的影响，将可诉行为的外延扩展到原来的内部行政行为，比如公务员对免职决定不服，可以请求司法救济。参见郭殊："试论内部行政处分行为的可诉性"，载《中国青年政治学院学报》2004 年第 1 期。第 95 页。

得以最终显现，这也就牵涉到后文所探讨的内部行政行为效力外部化的相关内容。因此，我国一些人民法院所坚持的根据先行政行为的实际影响来决定自身审查范围的实践观点，可能会出现由于判断标准僵化死板或者不易辨明，进而导致司法审查不到位、诉讼程序不全面和权利救济不及时等不利情势。

第三节　本章小结

　　本章第一节，通过搜集和整理一些涉及多阶段行政行为的典型司法案例裁判文书，能够大致地窥得多阶段行政行为在行政管理和行政审判实践过程中所表现出来的多元样态，包括但不限于出现在行政许可、行政规划、行政征收以及行政裁决等具体部门的执法领域之中，通过合并同类项的分析方法初步列举了其中五种较为普遍的行为模式："首次行政许可与许可延续之间""建设规划许可与竣工验收之间""房屋拆迁许可与关联程序之间""土地征收决定与补偿方案之间"以及"内部批复调查与处置决定之间"，并从这些行为模式的裁判文书中初步解读和分析我国不同法院对于多阶段行政行为案件的认定态度和裁判立场。当然，前述这些案例分析工作看似非常琐碎、杂乱，但是任一理论研究皆无法脱离现实情境而超然存在。[1]

　　本章第二节，经由前文所描述的多阶段行政行为实践样态能够初步了解其在现实情境中的整体概貌，尤其是我国各级法院对于多阶段行政行为案件作出的裁判意见更是反映出行政审判过程中存在着一些明显差异的审查逻辑和立场理据。因此，本节内容重点整理和归纳多阶段行政行为案件的三种审查逻辑：第一种审查逻辑"多阶段行政行为全面审查论"，一些法院明确肯定先行政行为与后行政行为之间的内容关联关系，后行政行为的作出必须依据先行政行为的事实认定，二者之间形成了手段与目的的关系构造。此时，如果法院认为先行政行为存在某种合法性问题，那么此种不利的效力瑕疵会直接传导至对后行政行为的性质认定和效力评价，上述裁判思路与后文所谓之

---

　　〔1〕　多阶段行政行为的理论研究，尚须借助分析其类型构造、历史溯源等研究方法梳理和考察多阶段行政行为的学理脉络和观念变迁，从源与流的维度把握多阶段行政行为的整体面向和概念内涵，从而基本可勾勒出多阶段行政行为作为一种未型式化的行政行为类型，且已得到国家司法裁判文书明确提及的清晰图景。参见曾哲、周泽中："现实检视和理论反思：行政不作为概念重述"，载《浙江工业大学学报（社会科学版）》2018年第3期，第318页。

行政行为违法性继承理论基本保持一致；第二种审查逻辑"多阶段行政行为各自独立论"，一些法院认为先行政行为与后行政行为系相互独立的行政行为，尤其是多阶段行政行为系不同行政主体行使行政职权所致，此时更应当将先、后行政行为视为各自独立。先行政行为出现的合法性问题不能直接影响对后行政行为的法律评价，这种裁判思路与后文所谓之行政行为构成要件效力理论存在部分契合；第三种审查逻辑"多阶段行政行为实际影响论"，不少法院首先对先行政行为与后行政行为之间的关联关系予以肯定，先行政行为是后行政行为得以存在和发生作用的必经程序。但是，在判断行为结果的过程中却认为先行政行为对于行政法律关系内容所产生的实际影响并不能预先确定，或者认为先行政行为仅仅作为一个阶段性行政行为无法产生终局效力，而需要经过后行政行为才能得以最终实现。因此，法院对于先行政行为的合法性问题不予审查，这种审查逻辑与后文所谓之诉讼成熟原则有着异曲同工之妙。此三种审查逻辑不尽全面，但亦可用作分析多阶段行政行为司法审查的基本取向。

通过前述分析可知，多阶段行政行为在我国行政管理和行政审判实践中所展现出来的现实面向极为广泛、变化多样，尽管本章第一节初步列举了其在行政许可、行政规划、行政征收以及行政裁决等部门领域中的具体表现形式，但是，这些现实样态断然是无法充分描述和涵盖多阶段行政行为的整体概貌。不同的人民法院在审理多阶段行政行为案件的过程中，侧重选择适用的不同审查逻辑更是直接地反映出了先行政行为与后行政行为之间隐含着丰富多元的行为法意蕴。笔者从三个角度梳理和归纳了多阶段行政行为司法审查的逻辑取向，以求细致观察和客观评述不同法院对于多阶段行政行为争议案件以及所作裁判文书的理据立场。但是，这些内容仅仅是从纷繁复杂的实践情形中提取一部分可供思考的研究素材，根本无法直接深入多阶段行政行为的学理研究腹地。鉴于此，笔者认为，有必要客观检视和深刻总结多阶段行政行为司法审查中的实践样态和逻辑理据，重新将研究目光置于多阶段行政行为的学理探讨和概念认知层面，否则很有可能会导致行政管理实践缺乏明确的行为意涵作为靶向目标而失去底线要求，司法审查实践缺乏明确的类型归纳作为裁判要旨而失去说理基础。

第二章
CHAPTER 02

多阶段行政行为司法审查的基础内涵

　　前述内容对于多阶段行政行为在司法审查过程中的实践样态以及在司法审查实践中对其所体现的不同逻辑理路进行逐层检视，大致能够描绘出其在行政管理和行政审判过程中所表现出来的整体概貌，以期能够为相关的理论阐释和概念揭示提供一些较为有益的现实遵循和经验总结。但是，回归本书选取的主题"多阶段行政行为的司法审查"，可知文章的论证重点绝非仅仅着眼于对这些作形式层面的初步探讨，而是应当透过行为的表层现象，努力找寻其所隐含的深层意蕴。故而，下文拟将通过界定揭示多阶段行政行为司法审查的基础概念，为后文展开论述多阶段行政行为的司法审查学理阐述及其制度建构等相关内容奠定最为基础的理论内涵逻辑支点。

　　首先，采取学理回溯的论述手法，从传统行政行为形式理论的角度梳理和把握多阶段行政行为学理演进过程中的重要源流细节，进而深刻剖析和抽象提取多阶段行政行为作为一种未型式化行政行为的整体面向；其次，重新反思传统行政法学理论对于多阶段行政行为构成要素的观点阐述，客观借鉴和批判吸收国内外不同学者对于多阶段行政行为的经典论述观点，进而借助要素限定的定义方法对其在行为主体、行为外观和行为效果三个方面进行概念揭示，廓清多阶段行政行为学理概念的逻辑边界，有力消除既有认知视域内存在的盲点和误点；最后，基于前文针对多阶段行政行为的学理溯源和概念揭示，继而展开对多阶段行政行为类型构造的细致分析，即通过透视本书搜集整理的司法裁判文书，考察先行政行为与后行政行为在内容逻辑、效力判定以及意义指向等方面存在的关联关系，大致从"依据—结果""前提—结果"

以及"事实—结果"三个维度探讨多阶段行政行为更为深层次的概念内涵。

综上，作为一种未型式化的新型行政行为，多阶段行政行为在行政管理实践中可谓是面向多变、形式多元，并且我国各级人民法院对其展开司法审查的过程中呈现的逻辑理路亦存在一些明显的差异。因此，本章重点讨论的多阶段行政行为司法审查的基础内涵不能简单地依据抽象的理论阐述，必须基于全方位地理论溯源、概念揭示以及类型构造等系统分析思维，力求能够准确地界定和揭示本书所意指的多阶段行政行为之概念内涵。当然，需要正视的是，现代法学意义上的任一基础概念界定，皆很难尽数囊括和完全包容现实情境中的所有细节之处，更遑论多阶段行政行为自身便是处于一个持续变化、形态多元的现实状况之中。故而，本章对于多阶段行政行为司法审查基础内涵所阐发的观点与内容绝非追求全面且精细，但求努力避免出现挂一漏万、跌宕混乱之不利情形。

第一节　多阶段行政行为的学理回溯

众所周知，从近代意义上的自由法治国进入现代意义上的社会法治国之后，政府的日常管理职能不再被限定于较为狭窄的范围之内，而是迫切地要求行政权力能够积极地介入经济和社会等不同领域。[1]尤其是 20 世纪以来，国家任务的急剧增加导致行政权在国家权力格局中的地位越发呈现出开放、扩张的发展趋势，"一个持续的危险是当代政府对议会的严格控制"。[2]行政权作为现代国家的权力中心，凡有助于完成行政任务的方式、方法以及工具，它便会想尽办法地将其同化为行政权的组成部分之一，从而灵活地应对繁杂多变的行政事务，这就意味着以代议机关为国家权力中心的立法国家时代宣告落幕，行政国家由此应运而生。[3]

---

〔1〕　参见江必新：《行政法制的基本类型》，北京大学出版社 2005 年版，第 198 页。

〔2〕　参见［英］威廉·韦德：《行政法》，徐炳等译，中国大百科全书出版社 1997 年版，第 7 页。

〔3〕　德国著名公法学家毛雷尔认为："当代国家就是行政国家，从行政的扩张及行政机构的膨胀来看，这种看法是正确的。"参见［德］哈特穆特·毛雷尔：《行政法学总论》，高家伟译，法律出版社 2000 年版，第 17 页。

一、源自行政活动方式的阶段化特征

在行政国家中，行政权始终都占据着社会控制的基本力量，同时作为行政法（学）的"知识基点"，构成了行政法规范体系的真正内核。在中国的宪制框架下，人民代表大会制定的法律能够为行政权控制社会秩序提供基本的发行依据，但是在行政权的实际运行过程中大部分依据都是由行政权自己创设的，人大立法和行政立法共同构成了当前我国社会秩序正常化的重要力量。[1]相较于立法权与司法权而言，行政权每天都必须面对着可能会失态的社会秩序，通过法律规范赋予的行政职权将争议案件进行有效化解，将失态的社会秩序控制在人们可以接受的范围之内。可想而知，如果没有行政权的日常操作，社会很难形成一个良好的秩序状态。中国正处于社会主义现代化建设的攻坚克难时期，各级人民政府承担着非常重要的社会秩序维护任务，需要更加强有力的行政权在现行法律框架内发挥其应有的规制作用，断然不可轻易地克扣、削减行政权，否则会使得行政权在面对失态的社会秩序时显得有心无力。正因如此，作为控制社会秩序的行政权越来越注重社会正义、公共福祉和国家安全等多维任务的达成，在客观目的层面要求行政任务的设置和实现，必须脱离单纯形式法律的机械支配，拥有独立的行政目的则强有力地呼吁行政活动方式应当出现极大的改变。

反观国家行政活动方式的改变与发展，主要体现在如下内容：一方面，从作用方式和类型划分来看，行政权越发关切服务行政（Leistungsverwaltung）、规划行政（Verwaltung der Planung）。在社会法治国的影响下，除了传统意义上所惯用的干预行政（Eninriffsverwaltung），还强调为普通民众提供必要的生存照顾条件、提携服务个人的发展空间，行政法的规制视野不能局限于干预行政的狭隘领域，而是应当努力朝着福利行政、给付行政的发展方向不断拓宽，由此这两种新型的行政类型获得了相对较大的话语权。[2]其中规划行政系指

---

〔1〕 正是从这个意义上，美国著名学者庞德认为："通过法律的社会控制"的命题是成立的。"在近代世界，法律成了社会控制的主要手段，在当前的社会中，我们主要依靠的是政治组织的社会强力。我们力图通过有秩序地和系统地适用强力，来调整关系和安排行为。"［美］罗·庞德：《通过法律的社会控制 法律的任务》，沈宗灵、董世忠译，商务印书馆1984年版，第10页。
〔2〕 翁岳生："法治行政之时代意义"，翁岳生：《法治国家之行政法与司法》，月旦出版社1994年版，第223页。据日本学者总结，在现代行政法体系中，公物法与社会法（社会保障、社会救助、社会福祉）、资助法（补贴）共同构成了给付行政的"三驾马车"，由此给付行政被分为设施行政、社

行政主体基于行政管理的任务安排和现实需要，面向未来预先作出的一种行政行为模式。根据实体法规范可知，规划行政的核心是行政主体在既有的法律规范框架内，为了完成行政任务的具体内容而将具体内容进行相应的时限细化、阶段处理，由一些相互衔接的程序因素构成不同阶段的行政行为，从而共同影响最终规划处理决定的依法作出。[1]故而，规划行政类型的出现发展，深刻反映出现代行政权的行使不再停留于追求静态、单一的法律规制效果，而是趋向于更具强烈的合目的性导向、富于预测性的动态判断机制。

此外，从现代国家的行政管理实践来看，外观上依旧沿袭着最为常用的行政决定之活动形式。不过，作为行政权的具体行使工具，行政决定已然从本质上改变和更新了其内涵，不再仅仅注重其外在固有的法律形式，[2]而是日渐关注行政决定的过程性特征，特别是以阶段化、复合型的行政过程作为新的考察对象。根据传统的行政行为形式理论之经典阐述："必须着眼于单一行政行为的最终法律效果，而对于产生该终极法效果的行政过程及其阶段划分，并未给予应有的重视。"[3]但是，以日本著名学者室井力教授为代表的行政法学者大力倡导加强对行政过程领域的相关研究，极力主张扩充行政法学体系的认知对象与研究范围，行政过程中不仅仅只注意到行政行为，还包括其他形式的行为，而且同一行政过程中的不同行为亦存在着这样或者那样的关联性，通过对比和分析前述关联性能够将传统理论排除或者遗漏的行政法

（接上页）会行政和资助行政。参见［日］大桥洋一：《行政法学的结构性变革》，吕艳滨译，中国人民大学出版社2008年版，第192页。

〔1〕例如，比较典型的立法例为我国现行《城乡规划法》，第38条规定："在城市、镇规划区内以出让方式提供国有土地使用权的，在国有土地使用权出让前，城市、县人民政府城乡规划主管部门应当依据控制性详细规划，提出让地块的位置、使用性质、开发强度等规划条件，作为国有土地使用权出让合同的组成部分。未确定规划条件的地块，不得出让国有土地使用权。以出让方式取得国有土地使用权的建设项目，建设单位在取得建设项目的批准、核准、备案文件和签订国有土地使用权出让合同后，向城市、县人民政府城乡规划主管部门领取建设用地规划许可证。城市、县人民政府城乡规划主管部门不得在建设用地规划许可证中，擅自改变作为国有土地使用权出让合同组成部分的规划条件。"城乡规划主管部门在对国有土地使用权作出出让决定之前，需要经历制定详细规划、建设单位的批准、核准、备案、签订出让合同等阶段方可达成。

〔2〕［德］彼德·巴杜拉："行政法之任务——彼德·巴杜拉的'自由主义法治国与社会法治国中的行政法'"，载陈新民：《公法学札记》，中国政法大学出版社2001年版，第94~95页。

〔3〕赖恒盈：《行政法律关系论之研究——行政法学方法论评析》，元照出版公司2003年版，第62页。

现象，重新纳入理论研究的考量视野之内并且促使一些真正问题变得更为明晰化。[1]

故而，行政活动方式在前述两个方面的显著变化，重要的交汇点便是学者们尝试从行政过程理论中提取的行政行为阶段性发展。当然，规划行政所能涉及的行政管理领域非常广泛，除原有型式化了的行政行为（规划、征收、许可）之外，其他非定型化的行政行为（例如内部调查、层级批复以及信息搜集等过程性行为）也被纳入行政行为的整体框架。换言之，规划行政和行政过程论的出现，显然弥补了以单一行政行为为内核的传统行政行为形式理论的体系缺憾，它们的共同特性在于将行政法从专注于行政行为转向同时关注行政行为之外的阶段性关联。

二、多阶段行政行为的学理认知多元

近年来，随着我国行政法学者对行政过程理论的深入研究，随之涌现出了一些关于多阶段行政行为的著述成果。[2]值得注意的是，多阶段行政行为并非我国法学界土生土长的基础范畴，根据现有的文献资料来源，大多数学者都是援引和转述德国、日本的相关学理论述。在德国行政行为的概念框架和体系结构中，多阶段行政行为（Mehrstufiger Verwaltungsakt）作为一种新型行政行为，能够在很大程度上丰富和拓宽德国行政行为释义学的认知视野，同时亦能补足传统行政行为形式理论过于倚重单阶行政行为（Einstufige Verwaltungsakt）的理论短板。[3]随着行政事务的复杂性要求以及行政组织内部的构造多元化，行政主体作出一项行政决定往往需要多个不同机关的不同参与方式予以达成，但是并非经历多个阶段始能形成的行政决定都属于多阶段行政行为，德国法根据各阶段行政行为的对外法效性和救济差异等甄别标准，

---

〔1〕 行政过程论主张致力于研究整体行政活动过程中所出现之各种流动发展、互动结构，并致力于发现真正问题所在。参见赖恒盈：《行政法律关系论之研究——行政法学方法论评析》，元照出版公司 2003 年版，第 83~84 页。

〔2〕 较有代表性的成果有：赵宏：《法治国下的目的性创设——德国行政行为理论与制度实践研究》，法律出版社 2012 年版；朱芒："'行政行为违法性继承'的表现及其范围——从个案判决与成文法规范关系角度的探讨"，载《中国法学》2010 年第 3 期；王贵松："论行政行为的违法性继承"，载《中国法学》2015 年第 3 期；成协中："行政行为违法性继承的中国图景"，载《中国法学》2016 年第 3 期；等等，由于涉及多阶段行政行为的文献数量过于庞杂，此处便不逐一列举。

〔3〕 Hartmut Mauer, Allgemeines Verwaltungsrecht. 14. Auflage, VerlaG C. H. BECK, 2003, S. 201.

将多阶段行政行为程序下的复数行政行为与多阶段行政行为进行严格区分。〔1〕而这些甄别标准和区分观点深刻地影响了同为大陆法系的日本的行政法学理论研究和审判实务。

根据日本传统行政法学理论，多阶段行政行为必须区分两种情形：一种情形是多个不同的行政行为构成了一个相互关联的行政程序，并且这个连续的行政过程必须结合在一起，才能产生所欲追求的法律效果；另一种情形是多个不同的行政行为出于不同的目的考量，在效果意义层面确实存在关联，可是各个行政行为能够独立地产生法律效果。〔2〕对于第一种情形，法院可以根据先行政行为的合法性判定结果，再行审查后行政行为；而对于第二种情形，除了最终行政决定属于绝对无效之外，法院均不得随意破坏行政机关的行为公定力。〔3〕不难得知，日本亦是按照法律效果和司法救济等标准将多阶段行政行为根据不同情形不同对待。以是否须当事人或者其他行政机关的协力为标准，可将行政处分的种类区分为：第一种是来自当事人的协力，称为当事人协力处分（Mitwirkungsbedurftiger Verwaltungsakt），第二种是来自其他机关的协力，称为多阶段处分，此类系指依照法律规定必须事先通过不存在隶属关系的其他机关或者上级机关参与并且表示相关意见、同意或核准，始能作成的行政处分。〔4〕部分地区的主流观点并未严格地区分多阶段行政行为的具体情形，而是统一使用多阶段行政处分的称谓，此外亦存在不同的理论观点。〔5〕

---

〔1〕　参见赵宏：《法治国下的目的性创设——德国行政行为理论与制度实践研究》，法律出版社2012年版，第407~408页。

〔2〕　参见［日］美侬部达吉：《日本行政法》（上卷），有斐阁1936年版，第940~944页。

〔3〕　日本行政法学鼻祖美侬部达吉首先提出了"违法性继承"的概念。他指出："所谓'违法性继承的问题'，是指'系争处分自身并无违法之嫌，但其先前有关联的前提行为违法时，其违法性是否为系争处分继承的问题'。"参见［日］美侬部达吉：《评价公法判例大系》（上卷），有斐阁1933年版，第630页。

〔4〕　参见翁岳生编：《行政法》（上册），中国法制出版社2009年版，第621页。

〔5〕　有学者根据前阶段行为是否依法针对行政相对人作出为标准，将其划分为多阶段行政程序和多阶段行政行为两大类。前者系指由相互衔接的多个直接对外发生法律效果的行政行为构成的行政过程，后者则是指需由其他行政机关参与表示意见、同意或者核准方能作成的行政行为，可见，第二种情况便是翁岳生教授等人所谓之"多阶段行政处分"。参见李建良："论多阶段行政处分与多阶段行政程序之区辨——兼评'最高行政法院'96年度判字第1603号判决"，载《中研院法学期刊》2011年第9期，第27页。

当然，早在 1996 年我国的行政法学者针对具体行政行为的类型进行划分时，便已经明显注意到了"两个以上的行政机关共同作出同一具体行政行为，一般有并重式、补充式、配合式等情形"。[1]此处所谓之共同作出式行政行为与域外德国、日本等地区所意指的多阶段行政行为有很大的相似之处。概括而言，综观我国现行的多阶段行政行为理论带有比较浓厚的外来文化色彩，无外乎借鉴德、日行政法学界所使用的"多阶段行政行为"或者"多阶段行政处分"理论阐述。但是，这些域外"投影"在我国公法学界并未形成一种通用的理论共识，而是各抒己见地自主阐发，又或者避重就轻地拆解借用，导致多阶段行政行为被意外地"擢升"为一种抽象的论证工具，忽视了其最为基础的概念认知，从而使得屡屡见诸司法裁判文书之中的多阶段行政行为出现认知混杂的不利局面。

第二节　多阶段行政行为的概念揭示

所有思考的源头，总是以概念为基点。[2]通过前文剖析和梳理多阶段行政行为的实践样态、审查逻辑以及学理回溯，可窥知其在行政管理和行政审判过程中所呈现出来的整体面面观以及理论发展梗概，但却无法清晰展现和准确界定"何者为多阶段行政行为"。换言之，多阶段行政行为的概念内涵究竟应当具备哪些必不可少的构成要素，又或者应当从哪些角度概括和总结多阶段行政行为的概念特征？

就目前笔者所搜集掌握的文献资料来看，我国行政法学人在界定多阶段行政行为概念的过程中显得过于依赖国外的著述成果，暂且不予深究这些"舶来品"是否能够顺利地适应我国行政管理和司法审查的现实国情，甚至还有可能会导致"水土不服"，进而减损域外学理经验对于丰富和拓宽我国行政法学理论研究的借鉴意义。其中值得注意的是，国内学者对于多阶段行政行为的概念认知始终处于"顾左右而言他"的总体态势。例如一些学者很早便

---

〔1〕　方世荣：《论具体行政行为》，武汉大学出版社 1996 年版，第 67 页。

〔2〕　"概念乃是解决法律问题所必需的和必不可少的工具；没有限定严格的专门概念，我们便不能清楚地和理性地思考法律问题；没有概念，我们便无法将我们对法律的思考转变为语言，也无法以一种可以理解的方式把这些思考传达给他人。"参见 ［美］博登海默：《法理学——法律哲学与法律方法》，邓正来译，中国政法大学出版社 1998 年版，第 486 页。

已非常注重对多阶段行政行为背后所隐含的基础理论展开深层次的专项研究，尤以"行政行为的违法性继承"作为研究重点和生长点，可是从这些代表性论著之中却难以获取多阶段行政行为概念揭示的完整表述。[1]究其缘由，或许是出于对多阶段行政行为这一新型行为模式概念认知的开放式接纳，又或者是基本认可和默示继受国外理论观点的路径选择。毕竟如若一个基础概念无法涵盖被定义对象的全部特质时，便要深刻反思"勉强的定义做法"是否必然符合学术研究的理性态度。[2]

此外，笔者通过观察我国目前涉及多阶段行政行为概念认知的论著综述，大概总结出如下研究理路：大多数都是采取"完美避开"多阶段行政行为而选取相近的学理概念，例如"关联行政行为"[3]，又或者"另辟蹊径"地试图改造域外的概念表述，例如"分阶段行政行为"[4]。毋庸置疑的是，这些研究思路对于明晰多阶段行政行为在实践中的整体面貌而言具有非常现实的指导意义，但是却在无形之中逐渐远离了多阶段行政行为最为本质的论述基点，即多阶段行政行为作为一种未以型式化、类型化的行政行为，对其能够揭示出类似于行政处罚、行政许可等行政行为的基础概念？唯有厘清和揭示多阶段行政行为的概念范围，才能基本确定其与单阶行政行为之间的逻辑边界，从而有助于确定先行政行为与后行政行为之间存在的法效关联、认定二者之间法效关联的性质类型以及此种法效关联对于最终的司法审查能够产生的影响作用。那么，也许有人不禁会问，这些问题与备受学者们争论的行政行为违法性继承观点貌似是殊途同归的？答案显然是肯定的，因为按照行政

---

[1]　涉及行政行为违法性继承的文献数量中较有代表性的成果有：朱芒："'行政行为违法性继承'的表现及其范围——从个案判决与成文法规范关系角度的探讨"，载《中国法学》2010年第3期；王贵松："论行政行为的违法性继承"，载《中国法学》2015年第3期；成协中："行政行为违法性继承的中国图景"，载《中国法学》2016年第3期；等等，此处便不逐一列举。

[2]　[日]盐野宏：《行政法》，杨建顺译，法律出版社1999年版，第7页。

[3]　近年来，涉及关联行政行为的综述成果多见于硕士学位论文，暂无博士学位论文对其展开论述。参见雷雨薇："关联行政行为的司法审查研究——兼论违法性继承理论的适用与重构"，西南政法大学2019年硕士学位论文；侯杰："关联行政行为司法审查问题研究"，中国政法大学2012年硕士学位论文；肖亮："关联行政行为的连带审查研究"，华东政法大学2011年硕士学位论文；等等。

[4]　杨科雄法官针对行政许可领域内的多阶段行政过程展开论述，他认为："多阶段行政行为是一个行政机关在一个或者一个以上行政机关参与下作出的行政行为，而分阶段行政行为则是同一个行政机关分不同阶段实施的行政行为。"参见杨科雄："阶段性行政许可与行政法"，载中国法学会行政法学研究会编：《社会管理创新与行政法：中国法学会行政法学研究会2010年年会论文集》，中国政法大学出版社2011年版，第296页。

法教义学的研究框架，但凡涉及行政行为的学理研究，首先求需考察描述其行为概念和意义内涵，否则后续研究很有可能会沦为"无本之木、无源之水"。

　　前文已述，20 世纪末我国已有学者颇具创造性地提出了"共同作出式行政行为"的概念，生动地反映了当时行政管理过程中频繁出现的多阶段行政过程。而"多阶段行政行为"作为一种正式的书面词汇，在胡建淼教授所著《行政行为范畴研究》一书中首次得以登台亮相。[1]此外，应松年教授通过称其为"中间行政行为"用以概括"行政主体针对某一特定行政事务尚未作出终局处理，已经实施的各种行政行为的总称"。[2]由此可见，关于多阶段行政行为的定义方式和内容表述可谓仁者见仁、智者见智，亟待相关研究进行知识统合，避免自说自话式的学理混杂直接影响到司法裁判的前后不一。虑及学术能力和知识层面的不足，以及行政行为理论的时代发展，笔者绝非妄图有能力构建多阶段行政行为的"概念天国"，亦深感惶恐由此可能会形成行为内涵的"格式化枷锁"。故而，下文拟将参考国内外的相关经典学说，立足于要素限定的角度对多阶段行政行为的基础概念作出总括性的内涵阐释，以期能够更为接近多阶段行政行为理论认知的核心问题。[3]

　　综合以上论述，学者们关于多阶段行政行为的概念认知莫衷一是。尽管这些学理观点尚未达成一致共识，但是通过这些努力成果足以见得我国行政法学人对多阶段行政行为的理论研究已初显规模。多阶段行政行为的基础概念至少包括以下两层含义：一则，行为模式主要表现为客观程序上的联系性，即先行政行为与后行政行为之间存在依据、前提或者事实要件等关系；二则，行为效果主要指向主观目的上的相关性，即先行政行为与后行政行为之间必

[1] 胡建淼教授认为："关联行政行为应该区分为多阶段行政程序中的行为和阶段化行政程序中的行为，前者系指依法须事先通过互不隶属的上级机关或者其他机关参与并表示意见、统一或者核准方能做成的行政行为，又被称为多阶段行政行为。"参见胡建淼主编：《行政行为基本范畴研究》，浙江大学出版社 2005 年版，第 280 页。
[2] 参见应松年、杨伟东编：《中国行政法学 20 年研究报告》，中国政法大学出版社 2008 年版，第 257 页。
[3] 盐野宏教授尖锐地指出："从积极定义的角度讨论行政法学的概念，实质上是将行政法学的特征或者倾向予以粗略地描述而已，正是这种可以描述但不可定义的观点，真正能够揭示问题的核心。"上述观点对于本书此处的多阶段行政行为概念揭示具有非常重要的指导意义。参见［日］盐野宏：《行政法》，杨建顺译，法律出版社 1999 年版，第 5~6 页。

须以达成同一的某种特定法律效果为目的。[1]然而，总结这两层含义必然是不足以囊括和廓清司法实践中多阶段行政行为的"辐射范围"，更难以符合司法审查实践的现实需要，有待于进一步加强研究。鉴于此，笔者不揣浅陋，拟将从如下三个方面对多阶段行政行为概念要素进行界定：

一、主体要件不限于"多个主体参与"

"多个主体参与"不应成为多阶段行政行为的主体限定要件。根据德国的学理观点，认定多阶段行政行为或者多阶段行政处分的首要成立条件便是"多个机关参与到行政过程之中"，此种观点亦成为复数行政行为与多阶段行政行为最为基本的分类标准。然而，在司法实践中能否简单地以"多个行政主体"为标准，便可判定被诉行政行为属于"机关间相互协力"的多阶段行政行为类型？显然是不够周延的。例如在本章第一小节所提及的"梁某生案""李某案"以及"叶某案"等司法案例中，作出"首次许可与许可延续""规划许可与竣工验收"以及"补偿方案与征收决定"等多阶段行政行为的行政主体只有一个，并无出现两个以上机关参与表示意见的情形。此外，还有学者指出，如果同一行政主体将复杂的行政过程进行细化，拆分为不同的阶段，这种情形不应认定为多阶段行政行为，而应归属于分阶段行政行为。[2]笔者认为，这种分类方式的实用意义有待商榷。毕竟，二者除了参与主体不同之外，行为的阶段性和效力判断完全一致，那么，若是单纯地基于主体数量的角度，对多阶段行政行为的概念类型进行"刻意"区分，不仅无法为多阶段行政行为的基础概念研究提供有效助益，而且会人为地增加行政审判实践中的认定审查难度。当然，须得承认"多个主体参与"确实是描述多阶段行政行为最为典型的一种表现形式，但绝不可以此来否定单一行政主体亦具备作出多阶段行政行为的资格能力。

由此可知，在我国司法审查实践的语境下，多阶段行政行为的概念认知并不能直接地套用其他国家或者地区的学理观点，而应当客观审视和理性总

---

[1] 参见孔令滔："论行政诉讼中前置行政行为的审查模式——以日本行政过程论为方法论的视角"，载《公法研究》2011年第2期，第205~218页。

[2] 参见杨科雄："阶段性行政许可与行政法"，载中国法学会行政法学研究会编：《社会管理创新与行政法：中国法学会行政法学研究会2010年年会论文集》，中国政法大学出版社2011年版，第296~300页。

结当前不同法院在多阶段行政行为案件中的裁判理据，扩大多阶段行政行为的主体范围。单个或者多个行政主体基于行政管理目的的需要，均可作出由不同阶段行为组合而成的行政行为，而这些具有先后逻辑顺序的行政行为之间不仅存在内容上的紧密关联，亦有可能具有法律效力上的承接关系。质言之，无论是单个行政主体分不同阶段作出某个行政行为，还是多个行政主体基于层级关系、平级协商等作出多个相对独立的行政行为，其必然都会涉及先行政行为与后行政行为之间的内容联结和效力连贯，而这种逻辑联系在司法审查过程中均容易被误判或者遗忘，故而，有必要在此重申多阶段行政行为的主体要件绝不局限于"多个行政主体"。

二、外观要件不限于"一个独立程序"

"一个独立程序"不应成为多阶段行政行为的外观限定要件。"行政程序的阶段化，主要是将复杂的行政程序分解为多个阶段进行。"[1]可知，上述观点是将"表现为一个独立的行政程序"作为多阶段行政行为的权力外观，至于其中所涉及的前后衔接和相互协作并非具有独立的、具体的规制内容，通常会被认定为"内部沟通"或是"概念通知"。从司法实践的情况来看，多阶段行政行为确有表现为单一独立的行政程序，例如根据行政机关内部的批复意见和调查结果，作出最终处置决定的这类多阶段行为，比较典型的有前文所述"李某英案""和远公司案"等。但是，相较于"一个独立程序"，多阶段行政行为更为常见的表现形式为"多个独立程序"，例如"饭垄堆案"中的首次许可决定与许可延续决定、"沈某伯案"中的拆迁许可决定与拆迁裁决等行为，皆反映出了多阶段行政行为不只是表现为"一个独立程序"的外观构造，对此须得展开更加全面的考察，多阶段行政行为绝对不是一个单一、孤立、静态的行政行为状态，而是应当表现为一系列内容相互衔接、效力动态关联的行政过程，而这些过程进一步形成了目的明确、层次分明的行政行为系统。[2]

其实，将多阶段行政行为的表现形式仅仅描述为"一个独立程序"的观

---

[1] 陈春生：《行政法之学理与体系》（一），三民书局1996年版，第68页。
[2] 有学者基于行政过程论的角度阐发行政行为的特征，指出在动态运行的行政过程中，行政行为不是一个个单一、孤立、静止的行为，而是一系列不断运动、相互关联、具有承接性的过程，这些过程又构成一个个多层次的、极为复杂的系统。参见朱维究、胡卫列："行政行为过程性论纲"，载《中国法学》1998年第4期，第67页。

点，显然是混淆了多阶段行政行为与分阶段行政行为的概念内涵，将二者等同视之，又或者是刻板地援引传统行政行为形式理论，进而全盘否定了现代行政活动方式逐渐呈现出来的过程性与阶段性等显著特征。不能因为处于多阶段过程中的某一行政行为系内部批复或者前期调查，便直接将其视为最终处理决定的"附属品"，从而忽视或者搁置其所产生的法律效果。从某种意义上讲，倘若坚持以"一个独立程序"界定多阶段行政行为的形式特征，必然会严重影响法院对于多阶段行政行为案件的全面审查，从而直接阻滞行政诉讼目的和依法行政原则的实现。

三、效果要件不限于"一个处分行为"

"一个处分行为"不应成为多阶段行政行为的效果限定要件。一方面，在多阶段行政行为过程之中，"具有行政处分性质者为主导机关最后阶段行政行为，亦即直接对外生效之部分。至于有权参与机关之意见表示或会商行为则属于行政内部意见交换，则无行政处分之性质"。[1]这种观点在我国被表述为"内部行政行为通常意义上，不具有外部效力"。[2]这种情形大多出现于存在上下级隶属关系的行政主体之间，位于上游或者启动阶段的先行政行为一般都不会直接地干涉或者影响行政相对人的合法权益，故而不能将其纳入行政诉讼的受案范围，以至于在起诉后续的最终处理决定时，对于行政主体内部的先行政行为，法院不得进行司法审查，具体案例可以参照前文所述之"李某英案""和远公司案"。但是，倘若基于某种特定的原因，先行政行为在效力层面突破了内部行政行为的界限，完成了其"效力外部化"的过程，此时便应当例外地承认其具备法定的可诉性。[3]。此外，两个以上的行政主体共

---

[1]　林腾鹞：《行政法总论》，三民书局1999年版，第381页。

[2]　在最终的行政决定作出之前，行政系统内部可能有同一行政机关内的阶段性分工，上下级机关之间的请示、批复、批准、指示、指导，平级机关之间的建议、同意等内部行为。

[3]　有学者认为："对于多阶段行政行为中的内部行为外部化，尚需对其进行定性分析，并形成一个体系化的判断标准。"参见刘飞、谭达宗："内部行为的外部化及其判断标准"，载《行政法学研究》2017年第2期，第103页。此外，对于"内部行政外部化"问题，还有学者将"外部化"的构成要素提炼为独立行为、职权主体和效果意思。参见李永超："揭穿内部行政行为之面纱——基于司法实践中'外化'之表达的一种解释框架"，载《行政法学研究》2012年第4期。有学者在讨论"权利义务实际影响"条款时对内部行政行为外部化问题进行了分析。参见于立深、刘东霞："行政诉讼受案范围的权利义务实际影响条款研究"，载《当代法学》2013年第6期，等等。

同参与和处理某一行政事务的过程之中，先行政行为与后行政行为均属于直接对外产生法律效果的行政行为，无疑皆具有实定法规范层面的可诉性。此时，先行政行为作为后行政行为的结果确认或者是前提依据，需要重点考虑的问题已然不再是二者的可诉性，而是判断先行政行为与后行政行为之间到底是否产生违法性继承的关系问题。故而，强调以"一个处分行为"作为多阶段行政行为的法律效果要件，完全是固守传统行政行为形式理论而脱离现实情况的具体考察之观念桎梏。[1]"一个处分行为"的要素界定，实则是仅仅关注到多阶段行政行为所涉及的内部行政行为或者程序行政行为不能直接对外发生法律效果的狭隘观点，既违背了现代行政法学越发注重研究内部行政法和行政过程的发展趋势，亦会导致那些具有外部法效的内部行政行为和直接影响最终决定的程序行政行为遁形于司法审查的视野之外，最终不利于对多阶段行政行为司法审查理论与实践的纵深推进。

如是观之，本书所意指的多阶段行政行为概念，并非简单套用德国、日本的相关学理，笼统且不假思索地归入会导致概念范围模糊，进而直接影响其在实际运用过程中的功能指向和司法救济效果。概言之，此处所谓的概念揭示须得遵循母项、子项和划分标准的逻辑思维，即在母项——行政行为的前提之下，结合前述三个具体、事宜的划分标准——限定要件要素，进而提炼总结子项——多阶段行政行为的基础概念。[2]首先，针对行为主体的数量情形进行多元化解释，推导出多阶段行政行为能够由一个或者多个不同行政主体依法作出；其次，基于行为外观的限定条件进行多方位考察，推导出多阶段行政行为能够表现为"一个或者多个独立的行政程序"的客观表现形式；最后，虑及行为效果的影响范围进行多维度分析，推导出对于多阶段行政行为中的各部分行政行为效果之司法审查强度应当具体问题具体分析。据此，多阶段行政行为的基础概念可以表述为：一个或者多个行政主体旨在实现某

---

〔1〕 值得一提的是，伴随着德国司法实践越来越多地将"多阶段行政行为"划归为"多阶段行政程序"下的复数行政行为范畴，"多阶段行政行为"同样呈现出被"共同决定化"的趋势。这种做法到底是对传统认识，尤其是传统行政行为概念的"调整"还是"扭曲"，在学界尚存争论。那么，我国行政法学理论在借鉴吸收德国学理实践的过程中，是否应当考虑这种新的趋势？笔者认为，答案显然是肯定的。因为近些年来的司法实践明显也反映了这一走向，不宜过于保守、故步自封。

〔2〕 参见周泽中："行政不作为的定位及其责任体系"，西南政法大学 2018 年硕士学位论文，第 14 页。

种特定的行政任务，依法作出由不同的阶段行为组合形成，且共同追求某种特定法律效果的行政行为。

第三节　多阶段行政行为的类型构造

　　通过前文列举和分析相关的司法裁判案例，对多阶段行政行为在行政管理过程和司法审查实践中的整体样态展开了细致考察，基本能够推导出我国目前的司法实践对于涉及"多阶段"行为模式的审判实践情形绝非少见，而是已经得到了司法实务界的越发重视和密切关注。在这些涉及多阶段行政行为的关联诉讼中，先行政行为的合法性问题断然是经常需要被提及且无法避开的一个基础问题，甚至会直接影响到行政主体作出何种后续的行政决定，以及法院应当选择何种类型的司法裁判结论。[1]那么，如何准确把握和客观界定先行政行为与后行政行为之间存在的所谓"阶段性"逻辑关联，便是本部分内容展开研究多阶段行政行为的类型构造之问题导向，笔者拟将从如下三个方面予以逐层推进：首先，选取和吸收更为全面的司法裁判案例，观察和剖析先行政行为与后行政行为之间蕴含的关系类型；其次，结合多阶段行政行为的实践样貌和内部构造，剖析当前学术界关于多阶段行政行为的论述成果，整合其中存在的矛盾分歧；最后，在前述内容的基础上，反思和重述多阶段行政行为类型构造的学理观点，总结出更为契合其行为模式和实践特色的类型划分。此三者构成的论证体系宛如机械钟表之中的齿轮链条，环环相扣，前后应衔接得当，否则便会导致运行思路陷入混乱，终难以为继。

　　在我国现行的行政诉讼制度框架下，讨论多阶段行政行为合法性审查问题的基础前提是厘定其所蕴含的不同关系类型，即先行政行为与后行政行为之间究竟存在着何种逻辑关联或者效力传导。之所以在我国司法实践中出现了多阶段行政行为案件裁判结果差异明显的情形，一个非常重要的现实原因在于学术界和实务界均未能够针对多阶段行政行为这一"新型常态化"行为模式的实践样态进行仔细梳理和对比考察。因此，笔者尝试从多阶段行政行

---

　　[1]　参见徐键："论多阶段行政行为中前阶段行政行为的可诉性——基于典型案例的研究"，载《行政法学研究》2017年第3期，第63页。

为的实践样态之中，抽象概括出几类较具代表性的关系类型，进而有助于行政法学理论研究和行政审判司法实践准确廓清多阶段行政行为的类型构造。[1]根据笔者搜集整理的涉及多阶段行政行为的司法裁判文书，前文已经初步描述和简单概括了其在司法实践中的整体样态，但是依旧未能深入多阶段行政行为的内容腹地，因此需要继续挖掘其更为深层次的内部构造。通过相关的案例分析和要点撷取，笔者将我国司法实践过程中涉及先行政行为与后行政行为之间的关系类型进行了内容整理和逻辑概括，大致可以分为以下三种类型：

一、"依据—结果"关系类型

如果"多阶段"中的先行政行为是作出后行政行为的依据，主要是从行政程序、职权范围、展开过程等方面进行安排，是后续行政职权得以行使的重要驱动力，那么后行政行为则是依据先行政行为而产生的结果，或者是对先行政行为后果的积极确认，笔者将其概括为多阶段行政行为的"依据—结果"关系类型。[2]例如首次行政许可与许可延续之间引发的行政争议案件即属此类。在前述"饭垄堆案""梁某生案"中，法院在审查行政主体行使后续行政权的合法性问题时，皆明确提及"首次行政许可是作出后续行政许可的前置依据"等相关内容，只不过这两起看似同类的行政诉讼案件，法院对于先行政行为的依据作用所采取的审查立场不同而已。

这种"依据—结果"关系往往多见于单个行政机关主导的多阶段行政行为过程之中。当然，前述"饭垄堆案"的实际情况相对而言较为特殊，行政相对人取得的首次行政许可系行政主体将其行政职权委托给其下级的行政主体予以行使，涉及超越职权的违法问题。为了便于理解此处所谓之"依据—结果"关系类型，需要另外援引"泸州立达房地产开发有限公司诉泸州市国

---

〔1〕 行政行为本身就是一个难作界定的概念，对于行政行为概念的表述，不同的人有不同的解释，至今也没有一个"通说"的概念，但是可以通过分类、列举等逻辑方法大致为其划定一个边界，以便给行政法确定一个大致作用的范围，从而理顺行政与法的基本关系。参见章剑生：《现代行政法总论》，法律出版社2014年版，第1~2页。笔者基本赞同这一观点，并以此作为本部分研究多阶段行政行为类型构造的理论支撑和内在动力。

〔2〕 王贵松教授在其文中将这种"依据—结果"关系归纳为"执行上的依据关系"，系指先行行为为后续行为提供依据，后续行为是对先行行为的执行。参见王贵松："论行政行为的违法性继承"，载《中国法学》2015年第3期，第102页。

土资源局解除土地出让合同案"（以下简称"立达公司案"）作为材料补充，该案的二审裁判文书载明如下相关内容："国有建设用地使用权的出让，必须经过计划、批准等法定程序，在这些必不可少的工作环节之中，任一环节都必须是合法有效的，前一环节是后一环节的依据，若忽略前一环节或者前一环节出现违法情形被撤销的，那么将会必然导致后一环节失去其合法存在的前提基础。"[1]由此可知，国有建设用地使用权的出让需要经历多个不同阶段的行政行为才能最终实现，而前置行政行为构成了后续行政行为得以作出的重要依据，后续行政行为则是对前置行政行为的结果确认。

此外，在"益民公司诉河南省周口市人民政府等行政行为违法案"（以下简称"益民公司案"）中，一审法院认为，"本案中原告请求法院撤销被告作出的三项具体行政行为，前两项行政行为分别由于涉及招标公布程序违法、邀请招标方式违法，虽不至于被撤销，但是以此二者为依据所作出的54号文件，却因为缺乏合法的依据，亦可被认定构成违法行为"[2]。在此案中，一审法院将被诉的三项具体行政行为在形式上认定为互相独立的行政行为，但是在案件审理过程中对于三项具体行政行为一并展开实质性审查，尤其是在后行政行为54号文件的合法性审查过程中，将前两项先行政行为作为后行政行为的依据进行审查之后认定为程序违法，并以此为由直接判定后行政行为54号文件亦属违法。

由此可见，多阶段行政行为的此种关系类型可以归纳为如下要点：①原则上，作出先行政行为与后行政行为的行政主体是相同的，但不排除可能会存在"饭垄堆案"中所涉及的行政委托法律关系，此种例外情形实为非常少见。②先行政行为是展开后行政行为过程的程序启动要件，或者说离开了先行政行为，后行政行为所依据的程序规定必然会失去其应有的价值。[3]国有建设用地使用权的出让必须经过计划、批准、公告、竞标等前置性启动程序，否则后续的国有土地使用权出让行为便会丧失其所存在的意义和价值。③后行

---

〔1〕　四川省泸州市中级人民法院〔2011〕泸行终字第23号行政判决书。

〔2〕　河南省高级人民法院〔2003〕豫法行初字第1号行政判决书。

〔3〕　日本学者称这种情形下的先行行为合法是后续行为的"不成文合法要件"，举例说明：课税行为违法无效时，滞纳行为当然违法。这是实体法上的关联性，先行的课税行为有效，是后续滞纳行为的不成文合法要件。参见〔日〕人见刚："行政处分的法效果、规律、公定力"，载矶部力、小早川光郎、芝池义一编：《行政法的新构想Ⅱ》，有斐阁2008年版，第84页。

政行为是先行政行为内容展开的逻辑结果，或者说是后行政行为是对先行政行为结果的程序确认，许可延续行政行为必须以首次许可行政行为作为逻辑前提，反之许可延续行为是首次许可得以继续存在的逻辑结果。招标方案、中标通知等先行政行为的内容存在，是以作出后行政行为之最终经营文件为逻辑结果，那么最终经营文件则是对先行政行为处理结果的程序确认。④由于先行政行为所设定的权利义务内容直接规定了后续行政职权的范围、条件、方式等具体内容，而这些内容会导致先行政行为与后行政行为之间存在逻辑内容、程序环节等层面的必然关联，前一环节的合法性能够直接影响后一环节。首次行政许可行为能够在行政主体和行政相对人之间创设新的权利义务关系，必然会被许可延续行政行为所承继，同理，计划公告、招标方案、中标通知等行政行为所规定的内容，必然也会被出让合同和经营文件所承继，那么先行政行为在程序和实体层面出现的效力瑕疵便会直接影响到对后行政行为的合法性判断。

二、"前提—结果"关系类型

如果"多阶段"中的先行政行为与后行政行为之间所涉及的具体内容相互关联，且后行政行为必须以先行政行为的合法有效为存在前提，原则上此二者的合法性问题表现出"一荣俱荣、一损俱损"的意义关联，但是也不排除出现"后行政行为的职权行使相对独立，不应受先行政行为的直接影响"的司法认定意见。但是，暂且抛开行政审判过程中持有的不同观点，我们需要将目光紧紧锁定在先行政行为与后行政行为在行政过程中的要件关联，笔者将其归纳为一种"前提—结果"关系类型。[1]例如建设规划许可与竣工验收之间、房屋拆迁许可与关联程序之间、土地征收决定与补偿方案之间等争议情形都属于此类行政关系。在前述"李某案""夏某荣案"等裁判文书中，法院在审查后行政行为的过程中均明确提及"先行政行为是后行政行为所需的证据材料"，并且认为后行政行为的作出机关必须全面审查先行政行为的合法性，否则会影响到后续行政过程的顺利进行。但是，在"沈某伯案""许某

---

[1] 王贵松教授在其文中将这种"前提—结果"关系归纳为"要件上的先决关系"，系指先行行为效力所及的内容是为后续行为的构成要件之一，先行行为的瑕疵构成后续行为的撤销或无效事由。参见王贵松："论行政行为的违法性继承"，载《中国法学》2015年第3期，第101~102页。

案"中，法院却以先行政行为对于后行政行为能够产生构成要件效力为由，既承认拆迁许可与拆迁裁决之间的"多阶段"关系，却又拒绝介入对拆迁许可行为的合法性审查。至于在"黄某玲案"与"叶某案"中，法院亦从不同角度认可了"补偿方案作为征收决定的前提条件，能够影响后者的合法性"的多阶段行政行为关系构造。

此处，为了突出先行政行为与后行政行为之间的"前提—结果"关系，还需要引用"文某君诉湖南省株洲市自然资源和规划局土地行政管理案"（以下简称"文某君案"）的相关内容，一审法院认为，"本案审理的重点是被告株洲市自然资源与规划局作出的《限期腾地通知书》之合法性问题。在行政主体作出限期腾地决定之前，需要其他行政主体事先作出拟订征地方案、发布征收公告、签订补偿协议或者作出补偿决定等行为内容，前述行政行为构成限期腾地决定的前置性行政程序。对后续行政行为的合法性进行审查时，前置行政行为并不属于本案的审理范围，除非这些先行政行为具有重大且明显违法的无效情形"。[1]二审法院重点指出，"对于限期腾地通知作出前，有关行政机关作出的征地决定等关联行政行为，本案只进行一般性审查，即前期的关联行政行为不存在重大且明显违法的，可以作为认定《限期腾地通知书》合法的证据予以采信"。[2]可见，先行政行为作为后行政行为的前提要件，在对后行政行为的合法性问题进行审查的过程中需要注意判断和区分先行政行为的违法程度和违法性质，不能一味地强调先行政行为作为后行政行为的前提要件，其合法性则必然会被后行政行为所承继。

在"高某鹏诉天津市滨海新区人民政府行政复议案"（以下简称"高某鹏案"）中，天津市滨海新区古林街道办事处认定原告在天津市滨海新区平房区因未经主管部门许可，违法建设一处面积20平方米的砖混结构建筑物的行为，对此违法行为作出《责令限期改正通知书》，原告对该行政决定不服申请行政复议，其作为申请人，以古林街道办事处为被申请人，请求被告撤销该《责令限期改正通知书》。一审法院认为，"原告向被告申请行政复议所针对的原行政行为，系古林街道办事处作出的《责令限期改正通知书》，该行政决定是对涉嫌违法建设行为进行查处的一个中间环节，是为作

---

〔1〕　湖南省株洲市芦淞区人民法院［2019］湘0203行初41号行政判决书。
〔2〕　湖南省株洲市中级人民法院［2019］湘02行终263号行政判决书。

出最终的行政处理行为而实施的过程性行政行为，不是最终的处理结果，不具有行政法上的强制约束力，不属于行政诉讼的受案范围。同理，原告向被告提出行政复议申请，尔后对此作出的复议决定亦不属于行政诉讼的受案范围"。[1]

二审法院亦认为，"上诉人不执行涉案《责令限期改正通知书》并不必然产生相关法律后果，据此，该《责令限期改正通知书》不具有行政强制执行效力，只是一个告知限期改正的行为，古林街道办事处后续将结合案件事实和实际情况，严格按照法定程序执行。诉讼中，上诉人认可其涉案房屋未被拆除，古林街道办事处也未对上诉人作出后续行政行为。因此，该通知书具有行政处罚前告知的性质，未对上诉人权利义务产生实际影响，上诉人主张涉案通知书直接影响到相关建筑物在征收、拆迁过程中的经济补偿问题，缺乏事实根据。因为涉案通知书不会对上诉人的权利义务产生实际影响，故而被上诉人针对涉案通知书作出的被诉行政复议决定，亦不会对上诉人的权利义务产生实际影响"。[2]由此可见，古林街道办事处作出的先行政行为，是滨海新区人民政府作出后行政行为《行政复议决定书》的前提，前者是后者得以存续的基础前提，后者是对前者内容的效果确认。法院在审查后行政行为合法性问题的过程中，必然会牵扯到对先行政行为实体程序内容的审查。但是，先行政行为的内容效力，亦会直接影响到后行政行为的可诉性，在本案中，先行政行为作为一个"尚未成熟"的行政行为，其与行政相对人之间并不产生行政法上的利害关系，仅仅作为一个阶段性的通知行为。那么，针对此类事先告知性的行政行为作出的行政复议决定，不能直接影响到当事人之间的权利义务关系，故而二者均不属于行政诉讼的受案范围。

前述关于"前提—结果"的关系构造，往往多见于多个不同的行政主体共同完成某一行政管理目的的复杂行政过程之中，其要件可以归纳如下：①先行政行为与后行政行为各自的职权行使主体不同，两个以上的行政主体按照先后的法定程序共同达成同一个行政任务；②多阶段行政行为之间存在着法律规定的某种特定的前后逻辑顺序，先行政行为是后行政行为得以存续的基础

---

〔1〕 天津市第三中级人民法院［2019］津03行初45号行政裁定书。

〔2〕 天津市高级人民法院［2019］津行终393号行政裁定书。

前提；[1]③如果按照"夏某荣案""李某案""黄某玲案"以及"叶某案"所体现出来的司法裁判立场，即将先行政行为看作是作出后行政行为的重要证据材料，那么后续行政权的行使主体自然就负有对先行政行为实体内容的全面审查，此时便会得到"先行政行为的合法性会直接传导至后行政行为"；④若按照"沈某伯案""许某案"所体现出来的另一种裁判思路，即认为先行政行为与后行政行为之间保持相对独立，作出后行政行为的行政主体并不需要对先行政行为的合法性承担审查义务，此时应当形成"先行政行为的合法性并非本案的审查范围"的认定结论；⑤若按照"文某君案"所体现出来的审判立场和论证逻辑，需要将先行政行为与后行政行为之间的合法性传导标准，正式确定为"重大且明显违法"的无效标准，否则便会间接地导致与"沈某伯案""许某案"如出一辙的认定结论，即"先行政行为的合法性不属于法院审查后行政行为的辐射范围"；⑥若按照"高某鹏案"所体现出来的行为逻辑和效力传导，先行政行为与后行政行为之间确实构成内容和程序上的"前提—结果"关系，但是由于先行政行为的内容并未最终影响到当事人的合法权益，其效力指向会直接传导至后行政行为的司法审查程序之中，进而形成"先行政行为的内容不具有最终性，导致后行政行为的效力不成熟，二者的合法性问题均不属于行政审判权的管辖范围"。

三、"事实—结果"关系类型

如果先行政行为的作出不仅在时间节点上发生于后行政行为之前，在内容上二者之间存在意义关联和逻辑衔接，而且先行政行为作为法律规定的程序因素，是后续行政权得以实现所不可或缺的事实要件。但是，先行政行为原则上只向后阶段行政行为机关作出，作为一种阶段性的程序要件可能不具

---

[1]　在"张某与兰州市城关区房征收管理办公室、兰州市城关区人民政府皋兰路街道办事处行政征收上诉案"中，二审法院认为"对征收房屋的价值进行评估是房屋征收实施单位受房屋征收部门的委托，具体实施房屋征收补偿方案的行为，而非征收方案的组成部分。《征收房屋分户估价报告》是房地产价格评估机构对被征收房屋的价值所作的评估结论，是确定被征收房屋价值的依据，但是其效力通常为最终的行政行为所吸收和覆盖，被征收人可以通过对征收补偿协议、征收补偿决定等最终行政行为的起诉获得救济"。参见甘肃省兰州市中级人民法院［2019］甘01行终201号行政裁决书。这种裁判思路亦体现除了多阶段行政行为"前提—结果"关系类型。

有完全的外部效力。笔者将此种情形统称为"事实—结果"关系类型。[1]例如内部批复调查与处置决定之间所引发的行政争议案件便属此类。在前述"李某英案""和远公司案"中,法院对于涉及行政主体内部批复、过程性调查等先行政行为的相关事实要件,尽管都是采取了不予审查的裁判思路,但是明确地肯定了先行政行为与后行政行为在事实要件方面的程序关联。从内容上看,前述两起案件似乎表明了司法机关认为对于批复类、过程性的先行政行为,不宜进行司法审查,毕竟涉及司法权与行政权的职能分工问题,必须谨慎对待、不可随便越权。然而,最高人民法院公布的行政审判指导案例,却出乎意料地将本来应当划归为内部行政行为的"行政批复"认定为属于行政诉讼的受案范围。[2]

此处需要引用"权水渠诉洛阳市吉利区自然资源局、洛阳市吉利区人民政府行政强制案"(以下简称"权水渠案")的相关内容,二审法院认为,"集体土地征收工作是由多环节、多阶段行政行为完成,相关职权部门在依法对违法建筑物、构筑物作出调查、处理等行政行为之前,必须经历地上附属物权属调查、登记、确认等工作阶段,以确保被征收人的合法财产权益在安置补偿工作开始后得到及时、公开、合理的补偿。被告作出涉案的《限期拆除违法建筑通知书》,其主要目的是如期拆除房屋,腾出土地,与规范规划实施的执法管理目标显然无关,但却与吉利区政府征收涉案集体土地的行政目标殊途同归。因此,权水渠的涉案房屋在征收过程中被以违法建筑的名义强制拆除主要是为了配合完成吉利区政府的涉案集体土地征收工作,且在该行政行为被法院生效的判决予以撤销之后,强制拆除权水渠房屋的行为也不具

---

〔1〕 王贵松教授在其文中阐述了多阶段行政行为中存在的"程序上的联动关系",系指先行行为与后续行政行为指向共同的对象,但是是一种较弱的先后关系,前后两个行为之间较为互相独立,且内容上没有其他关联或无效事由。以上论述与本书此处的"事实—结果"关系类型有一些相似之处,但是在内容指向和效力影响层面却不尽相同。参见王贵松:"论行政行为的违法性继承",载《中国法学》2015年第3期,第101页。

〔2〕 最高人民法院2010年公布的行政审判指导案例"延安宏盛建筑工程有限责任公司与延安市安全生产监督管理局生产责任事故批复上诉案"中,二审判决文书明确提及:"被诉批复的内容外化,而该批复中将宏盛公司列为责任单位,并要求给予处罚,为被上诉人设定了一定的义务,该批复与被上诉人有利害关系,且陕西省安全生产监督管理局复议决定亦告知宏盛公司可以提起行政诉讼,所以一审法院受理被上诉人宏盛公司的起诉正确,上诉人延安市安监局称该批复属内部批复,不对被上诉人宏盛公司产生法律效力,本案不属人民法院受案范围的上诉理由不能成立。"参见陕西省高级人民法院〔2009〕陕行终字第28号行政判决书。

有合法依据"。[1]在本案中,《限期拆除违法建筑通知书》是被告吉利区自然资源局根据现实情况需要和行政管理目标作出的一项先行政行为,其在性质上并非被告吉利区人民政府作出强制拆除原告权水渠房屋这一后行政行为的依据或者前提,但是却"巧合地"配合完成了涉案集体土地的征收工作,可被看作是后行政行为的一种事实要件。该先行政行为被另案作出的生效判决所撤销,导致后行政行为丧失了合法依据这一事实要件。

由此可见,"事实—结果"关系类型的多阶段行政行为在司法实践中存在裁判立场不尽一致的情况,但这种类型无疑是目前我国多阶段行政行为中最为常见的行为模式之一,其要点大致列举如下:①先行政行为与后行政行为的职权行使主体不同,一般而言先行政行为的作出,必须经过其他行政机关的同意、批准,但也有类似于"和远公司案"的少数例外情况;②现有立法明确规定或者通过法律解释能够推导出先行政行为是后行政行为得以成立和生效的事实要件,如果没有切实履行先行政行为的程序环节,后行政行为则无法获得实定法的肯定性评价;[2]③先行政行为作为后行政行为必须前置履行的事实要件,在形式上是一个独立的行政行为,并不以后行政行为作为自身的存在条件,同时具有相对完整的法律效力;④若按照"李某英案""和远公司案"的裁判路径,处于"行政过程前段或者中间"的先行政行为并不属于行政诉讼的受案范围,故而其对处于"行政过程末端"的后行政行为的合法性审查不能产生任何影响;⑤若按照前文提及的行政审判指导案例所采取的裁判理由,只要对先行政行为的效力判断符合相应条件便具有可诉性,那么先行政行为具有的违法瑕疵就很有可能会招致后行政行为被确认违法或者依法被撤销的诉讼后果;⑥若按照"权水渠案"的裁判路径,先行政行为在内容上并不构成后行政行为得以作出所必需的事实要件,但是二者却能够实现同一行政管理目的,那么关于先行政行为合法性的认定,亦可直接影响到后行政行为的效力判断。

---

[1]　河南省高级人民法院〔2019〕豫行终3061号行政判决书。

[2]　例如,我国《海洋环境保护法》第30条第2款明确规定,环境保护行政主管部门在批准设置入海排污口之前,必须征求海洋、海事、渔业行政主管部门和军队环境保护部门的意见。上述规定中,海洋、海事、渔业行政主管部门和军队环境保护部门的应征意见、环境保护行政主管部门的批准构成了一个多阶段行政行为。如果缺少前阶段相关部门的应征意见,那么环境保护行政主管部门的最终决定也失去了其存在的事实要件。

综上所述，立足于我国行政管理和行政审判的双重实践视野，通过考察列举多阶段行政行为在行政许可、行政征收以及行政规划等具体行政管理执法领域中的不同表现形式，进而选取一些典型的涉及多阶段行政行为的司法裁判案例文书，从中总结和概括出多阶段行政行为的整体实践样态。基于前文对多阶段行政行为实践样态的内容分析，本节内容继续沿循传统行政法教义学的阐发思路，尝试归纳和提取多阶段行政行为在司法审查实践过程中的类型构造，即先行政行为与后行政行为之间究竟存在着何种类型的内容关联和效果传导。主要从如下三个方面进行逐一剖析和理顺：首先，"依据—结果"关系，即先行政行为是后行政行为得以作出的依据，构成行政主体得以行使后续行政职权的重要驱动，那么后行政行为可被看作是依据先行政行为产生的结果，或者是对先行政行为后果的积极确认；其次，"前提—结果"关系，即先行政行为与后行政行为的职权行使主体不同，两个以上的行政主体按照先后的法定程序共同达成同一个行政任务，先行政行为是后行政行为得以存续的基础前提，若将先行政行为看作是作出后行政行为的重要证据材料，那么便会得到"先行政行为的合法性会直接传导至后行政行为"的结论。若认为先行政行为与后行政行为之间保持相对独立，作出后行政行为的行政主体并不需要对先行政行为的合法性承担审查义务，此时应当形成"先行政行为的合法性并非本案的审查范围"的认定结论。最后，"事实—结果"关系，即先行政行为的作出通常是需要经过其他行政机关同意、批准，先行政行为作为后行政行为必须前置履行的事实要件，在形式上其是一个独立的行政行为，并不以后行政行为的作出为自身的存在条件，同时具有相对完整的法律效力。若认为处于"行政过程前段或者中间"的先行政行为不属于行政诉讼的受案范围，那么其便不能直接影响后行政行为的合法性。但是，如果认为先行政行为的效力判断符合相应条件便具有可诉性，此时的先行政行为一旦被认定为违法，那么便会招致后行政行为被确认违法或者依法被撤销的不利后果。

第四节　本章小结

本章第一节和第二节，回溯多阶段行政行为的学理发展脉络，剖析和对比德国、日本对于多阶段行政行为的认知差异，探寻这些域外经验对于我国行政行为理论研究和审判实务的影响与作用。吸收和借鉴国内外不同学者对于多阶段行政行为的一些经典论述观点，进而借助要素限定的定义方法对其在行为主体、行为外观和行为效果三个方面进行概念揭示：首先，"多个行为主体"不应成为多阶段行政行为的主体限定要件，其仅仅系多阶段行政行为最为典型的表现形式之一，但绝不可以此来否定单一行政主体亦具备作出多阶段行政行为的资格能力。其次，"一个独立程序"不应成为多阶段行政行为的外观限定要件。通过案例分析可知多阶段行政行为不只表现为"一个独立程序"的外观构造，而是表现为一系列相互衔接、动态关联的行政过程，这些过程又构成目的明确、层次分明的系统。最后，"一个处分行为"不应成为多阶段行政行为的效果限定要件。在上下级隶属关系的行政主体之间，位于先前阶段的行政行为一般不会直接影响或者损害行政相对人的合法权益，故而不能将其纳入行政诉讼的受案范围之内，以至于在起诉后续的最终处理决定时，对于行政主体内部的先行政行为，法院不得对此进行审查。但是，在两个以上的行政主体共同参与处理某一行政事务的过程中，先行政行为与后行政行为均属于直接对外产生法律效果的行政行为，此时需要判断先行政行为与后行政行为之间是否存在违法性继承的问题。申言之，传统行政法学理论对于多阶段行政行为构成要素的观点阐述，并非能够涵盖多阶段行政行为在实践过程中的不同情形，因此需要将目光重新拉回司法审查的情境之中进行审视，终而有效地结合既有的理论观点和实务意见，得出本书所意指的多阶段行政行为的基础概念，系指一个或者多个行政主体旨在实现某种特定的行政任务，依法作出由不同的阶段行为组合形成，且共同追求某种特定法律效果的行政行为。

　　基于前文对多阶段行政行为实践样貌的列举分析，有助于为第三节探讨多阶段行政行为的类型构造提供现实生动的分析样本。主要从如下三个维度分析理顺先行政行为与后行政行为之间隐含的内容关联和效果传导：首先，"依据—结果"关系，即先行政行为是后行政行为得以作出的依据，构成行政主体得以行使后续行政职权的重要驱动，那么后行政行为则可被看作是依据先行政行为产生的结果，或者是对先行政行为后果的积极确认；其次，"前提—结果"关系，即先行政行为与后行政行为的职权行使主体不同，两个以上的行政主体按照先后的法定程序共同达成同一个行政任务，先行政行为是后行政行为得以存续的基础前提，若将先行政行为看作是作出后行政行为的重要证据材料，那么便会得到"先行政行为的合法性会直接传导至后行政行为"的结论。若认为先行政行为与后行政行为之间保持相对独立，作出后行政行为的行政主体并不需要对先行政行为的合法性承担审查义务，此时应当形成"先行政行为的合法性并非本案的审查范围"的认定结论。最后，"事实——结果"关系，即先行政行为的作出通常是需要经过其他行政机关同意、批准，先行政行为作为后行政行为必须前置履行的事实要件，在形式上是一个独立的行政行为，并不以后行政行为的作出为自身的存在条件，同时具有相对完整的法律效力。若认为处于"行政过程前段或者中间"的先行政行为不属于行政诉讼的受案范围，那么其便不能直接影响后行政行为的合法性。但是，如果认为对先行政行为的效力判断符合相应条件便具有可诉性，那么对先行政行为的违法性认定，便会直接招致后行政行为被确认违法或者依法被撤销的不利诉讼后果。然而，仅仅着眼于多阶段行政行为的这些外在表现形式，既不是本书努力深入研究多阶段行政行为司法审查的学理初衷，更是背离了行政法教义学对于研究范式和论证方式的本质要求。

至此，多阶段行政行为作为一种新型行政行为，是动态复合行政对应于静态单阶行政的主要表现形式，其实践样态、学理概念与类型构造等行为内涵已基本廓清。本部分内容始终以"多阶段行政行为的司法审查"为论证主题，坚持理论与实践相结合的阐发逻辑：在司法实践过程之中总结提炼多阶段行政行为的本质内核，进而反思修正既有理论观点的局限与不足；借由学理阐释与要素限定等途径，对行政审判过程中出现的裁判结果差异明显的情况展开更为细致全面的条分缕析，终而力求达到理论研究关切实践操作，实践操作反哺理论研究之终极目的。

第三章

CHAPTER 03

多阶段行政行为司法审查的域外考察

前章内容可以看作是多阶段行政行为司法审查所涉及的一些基础内涵，须得承认此种逻辑安排是当今我国硕士、博士研究生学位论文普遍存在的结构"窠臼"，确实能够起到点明主题、铺垫后文等作用，本书亦不例外。[1]但是，笔者的真实意图绝非如此，而是意欲通过剖析我国司法机关在多阶段行政行为案件审查过程中作出的典型裁判文书，由此推导出多阶段行政行为学理探讨和实践认知背后所隐藏的争议焦点，从而为本章拟将展开的多阶段行政行为司法审查之域外考察内容提供不可或缺的基本论点和思考线索。鉴于此，笔者从中选取了"行为违法性继承""诉讼成熟原则"和"附属性问题"作为核心词，进一步探讨和借鉴其他国家在处理多阶段行政行为司法审查问题过程中得出的学理观点和经验教训。

首先，通过观察和分析当前国内公法学界对于多阶段行政行为的整体研究成果显示，其大多数皆指向德国、日本关于"行政行为的违法性继承"的这一经典论断；其次，根据前文针对我国司法审查过程中的多阶段行政行为实践样态和类型构造展开相关论述，总结不同法院关于先行政行为与后行政行为之间的合法性关系问题所表达的认定意见，大致指向美国行政法之"诉讼成熟原则"[2]与法国行政法之"附属性问题"[3]等相关内容。故而，有必

---

〔1〕 关于法学学术论文框架的整体搭建与行文逻辑等内容的相关论述，可参见何海波：《法学论文写作》，北京大学出版社 2014 年版，第 285～287 页。

〔2〕 诉讼成熟原则是美国行政法最具特色的基本原则之一，被认为是维持司法权与行政权分立制衡的重要途径，能够有效避免司法权过早地介入行政决策程序，从而掣肘行政职权的正常运转。参

要针对上述域外学理实践的相关内容进行细致剖析和深度考察，进而能够更为全面、系统地掌握多阶段行政行为司法审查的理论脉络。

第一节 德日违法性继承的理论继受

自我国改革开放 40 余年以来，一代又一代的行政法学者努力地学习和参照世界上其他国家、地区的行政法学理论知识，同时亦致力于构建具有中国本土特色的行政法学理论框架体系。换言之，中国当代行政法学是在不断地引进欧美、日本的行政法学理论基础上渐次形成的，但是从总体而言，现有的我国行政法学理论颇受德国、法国和日本等大陆法系国家的学说影响，因此展现出了大陆法系的行政法学理论底蕴，例如严格区分公私法、坚持依法行政基本原理、注重行政行为概念的基础作用等。[1] 而传统意义上的大陆法系行政法理论则需要溯源至德国行政法的发展史。一般来说，论及行政法的特征或者作用，必定称其为"动态的宪法"或者"具体化了的宪法"，这些称谓在很大程度上应归因于德国行政法学奠基人奥托·迈耶提出的著名论断"宪法消亡，行政法长存"。[2] 以行政行为为内核所建构的德国行政法理论体系，无疑是被现代行政法（学）奉为圭臬的典范指南，而善于学习欧美国家先进思想理论的集大成者之日本行政法更是充分利用和继受发展了传统行政法教义学的知识精髓，尤其是关于行政行为效力判定及其司法救济等领域的相关论述，[3] 具有非常鲜明的德国行政法底色。

（接上页）见王名扬：《美国行政法》（下册），北京大学出版社 2016 年版，第 479 页。

〔3〕 附属性问题是法国行政法中区分行政审判与普通审判管辖权的重要认定方式，凡行政审判中的附属问题，应当全部归属于审判前提问题，交给普通法院审理。参见王名扬：《法国行政法》，北京大学出版社 2016 年版，第 463 页。

〔1〕 参见江利红："以行政过程为中心重构行政法学理论体系"，载《法学》2012 年第 3 期，第 51 页。

〔2〕 奥托·迈耶在书中将行政定义为"除立法、司法之外的国家活动"，被认为是近代自由资本主义法治国的最真实写照，而"宪法消亡，行政法长存"的著名论断更是突出了行政法在国家权力体系中的重要地位。参见［德］奥托·迈耶：《德国行政法》，刘飞译，商务印书馆 2013 年版，前言。

〔3〕 日本行政法学创始人织田万所著《日本行政法原理》一书，明确将行政法划分为总论与分论进行说明，该书除总则外，还包括行政组织、行政活动、行政救济，这种行政法体系至今一直被日本行政法学界所延续。参见江利红：《日本行政法学基础理论》，知识产权出版社 2008 年版，第 10 页。

由此，本节内容以"行政行为的违法性继承"作为核心词，意欲梳理与对比德国、日本等国家在处理多阶段行政行为司法审查过程中经常提及、惯以运用的基础理论，从中获取一些有益的学理遵循和实践经验。当然，或许一些论述内容已然时过境迁，难以适应复杂多变的现实需要，又或者前述域外引介并非"灵丹妙药"，不能完全贴合中国特色的制度实践。但是，法学是一门理论与实践深度融合、互相关照的基础学科，理论研究和实践探索绝对不能因此故步自封，而是应当更为理性客观地对待域内外的智识成果。可喜的是，国内一些学者早已开始密切关注和尝试借助"行政行为违法性继承"的相关内容阐释司法实践的裁判逻辑。那么，应当如何准确全面地理解行政行为违法性继承的理论内涵，及其对于多阶段行政行为的司法审查实践又能产生何种意义的辐射影响？

一、双轨审查标准与行为性质判断

根据前文对我国多阶段行政行为司法审查的案例分析可知，法院在认定和分析先行政行为与后行政行为之间的关系问题，探究先行政行为的违法性在哪些情形之下能够被后行政行为继承，经常需要运用行政行为的公定力理论予以解答，[1]或者援引行政行为的无效制度进行阐发。[2]但是，谈及德国行政法中的多阶段行政程序司法审查问题，需要根据具体案件的实际情况甄别和判断行政行为的类型性质，进而选择与之相对应的审查标准。换言之，司法机关应当预先认定先行政行为与后行政行为之间关系究竟是构成"多阶段行政行为"（Mehrgestuftiger Verwaltungsakt）还是"复数行政行为"（Mehr Verwaltungsakte），方可采取不同的审查标准和救济途径，笔者将其归纳为"双轨审查标准"，即对于多阶段行政行为的司法审查救济适用"显名主义"的判断原则，而对于复数行政行为则采取构成要件效力的认定标准。

---

〔1〕　例如在"沈呆伯案"中，法院拒绝介入对先行政行为（拆迁许可证）的合法性审查，其理由就是通过借用"行政行为一经作出即具有先定力、约束力和执行力"的传统行政行为效力理论承认了拆迁许可证对于后行政行为（拆迁裁决书）的直接影响。

〔2〕　例如在"饭垄堆案"中，最高人民法院给出了明确判断行政行为违法性继承发生的标准：其一，先行行政行为应是后行行政行为的权利来源和内容基础且先行行为合法性对后行行为产生影响；其二，先行行为存在"重大且明显违法"；其三，"先行行为经治愈，后行行为不继承违法性"。

一则，根据德国行政法的现有研究成果，一般将"需要经过其他行政机关的协力参与、意见通知或者是审查批示，方可作出最终的行政决定"用以定义多阶段行政程序项下的多阶段行政行为。那么，这些参与的行政机关之意见表示或者观念通知并未产生实质意义上的拘束力，或者是说只有最后阶段的行政决定才会造成行政相对人权利义务的法效影响。[1]据此，德国法上的多阶段行政行为在形式上看似需要历经多个不同的阶段，可是唯有最后一个阶段的行政行为才具有传统行政行为形式理论的效力拘束和属性特质。如此看来，因多阶段行政行为而产生的司法救济，行政相对人无权针对参与过程中其他行政机关作出的先前阶段行为提出异议，只能针对最后阶段的处理决定提起救济。换言之，即便是参与机关之间的"内部批示"等行为造成了行政相对人的合法权益受损，此时行政相对人仍旧无法针对这些"损益行为"采取任何救济手段，这无疑会形成司法救济效果的空白缺漏。而这种不利情形在行政复议的救济范围内则显得更为显著、迫切，在此类行政争议案件中，只能针对具有最终处分效果的行政行为申请行政复议，而复议受理机关是作出最后处理决定的行政主体的上级机关，此时对于其他参与机关的前期行政行为，复议机关经常会以无职权上的隶属关系为由，作出无权审查的复议决定，甚至会因为无法对前期参与阶段的行政行为之合法性和正当性作出准确全面的评判意见而拒绝审查。

正是出于此种考虑，德国行政法学理研究和实务操作选择将"显名主义"作为多阶段行政行为的最后决定机关的认定标准，[2]即在最后阶段作出的行政决定文书上签字或者盖章的行政主体，可以作为行政复议的被申请人或者行政诉讼的被告。[3]在此基础上，需要考虑另外一类特殊情形：多个参与机关在最终作出的行政决定中显名，此时构成了所谓的"共同处理决定"。基于此种问题，德国公法原理指明：在涉及共同处理决定的行政争议案件中，多阶段行政行为的法律效果认定和法律责任归属应当由各方行政主体共同承担，

---

〔1〕 Kirchner, Abgrenzung des VA von anderen behoerdichen Handungen, DVBL 1990, S. 651.

〔2〕 参见陈春生：《行政法之学理与体系》（一），三民书局 2006 年版，第 57 页。

〔3〕 在多阶段行政行为中，对其他行政主体作出的否定性附和声明不服的法律救济是在审查主管行政机关的行政行为时一并审查其合法性。如果附和声明没有外部效果，主管行政机关则不受其约束。参见〔德〕汉斯·J. 沃尔夫、奥托·巴霍夫、罗尔夫·施托贝尔：《行政法》（第 2 卷），高家伟译，商务印书馆 2002 年版，第 32 页。

共同决定的复议受理主体是各个参与机关的上级机关，从而有效避免了复议机关出于职权隶属关系无法对各个参与行为展开审查纠偏，确实能够很大程度的纾解复议机关或者法院在确定行政复议被申请人或者行政诉讼适格被告的程序负累，借助更为简便、易操作的辨别机制消除多重标准所可能引发的实体救济混乱。

二则，倘若多阶段行政程序中的各个行政行为在表现形式和法效内容层面构成了各自独立的行政行为，此时便已经被归入"复数行政行为"的考察范围之内。德国行政法之所以会选择将多阶段行政程序的基本范畴严格区分为"多阶段行政行为"和"复数行政行为"两种不同类型，目的在于补强既有行政行为释义学的理论体系，促进对行政行为的合法性判断能够突破形式主义的认知桎梏，转向从多种角度观察甄别，例如除了探求行政主体的主观意愿，还需要从外观上判断被诉行政行为是否具有"直接的对外处分效果"，进而有助于确定法律关系的内容指向，以及行政行为是否独立地规制处分行政相对人的合法权益，且能够得到相关当事人的接受尊重。[1]依此标准，在复数行政行为中各项处理决定都是作为一项独立的行政行为而存在的，只要其中任何一项行政行为实际影响到行政相对人的权利义务，便可有权提起行政复议或者行政诉讼。但是，复数行政行为中前后不同阶段的行政行为之间往往在内容上相互关联，[2]此时便需要将研究目光和参照视野精确地定位于行政行为的构成要件效力这一认定基准之上。

依据德国法通说，"关联性"是复数行政行为中最为显著的构成要件，先行政行为与后行政行为之间存在的内容相关性，必须基于构成要件效力的理论范畴进行认定考察。那么，何为"行政行为的构成要件效力"，其在复数行政行为的审查救济中能够发挥何种作用？

首先，先行政行为与后行政行为之间存在何种程度上的"关联性"，必须依据相关制定法规范的规定，而不是人为地赋予。如果制定法明确规定，先

---

〔1〕　BverwGE 50, 259. 转引自赵宏：《法治国下的目的性创设——德国行政行为理论与制度实践研究》，法律出版社2012年版，第410~411页。

〔2〕　在德国法中，在复数行政行为中前阶段与后阶段之间构成"决定链条"，各自独立却又相互关联，这种关联关系在实践中会表现为诸多形态，例如一般关系与程序加速、行政行为与委托执行、观念通知、上级指示与行政行为等，皆反映出各个机关在行政程序中的参与程度和协力角色不同而有所差异。

行政行为是后行政行为得以有效作出的存在前提，欠缺先行政行为的形式内容则会直接导致后行政行为被确认为违法或者无效；但是，如果制定法并未出现相关规定，那么，先行政行为对于后行政行为具备的拘束力程度及其范围，便需将我们的目光拉回到构成要件效力的理论阐述之中。

其次，构成要件效力并非德国行政法的原有概念，最初被限定在司法理论之中，指向于判决应受其他法院和国家机关的尊重，生效判决所确定的法律关系及其展开的新程序，应当作为其他法院和国家机关作出后续决定的前提。[1] 尔后，经由司法判决的构成要件效力理论引入行政程序之中，塑造出了"行政行为的构成要件效力"这一理论认知，主要系指"除了行政行为自身的作出机关之外，其他行政主体或者法院皆必须对已经生效的行政行为所明确认可的事实要件及其在法律效果上的存在予以尊重，并以此作为相关决定的基础要件"。[2] 可见，构成要件效力理论在行政法中的实际运用，既符合了法安定性的根本要求——行政行为能够拘束其他行政机关和后续司法程序的规范目的，亦实现了一国宪法作为根本法规范层面所欲追求的国家权力体系之间分立制衡与功能配合的制度设计。[3]

最后，既然在复数行政行为之中承认了先行政行为与后行政行为存在内容和意义上的密切关联，前者是后者存在的依据和前提，并且直接拘束和影响后者的作出，这便预示着后行政行为必须以先行政行为的处分内容为"构成要件"，在最终的结果判断或者与之相关的问题上不能背离先行政行为的内容。那么，倘若先行政行为存在效力方面的瑕疵或者出现违法、无效等问题，

---

〔1〕 源自民事判决的构成要件效力自然可以扩展至行政与刑事判决。在此语境中，行政判决的构成要件效力是指根据法律的规定，行政判决本身成为法律的构成要件，从而使得行政判决与特定的法律后果相联系，其他国家机关应将行政判决作为裁判或决定的构成要件。Vgl. Clausing, in: Schoch / Schneider/Bier, Verwaltungsgerichtsordnung, 34. Aufl., 2018, § 121 Rn. 38；〔德〕弗里德赫尔穆·胡芬:《行政诉讼法》，莫光华译，法律出版社 2003 年版，第 587 页。

〔2〕 Kopp/Ramsauer, Verwaltungsverfahrensgesetz Kommentar, 9. Auflage, Verlag C. H. Beck. S. 715ff；Harmut Maurer, Allfemeines Verwaltungsrecht, 14. Auflage, Verlag C. H. Beck, S. 255.

〔3〕 构成要件效力概念被引入德国行政法，应当归功于其公法概念之父考曼，在考曼的阐述下，构成要件效力被理解为"已生效的行政行为应作为其他机关或者法院作出后续决定的事实构成的效力"。See Franz Knopfle, Tatbesands—und Feststellungswirkung als Grundlage der Verbindlichkeit von gerichtlichen Enscheidungen und Verwaltungsakten, Bayerische Verwaltungsblatter, 1982, S. 266ff.

对先行政行为的性质判断必然会由后行政行为所继承。[1]但是，德国行政法的通说观点却指出，原则上行政行为的构成要件效力仅仅作用于行政决定的主文部分，而不能作用于行政决定所依据的事实理由部分，即只有先行政行为的处分内容和规制结论，对于其他行政机关和法院具有相对较强的法律拘束力；而作为先行政行为的处分内容基础——"事实与法律认定"，其他行政机关和法院原则上一般而言并无义务遵循前者的理由部分，并将其作为自身决定的基础。[2]由此可见，德国行政法上的构成要件效力理论对于复数行政行为的司法审查实践，确实能够发挥其接、现实的指导效用。

经由前文的论述过程，可以总结德国行政法对于多阶段行政程序司法审查的学理实践，大致呈现出本书所意指的"双轨审查标准"，即多阶段行政行为以"显名主义"原则作为其审查救济标准，将那些参与机关的"内部意见交换"排除于法院的审查范围之外；而复数行政行为则运用行政行为的构成要件效力理论对先行政行为与后行政行为的内容性质及其关联性予以认定判断。但是，随着德国行政行为学理研究和司法实践的逐步发展，多阶段行政行为与复数行政行为之间的概念边界并非如同理论观点描述的那般泾渭分明，而是逐步趋向于将二者同置于"多阶段行政程序"的视野下进行考察，并且多阶段行政行为本身亦出现被"共同决定化"的发展趋势，上述现象背后所隐藏的制度动因，在学界尚存分歧。但是，这些"理论新常态"与"实践新导向"皆在很大程度上反映出了德国行政法律制度实践中尝试突破传统行政行为形式化的整体动向，而这些新趋向，着实值得我国行政法学人和司法实务者仔细思量和端详品味。

---

〔1〕 参见赵宏：《法治国下的目的性创设——德国行政行为理论与制度实践研究》，法律出版社2012年版，第410~411页。

〔2〕 国内有学者专门针对德国法上的行政行为的构成要件效力展开研究，从通行的行政行为效力体系入手，认为形式存续力（不可诉请撤销性）与实质存续力（受限制的废除可能性）指向行政程序的参与主体，构成要件效力与确认效力则对应判决既判力中的决定性，并且是以后续决定程序中的其他国家机关为拘束对象。构成要件效力是以行政行为的规制内容（主文）对其他行政机关和法院所产生的拘束力，而确认效力则是作为行政行为规制内容基础的理由部分（事实认定与法律上的判断）对其他机关所具有的拘束力。参见王世杰："论行政行为的构成要件效力"，载《政治与法律》2019年第9期，第69页。

二、实体权利救济与程序经济考量

正如有学者所言，德国行政法借助行政行为的构成要件效力理论描述出"违法性继承"的现象，[1] 但是日本行政法却赋予和概括了"违法性继承"的基础概念。[2] 其实，我国行政法学人一直非常关注行政行为违法性继承的相关问题探讨，杨建顺教授更是在 1998 年便已将日本的这一理论初步引介至国内，[3] 嗣后朱芒教授通过将该理论实际应用于我国行政审判的案例分析之中，并根据先后不同阶段之间的行为效果关系及其司法救济目的等角度归纳总结日本行政行为违法性继承的主要学理，能够为我国行政法学人提供一些可资借鉴的宝贵经验。[4] 但是，仍旧无法完整地展现行政行为违法性继承理论的脉络发展和最新动向，王贵松教授专门撰文对此内容展开论述，提出日本行政法学界的最新态度立场是"从程序角度权衡权利保护的要求和法安定性的要求，突破了原则——例外的既有理论模式"。[5] 那么，如何理解日本行政法所意指的违法性继承学理之内容构造，以及分析具体的判断标准可能会导致不同的救济效果，无疑是本部分内容亟需厘清和掌握的重要议题。

一则，根据日本传统行政法学理论，公法学鼻祖美侬部达吉教授首倡"违法性继承"概念，明确界定行政法上的"违法性继承问题"主要系指"诉争的行政处分自身并无违法之虞，但其先前与有关联的行政行为存在违法情形，其违法结果能否为诉争之行政处分所继承"。[6] 此外亦认为，违法性继承问题必须具体考察两种不同情形：一种情形是多个行政行为组合成为一个相互关联的连续程序，其行为目的在于共同产生某种特定的法律效果；而另一种情形则是多个行政行为的目的不同，虽然在法效意义上相互关联，但是

---

〔1〕 德国以多阶段行政程序为研究对象，将其严格区分为两种类型：多阶段行政行为和复数行政行为，进而在先行政行为与后行政行为之间进行逐一考察，借助行政行为的构成要件效力理论分析先行政行为与后行政行为之间的关联性，最终判断先行政行为的违法性事由能够传导至后行政行为。参见〔日〕重本达哉："行政执行的规范构造——行政行为与行政执行的法的关联性为中心"，载《法学论业》第 167 卷，第 40 页。

〔2〕 参见王贵松："论行政行为的违法性继承"，载《中国法学》2015 年第 3 期，第 98~99 页。

〔3〕 参见杨建顺：《日本行政法通论》，中国法制出版社 1998 年版，第 400~401 页。

〔4〕 参见朱芒："'行政行为违法性继承'的表现及其范围——从个案判决与成文法规范关系角度的探讨"，载《中国法学》2010 年第 3 期，第 108 页。

〔5〕 参见王贵松："论行政行为的违法性继承"，载《中国法学》2015 年第 3 期，第 99 页。

〔6〕 〔日〕美侬部达吉：《评价公法判例大系》（上卷），有斐阁 1933 年版，第 630 页。

均属于各自独立发生法律效果的行政行为。对于第一种情况，行政相对人有权向法院主张先行政行为的违法性；对于第二种情形，除了绝对无效的情况外，法院均不得受理，必须基于行政行为的公定力之当然效果予以认可和肯定。[1] 前述标准被日本行政法学界称为"程序与效果的单一性基准"，[2] 而这一基准在当时日本一起典型的土地征收案件中得以适用。根据日本法律的明确规定，土地征收程序必须通过由内务官员履行相关的项目认定手续，方可进行土地项目的正式公告，最后才能进入当事人之间签署协议的生效环节。根据当时行政法院作出的裁判文书，在土地征收决定的撤销诉讼程序中，原则上不能以先前的项目认定行为违法作为起诉事由。对此，美侬部达吉教授提出下述异议：其一，项目认定和征收决定皆是土地征收程序中不可或缺的重要环节，二者行为并非相互独立，而是构成了前文所指的行政行为违法性继承之第一种情形，即项目认定和征收决定都仅仅是土地征收法律程序中的一个构成要素，必须以产生行政征收法律效果的数个行政行为作为整体法律要件，若在先的事实认定违法，那么在后的征收决定当然违法；其二，征收决定是决定征收土地的行政裁决行为，而非确定土地区域范围的前提行为。若当事人不能针对土地认定的适法性问题进行诉争，那么就失去了法律所列举的"征收决定具有可诉性"的实体救济目标；其三，受理案件的行政法院主要是针对征收审查机关无权审查其上级作出的项目认定结论这一情形展开审查，由于行政法院并非隶属于行政系统内部，故而内务官员作出的决定并不能有效拘束法院的判决作出。[3]

由此可以看出，美侬部达吉借助此案所阐发的理论观点，是在当时日本国内行政诉讼事项受到列举主义的限定情况下，先行政行为作为不可争讼的对象，能够允许当事人在后行政行为的撤销诉讼程序之中主张先行政行为违法，实为从最广义的角度承认了行政行为的违法性继承，确实有助于拓宽行政相对人的权利救济范围。[4] 尔后，随着日本国内行政诉讼制度和模式的改革发展，受案范围亦得到了实质性的扩大，从限缩型的列举主义演变为开放型的概括主义，日本学者在美侬部达吉论述的基础上，进一步延续发展了行政行为的违法性继承学说。其中最具代表性的观点当属田中二郎从行为的目的效果角度对先行政行为与后行政行为之间的违法性继承进行的判断，更为强调行为之间在实体层面的关联关系。[1]而这一观点便是前文所称的日本通说之"原则—例外关系"。概括而言，上述内容是日本行政法关于行政行为违法性继承在实体法面向的主要判断标准，虽然处于学界通说地位，但是仍旧不可避免地受到了来自程序法面向的质疑和挑战。[2]

二则，随着日本行政过程理论的发展和崛起，对于行政行为理论的体系重构无疑是极为显著的，既能够有效弥补传统行政行为概念及其形式化理论的固有缺陷，亦能从过程的整体化角度分析行政行为的效力问题，研究以"过程"为整体的不同阶段行政行为的意义关联以及复数行政行为，多阶段行政行为的违法性认定问题。[3]因此，在田中二郎的学说观点得以成型之后，很多学者提出了一些尖锐的批评意见，其中基于权力保障和法安定性的程序法视角最为突出。

一方面，由不同阶段行政行为组成的复合性程序过程中，处于过程末端的行政处分决定将前置阶段中的处分内容集约而发生法律效果的情形不在少数。例如土地征收案件作为最为典型的情况，涉案的某土地被认定为农用地的收购对象、有关行政主体作出土地征收决定之间，便涉及前者作为整体程序的启动阶段，而后者是程序过程的终结阶段，先行政行为是否存在违法事由对于后行政行为的审查救济而言，是须先行解决的重要问题，而这对于从实体法层面考察后行政行为的诉讼请求是否成立具有非常直接的决定作用。从程序法角度来看，由于先行政行为属于不可诉的生效行为，其争讼手段并不充分，因此承认当事人有权在最终阶段处分决定的争讼程序中主张先行政行为违法，是非常有必要的。退而言之，即便实定法对于先行政行为的救济手段规定比较充分，但其仅仅是实现后行政行为的法效结果而采取的众多程

---

〔1〕　参见［日］田中二郎：《行政法总论》，有斐阁1957年版，第325页。

〔2〕　有学者批评指出，田中学说基本上原原本本地继承了美侬部达吉学说的第一论据。其致命的问题在于，对于先行为之项目认定有无处分性与可否在后续行为中主张先行行为违法的关系，没有充分认识到美侬部达吉学说中迫切的必然性。在行政诉讼制度完全转换后，仍继承形式标准，而推出这种违法性继承理论，是没有实定法根据的。参见［日］福井秀夫："土地收用的事业认定违法性的承继"，载福井秀夫：《政策实现的行政法》，有斐阁1998年版，第257~258页。

〔3〕　参见江利红："行政过程论在中国行政法学中的导入及其课题"，载《政治与法律》2014年第2期，第54~55页。

序环节中的一环，并不一定能够在前置的阶段过程中得到应有的权利维护，无法穷尽其所需的争讼手段，因此在最终的处分阶段对其进行全面审查之后主张其合法性判断。[1]申言之，对于多阶段行政程序的司法审查而言，除了考虑先行政行为与后行政行为存在实体法层面的先决关系外，还需要从程序法层面强调对于行政相对人权利的现实保护，[2]这种观点是基于实体法上承认先行政行为的公定力之理论立场提出的"实体复加程序的判断基准"。

另一方面，日本学者山本隆司认为，美依部达吉、田中二郎等人倡导的公定力视野下的"目的—效果"模式皆为受限于当时的行政诉讼受案范围之列举主义，主要目的是将本身并不属于既有受案范围的先行政行为之违法性审查，纳入行政诉讼审理和性质判断的对象范围之内，便需考虑与系争讼对象的后行政行为在行为内容、程序衔接等行政实体法上存在密切关联的先行政行为。但是，第二次世界大战后日本行政诉讼的受案范围彻底摒弃了列举主义，转而采取概括主义，此时能够为行政相对人提供较为有利的救济机会，只要能够证明先行政行为确已侵犯了当事人的合法权益，那么法院必须在诉讼程序中保障其提出诉求、审理和判断行政行为违法性的救济权利。

也就是说，此时的行政行为违法性继承已然不再停留于第二次世界大战前严格划定诉讼审查对象的判断基准，而是越发注重探讨提起诉讼的时间节点或者程序方法，法院必须在行政诉讼程序方面充分保障当事人的诉讼请求权，以及审查、判断是否容许在后行政行为的争讼阶段主张先行政行为的违法性。[3]由此可见，山本隆司提出的判断基准是重点考虑到公定力之外的程序因素，将先行政行为的违法判断单独纳入先行政行为的作出阶段进行审查，相较而言更具合理性。反之，若在后行政行为的争讼阶段纠正先行政行为的违法性，会导致整个行政过程和司法审查实践陷入混乱局面。而在先行政行为阶段之中为当事人权益保障提供充分的诉争救济程序，在很大程度上促进行政相对人在先行政行为阶段顺利解决相关争议，此时，便不需要再次借助行政行为的违法性继承理论认定和判断后行政行为的违法性。[4]当然，以上属于例外情形，否则便应肯定先行政行为与后行政行为之间的违法性继承。

---

〔1〕 参见 ［日］远藤博也：《行政行为的无效与取消》，东京大学出版会 1968 年版，第 336 页。
〔2〕 参见 ［日］远藤博也：《实定行政法》，有斐阁 1989 年版，第 114~115 页。
〔3〕 参见 ［日］山本隆司：《判例探究行政法》，有斐阁 2013 年版，第 406~407 页。
〔4〕 参见 ［日］山本隆司：《判例探究行政法》，有斐阁 2013 年版，第 183 页。

这种观点实质上是从行政程序的连续性、法的安定性等角度保障当事人在不同阶段的行政行为过程中的权利实现，为违法性继承保留了适当的生存空间，突破了美侬部达吉等人确立的"原则—例外"的通行理论模式。

依前文所述，德国和日本行政法对于行政行为违法性继承的学理运用和司法实践，在具体的审查标准和表述称谓等细节上存在着些许差异，但是在论证逻辑和认定结论等方面殊途同归。德国行政行为概念体系对于多阶段行政程序的类型划分，进而形成了针对多阶段行政行为和复数行政行为分别适用的"双轨审查标准"，前者借助"显名主义"原则，用作判断和甄别多阶段行政行为的最终作出机关，并以此认定行政复议被申请人或者行政诉讼被告，后者则以构成要件效力所保护的法安定性价值以及维护行政机关内部的权限分配秩序，承认先行政行为的规制内容对于后行政行为而言具有拘束力，即便后行政行为的作出机关认为先行政行为违法，亦不可无视其存在，而是应当向有权机关要求对其作出性质判断和效力确认。当然，德国行政法中的多阶段行政程序类型划分观点慢慢地有所"放松"，从而造成多阶段行政行为与复数行政行为的判断标准亦趋向同化，这也预示着在具体案件的审查过程中不能仅仅关注行政行为的形式，而应当对行政行为的内容进行仔细考察。

至于日本行政法中有关违法性继承的学说发展历程，可谓是前赴后继、推陈出新。法学巨擘美侬部达吉创设违法性继承的基础概念、田中二郎从实体法层面确立"目的—效果"判断基准，基本形成了第二次世界大战以来日本学界对于多阶段行政行为学理研究和司法实践的理论通说。但是，第二次世界大战后日本行政诉讼制度纵深发展，公法学研究越发重视理论范式的转换，逐步将研究视野从实体法转向程序法，远藤博也综合权衡权利保护和法安定性等要求，提出了"程序附加实体"的判断基准，而山本隆司则直接排除传统行政行为公定力理论的影响，直接选择从程序法公定力的新角度设定违法性继承的全新标准，终而实现实质上突破既有的实体法面向的理论模式。申言之，德国、日本行政法对于违法性继承理论研究的推进过程，为我国行政法学人吸收和借鉴这些理论观点奠定了极为有益的比较法视野，但是亦敲响了警钟：公法学上的理论范式皆是会随着时代变迁和制度实践而发生这样或者那样的转变，研究者断然不得采取故步自封或者全盘抄袭的片面态度，而是应当坚持规范与制度、理论与实践相结合的理性立场。

第二节　法国附属性问题的权限界分

前文将德国、日本行政法中涉及违法性继承的相关学说观点进行逐一梳理和对比分析，大致能够厘清各自对于多阶段行政行为司法审查的主要学理依据和实践基础。毫无疑问，这些理论观点均带有非常浓厚的大陆法系注重研究行政行为效力之理论特色。殊不知，当论及近现代的行政法学或者将视野缩小至行政行为，必定绕不开法国行政法的历史发展，法国的行政法学说、基本原理、行政法院的制度设置及其所适用的行政判例传统，对于包括德国、日本等国家在内的现代行政法学而言无疑产生了不可磨灭的历史影响。[1]行政权由立法机关制定的法律约束，并受到司法机关的监督以保证行政行为的合法性，这种制度设计和理论阐释是通过轰轰烈烈的法国大革命所首创，而德国公法学的制度发展则是通过渐进式的经验吸收和自我修正而得以完善。因此，笔者通过观察法国行政法对于行政审判权限的管辖划分，从中提取了"附属性问题管辖权"这一理论议题，用以分析法国行政审判实践中涉及多阶段行政行为司法审查的相关实务操作。[2]在处理司法权限争议问题中，复杂的行政诉讼案件可能会存在附属性问题，而附属性问题的管辖权主要是受到先决问题原则的直接影响。加之，行政法院系统内部亦存在权限划分，当构成行政处理结果的前提依据之行政条例进入行政诉讼程序中，便会审查所涉案件中的诉讼标的，进而产生行政条例的专属管辖权问题。故而，法国行政法中的前述内容或多或少地都会牵涉多阶段行政行为的司法审查问题。

一、权限争议处理与附属性问题

法国行政法素来以其独立的行政法院系统、独特的行政判例制度而闻名

---

[1]　毕竟德国行政法学巨擘奥托·迈耶所创立的行政法学体系是"将法国行政法原理翻译为德文，以德国法学学者的思维方式来重述法国行政法理论"。

[2]　经笔者观察，法国行政法中并未出现"多阶段行政行为"的概念定义，但是根据行政行为的类型划分，以行政行为成立时的意思表示的数目为标准，分为单方面的行政行为、多方面的行政行为和双方面的行政行为。其中多方面的行政行为系指多数意思表示共同实现一个目的，结合成为一个集体行为。由此可见，多方面的行政行为在形式上接近于本书所意指的多阶段行政行为。但是，其对于行政相对人的效力与单方面的行政行为相同。参见王名扬：《法国行政法》，北京大学出版社2016年版，第107页。

于世界公法学界，这些特色制度的产生，或许是由于技术原因，但更多是基于法国自身的历史条件。[1]解决行政处理活动是否违法的争议案件，应由独立的行政法院系统直接管辖，而普通法院无权管辖这类行政案件。[2]在法国审判系统之中，行政法院和普通法院作为相对独立的两大分支机构，前者主要审理行政诉讼案件，后者则受理行政诉讼之外的普通诉讼案件。法国的法律会将普通法院和行政法院的审判范围与具体事项进行对应匹配，但却没有规定一个比较明确的划分行政审判权限和普通审判权限的普遍适用性标准，而这个标准需要在具体的个案情况中由行政法院和权限争议法庭予以确定。[3]

依据法国行政诉讼的制度实践，权限争议问题既可能发生在行政法院系统或者普通法院系统内部的不同法院之间，亦可能发生在行政法院系统与普通法院系统之间的不同法院之间。前述的第一种情况属于同系统内部的权限争议，由双方的共同上级法院决定案件管辖权的最终归属；而后一种情况则属于系统外部的权限争议，此时争议双方没有共同的上级法院予以确定，因此普通法院和行政法院皆有权对案件作出各自的确定判决，为了避免判决内容产生冲突及后续造成的当事人救济不力情况，便需要由权限争议法庭负责对案件进行判决。在解决具体案件管辖权限争议的过程中，权限争议法庭所作出的某一案件归属于某个法院系统管辖，其影响意义绝非仅限于本案，而是经由此判决确定一个可供后续同类案件进行参照比对的一般性规则，即为实质上的司法判例制度。[4]

---

〔1〕 一位法国行政法学家生动地描述到："如果立法者大笔一挥，取消全部民法条文，法国将无民法存在；如果他们取消全部刑法条文，法国将无刑法存在；但是如果取消全部行政法条文，法国的行政法依然存在。因为行政法的重要原则不存在成文法中，而存在于判例之中。"转引自王名扬：《法国行政法》，北京大学出版社2016年版，第17页。

〔2〕 法国的行政活动不受普通法院的管辖，也不适用私人之间的法律规则。法国行政法的上述特点遭到了英国公法学家戴雪的批评，其认为法国行政法是一种保护行政机关和行政官吏特权的法律，不符合法律面前人人平等原则。参见王名扬：《英国行政法、比较行政法》，北京大学出版社2016年版，第17~19页。

〔3〕 按法国行政法的传统理念，权限争议法庭负责处理三类冲突：积极性冲突（行政法院和普通法院都要求管辖）、消极性冲突（行政法院与普通法院都放弃管辖）、裁定冲突（行政法院或者普通法院均有权管辖）。1960年又增加一项：事前征求意见的冲突（incipient conflicts）。参见龚祥瑞：《比较宪法与行政法》，法律出版社2012年版，第476页。

〔4〕 参见王名扬：《法国行政法》，北京大学出版社2016年版，第449页。

　　例如，在著名的布朗哥（Blanco）判例文书中载明，权限争议法庭认为该案当事人造成的损害赔偿责任问题，行政法院系统有权管辖，理由是此案系当事人在实施公务过程中产生的损害结果，普通法院系统无权干涉。此案一经裁判，便确立了法国行政法中最为著名的根本原则——被诉事项是否具有"公务性"，构成行政法院管辖权的判断基准。[1]故而，法国行政法确定某个争议案件属于行政法院的管辖范围，或者排除于行政法院的管辖范围，其本质上是明确行政审判的基础权限和划定行政法的适用边界。[2]

　　当然，法院系统管辖权限的划分标准并非一成不变，在实际运用过程中还是会出现判决冲突的情况，即两个不同的法院系统对于某一案件皆主张享有法定的管辖权，而彼此作出的生效判决互相矛盾，以至于当事人无法获得圆满的司法救济。故而，针对此种情况，法国法律的相关规定明确了当事人能够在后阶段作出的判决文书生效后的两个月内，有权向权限争议法庭提起诉讼，请求撤销已经生效的两个判决，并就实体法内容作出最终判决。[3]

　　尤其是在一些比较复杂的行政诉讼案件中，某一具体事项作为行政诉讼标的，在管辖权划分基准上并不能够由普通法院予以干涉，可是该行政诉讼案件的解决必须依赖于普通法院的认定结果。此时，该事项便会"变异"为普通法院的管辖权事项，不再受行政法院管辖，此种情况便是附属性问题的具体表现形式。例如，在某公共职位招考案件中，行政主体作出拒绝行政相对人考试报名的处理决定，对此，行政相对人向行政法院提起行政诉讼，请求撤销该处理决定。被告向行政法院主张被诉行政处理决定的合法性，原因在于根据相关考试法令的规定，原告的国籍和年龄等均不符合该职位的报考条件。受理此案的行政法院在作出本案判决之前，必须先行判断原告的国籍和年龄是否属于报考条件的允许范围，而这一问题在事项范围上属于普通法院的管辖权，可见，本案中原告的国籍和年龄等事项属于行政审判的附属性

　　[1]　"布朗哥案"判决的意义在于放弃了国家债务人和公共权力这两个传统标准，以公务观念作为确定行政审判权限的标准。公务标准是由权限争议法庭提出，使该案件在法国行政法学说史之中占据重要地位。而后来法国著名公法学者莱昂·狄骥根据行政法院判例建立的公共服务学说，直接认为全部公务都属于行政审判范围，忽视了公务活动中私管理方式的存在，显然远超出法院提出的标准。参见［法］狄骥：《公法的变迁》，郑戈译，商务印书馆2013年版，第42~43页。
　　[2]　参见王名扬：《法国行政法》，北京大学出版社2016年版，第438页。
　　[3]　参见王名扬：《法国行政法》，北京大学出版社2016年版，第443页。

问题。此外，附属性问题还可以出现另外一种情形，如果一个普通公民违反了具有刑事制裁内容的行政条例，而被起诉至刑事法院，该公民在诉讼过程中主张条例不合法，刑事法院对被告依法作出处罚的判决结果之前，必须先行确定和解决该条例的合法性问题，而从法院系统的审判权限划分来看，行政行为的合法性判定并不属于普通法院的管辖权，而是属于行政法院的管辖事项。

由此可见，附属性问题指向于"某个诉讼案件的判决结果，需要借助于其他事项的判断认定，而这一认定并不构成行政诉讼或者普通诉讼的主要标的，但是会决定案件的判决内容"。[1]作为法国行政诉讼程序中处理审判权限争议的重要内容，附属性问题旨在从法院系统的审判权限角度，具体地审查行政行为的前提条件或者后续结果的合法性，继而作出前后认定一致的判决结果，能够有助于促进诉讼程序的顺利进行，避免诉讼过程由于一些人为因素而陷入跌宕停滞，进而有效维护行政相对人在既有的司法体系中得到更为圆满的权利救济。[2]

二、先决问题原则与审判之前提

诚如法国行政法的通说观点认为，附属性问题作为审判权限争议中的一种特殊情形，既可以发生在行政法院与普通法院两个不同系统的法院之间，也可能发生在同一系统内部的不同法院之间，这种特质与权限争议处理极为相似。但是，附属性问题的管辖权判断并非一个孤立空洞的标准体系，而是受到先决问题原则（la question préalable）和审判前提问题（la question préjudicielle）的双重支配。[3]

首先，先决问题原则主要是指某一具体案件的主要标的属于行政法院或者普通法院的管辖权范围，而其附属性问题亦由受理该诉讼案件的法院一并进行审查决定。"案件本身的法院也是案件例外的法官（le juge de l'acfionest le

---

〔1〕 当某一争议问题的裁判须以另一问题的先行确定为前提条件时，当事人请求裁判的问题被称为"主要问题"或"本问题"，而必须先行确定的问题被称为"先决问题"或"附带问题"。参见傅郁林："先决问题与中间裁判"，载《中国法学》2008年第6期，第156页。

〔2〕 参见杜焕芳、杨珮茹："涉外民事审判中先决问题的裁判逻辑与法律适用"，载《中国高校社会科学》2020年第3期，第123页。

〔3〕 参见王名扬：《法国行政法》，北京大学出版社2016年版，第462~463页。

juge d'exception）"，[1]可知，先决问题原则的司法适用，要求在具体的诉讼程序中有权管辖案件主要标的的法院，同时亦有权管辖与之相关的其他附属性问题。通过类似于诉讼标的合并的技术化方式，将原本独立于主要标的的附属性问题一并纳入诉讼案件本身的管辖权范围之内，从而在先决问题和主要标的的受理法院管辖权问题上实现一致，保持诉讼程序的管辖关系完整统一。但是，需要注意：先决问题原则的适用前提是同一系统法院内部的不同法院之间，而不能跨越不同法院系统的审判权限。

例如，某地方的行政法庭依法受理一起请求撤销行政处罚决定的诉讼案件，作出该处罚决定的行政部门所依据的是由部门长官制定实施的一个不合法的行政条例。根据法国当时的行政管理制度和行政法院的管辖权设置，最高行政法院享有极为显赫的法律地位，既是中央政府权力体系中最重要的政策咨询机关，同时亦为最高级别的行政审判机关，在审判职务上负责一些重大行政案件的初审管辖、承担地方行政法庭上诉审案件的管辖权以及经当事人自主申请的终审案件复核管辖权。其中的初审管辖权便包括前述所提及"有权撤销部长制定的行政条例"。[2]那么，受理本案的地方行政法庭在作出撤销地方政府市政管理部门的行政处罚决定之前，必须先得审查部长制定的条例是否存在效力瑕疵。但是，根据法国既定的行政诉讼案件管辖权规则，部长制定的条例之合法性审查，应当归属于最高行政法院管辖，而不应当由地方行政法庭作出相应的判决结果。[3]此时，便需要运用先决问题原则予以解决，部长所制定的条例是否合法，作为本案诉讼标的（是否应当撤销行政处罚决定）的附属性问题，对该附属问题有管辖权的最高行政法院和对诉讼案件本身有管辖权的地方行政法庭，均属于同一法院系统，因此可以将附属

---

〔1〕　格言的直观解释为：附属性问题的管辖权并非一种独立的存在，而是应当合并到原先的案件本身管辖权内，作为诉讼主要标的的先决问题，由对诉讼主要标的的享有管辖权的法院进行审查决定，以充分保障诉讼程序的完整统一，以及促进审判救济效果的积极实现。

〔2〕　法国最高行政法院的审判职务是其最主要的职权，初审管辖权包括：撤销总统和部长会议的命令（包括普遍新规定条例和具体性的处理在内）；与总统任命的高级公务员个人地位有关的诉讼；撤销部长制定的行政条例；撤销部长提出的必须由最高行政法院采取的具体行政决定的诉讼；等等。

〔3〕　在法国行政诉讼程序中，撤销部长制定的行政条例的诉讼，原则上均由最高行政法院进行审查决定，但是如果该条例造成了某种损害结果，那么涉及的损害赔偿诉讼之初审管辖权，属于地方行政法庭。

性问题交由行政法庭决定，不需要再行移送至最高行政法院进行合法性审查。[1]

无独有偶，先决问题原则在普通法院系统之中亦能得到适用。例如一个法国公民在地方刑事法庭控告其丈夫犯有虐待行为，而被告主张其与原告并不存在法定有效的婚姻关系，不构成虐待罪，仅仅造成了一些轻微伤害。受理该刑事案件的刑事法庭在依法作出被告的伤害行为是否构成虐待罪的判决结果之前，必须先得决定原、被告二者之间的婚姻关系是否有效，毕竟虐待罪只能在"具有共同家庭生活关系的成员"之中成立。按照法国普通法院管辖权的制度安排，婚姻关系的效力问题应当由民事法庭管辖，而这一问题却同时是刑事法庭受理虐待案件的附属性问题。那么，按照先决问题原则的处理要求，该诉讼案件的主要标的（虐待罪是否成立）属于刑事法庭的管辖范围，而附属性问题（婚姻关系是否存在且合法有效）的管辖权归属于民事法庭，刑事法庭和民事法庭同属于普通法院的审判系统，所以先决问题应当由刑事法院审查决定。由此可见，同一法院系统内部的不同法院之间审判权限之附属性问题，皆可直接归入先决问题原则进行认定。

同时，附属性问题的管辖权处理还需要受到审判前提问题的支配影响。相较于先决问题原则，审判前提问题则是指向于不同法院系统之间的不同法院管辖权处理，即将附属性问题视为被诉案件主要标的的前提条件，遵循现行的审判管辖权规则才能得以正常运行，将附属性问题移交有管辖权的法院进行裁决，而不由案件本身主要标的的管辖权受理法院决定。[2]审判前提的司法实践运用，是法国行政审判权和司法审判权相互独立原则的影响结果。根据分权原则在法国行政法中的实际应用，以及行政制度内部的结构安排，行政审判权与司法审判权之间相互独立、互不干涉，行政审判权并不是国家

---

〔1〕 一般说来，法国行政法庭的审判职务受到级别管辖和地域管辖的双重影响。一方面，按照案件的重要程度和影响大小，分配在最高行政法院和行政法庭之间，另一方面，行政法庭只对一定行政区域内的案件享有管辖权。而此处由于附属性问题而对部长所制定的条例诉讼案件享有管辖权，可被看做是"原则—例外"模式。

〔2〕 值得注意的是，行政审判中的附属问题，全部都应归入审判前提问题，由按照正常的管辖权规则对附属性问题交由有管辖权的普通法院裁决，不由受理主要诉讼案件的行政法院决定。而司法审判中的附属性问题，又是作为先决问题，由受理的普通法院决定，很大程度上扩张了自己对于行政事务的管辖权，有时又会作为审判前提问题，根据分权原则，由行政法院决定。

司法权的分支形式，而是一种用以监督行政权合法行使的重要职能保障。[1]行政法的核心意旨是坚持依法治国，行政主体的日常活动必须遵守法律的相关规定，任何逾越法定权限的行政行为皆不得产生效力，无疑构成了法国行政法确立越权之诉制度的目的初衷。[2]按照审判前提问题的原则要求，在个案的诉讼程序中，行政法院或者普通法院需要审查附属性问题时，应当主动地将其移交由另一个享有法定管辖权的法院系统进行审判，不得自行作出相关决定。

例如，在某土地行政征收案件中，地方行政法庭受理了一个请求撤销房屋强制拆迁决定的诉讼案件。原告认为，行政主体作出的房屋强制拆迁决定严重侵犯了自己的财产权，而被告却主张原告并不对涉案房屋享有法律意义上的物权，应当将其认定为无权占有他人的房屋。按照正常的管辖权分配原则，行政法庭负责具体审查被诉的行政处理决定是否存在违法问题。可是，在此之前必须查清原告对于涉案房屋究竟是否享有所有权，而此类事项属于民事法院系统的管辖范围，行政法院无权作出决定。可见，涉案房屋的所有权归属便成了行政诉讼案件被诉行政行为是否违法的审判前提问题，此时行政法庭需要将此事项转交至民事法院进行审查，待民事法院作出生效决定之后方能对行政处理决定的适法性予以认定。这是行政审判中出现的附属性问题，被看作是审判前提问题，需要交由对此享有管辖权的普通法院裁决之具体情形。[3]

此外，还有在普通审判过程中遇到的附属性问题，被当作是审判前提，交由对此享有管辖权的行政法院裁决的具体情形。例如，地方普通法院受理

---

[1]　在法国，行政法治的保障分为政治的保障和法律的保障，其中法律方面的保障包括事中预防、事后制裁，前者主要是指在行政程序上采取措施，防止违法行为发生；后者则是通过撤销违法的行政行为，使之不能发生法律效力。制裁违法行政行为的最主要手段是提起行政诉讼，这种救济手段称为审判的救济或者诉讼的救济，行政诉讼是法国行政法治原则最主要的保障。

[2]　类似于英国宪法上的"越权无效"原则，法国建立了越权之诉制度，被认为是法国行政法最重要的制度，主要系指行政相对人的利益由于行政主体的行政处理决定而受到侵害，请求行政法院审查该决定的合法性，并撤销违法的行政决定。越权之诉是法国行政法中最为特色的制度，也是法国行政法在国外产生影响最大的制度。

[3]　在法国行政法中，同一法院系统内部之间的附属性问题，都是先决问题，而不同法院系统之间的附属性问题，才可以成为审判前提问题，这是决定附属性问题的两个基本原则。但是，需要厘清的是，行政审判中的附属性问题，全部属于审判前提问题，由普通法院决定。司法审判中的附属性问题，有的是审判前提问题，由行政法院决定；有的是先决问题，由受理该诉讼案件的普通法院决定。

了一起要求对方承担侵权损害赔偿责任的民事诉讼案件，原告诉称其所合法
经营的店铺遭到被告的无端侵占，而被告辩称其对于原告店铺所在的房屋不
动产享有所有权，系根据地方议会制定的分配条例依法所得。根据正常的管
辖权分配规则，普通法院负责审查当事人之间究竟何者对于涉案店铺所承载
的房屋不动产依法享有所有权。但是，在此之前必须探求房屋所有权分配所
依据的地方议会制定之行政条例是否存在违法性事由，而此类事项属于行政
法院系统的管辖权范围，而且专属于最高行政法院的初审管辖权。普通法院
根本无权决定。可见，地方议会制定的行政条例合法性便成了民事诉讼案件
涉案房屋所有权归属问题的审判前提问题，此时普通法院必须将此事项转交
给最高行政法院进行审查，待行政法院作出效力认定之后方能对涉案房屋的
所有权问题进行判断。简言之，审判前提问题在诉讼程序中的出现，必然会
导致受理法院必须先行停止诉讼程序的顺利进行，[1]当事人应当针对附属性
问题的性质，另行向有管辖权的法院系统提起相关诉讼，而之前受理案件
的法院则根据后续负责审查附属性问题的判决结果，作出案件本身的最终
判决。

综上所述，法国行政法对于涉及前阶段行为与后阶段行为存在关联的诉
讼案件，采取了一整套颇具本土特色的处理机制，可能其中还会牵扯到民事
诉讼和刑事诉讼的具体裁判规则。但是，仅就法国行政法对于先行政行为与
后行政行为之间可能出现的诉讼情形来看，先行政行为很可能会作为一种附
属性问题，构成后行政行为效力判定的先决问题。非常值得一提的是，倘若
行政主体依据一部具有普遍约束力的行政条例，对行政相对人的合法权益作
出某个具体的行政处理决定，那么，在此类行政诉讼案件中，受理被诉行政
处理决定的行政法庭对于行政条例并不享有法定的管辖权，但是该条例确已
构成行政主体作出行政处理决定的规范依据，必须预先审查该条例的具体内
容是否存在违法性，而这一事项的审查权限归属于最高行政法院。因此，受
理案件的行政法庭必须将行政条例的合法性审查转交给最高行政法院作出决

---

[1] 有学者从法国合宪性先决程序的角度入手，指出"当诉讼程序的中止会造成无法弥补的后
果或对一方诉讼当事人的权利产生明显不利影响时，作出移送合宪性先决问题决定的法院可以就必
须立即处理的争点作出判决"。参见宗珊册："法国合宪性先决程序中的最高行政法院和最高司法法
院"，载《公法研究》2017 年第 2 期，第 52 页。

定，尔后根据最高行政法院的决定依法作出案件本身的判决结果。[1]法国行政法对于多阶段行政行为司法审查的处理方式，或许与德国、日本的处理方式存在很大的差异，但是，其在行政审判权限争议、诉讼程序附属性问题等相关事项的分析方面却是独树一帜的。当然，也许其中还掺杂了一些行政审判职能之外的民事审判、刑事审判等内容，可是在无形之中能够为多阶段行政行为的司法审查提供一种别开生面的域外镜鉴意义。

第三节　美国诉讼成熟的审查基准时

前两节内容主要是对德国、日本以及法国等大陆法系国家行政法关于多阶段行政行为司法审查的学理实践展开逐一考察，从中提取了行政行为的违法性继承、诉讼程序的附属性问题等相关学说作为论述主题，力求能够从这些大陆法系国家的行政法学理论研究和行政诉讼制度规范实践之中探求一些可供学习和参照的域外经验。但是，比较法的研究视野绝非仅仅局限于借鉴相同或者相似类型法律传统的国家，而是应当博采众长、合理批判，摒弃既往形成的思维桎梏和理论惯性。加之，本书第一章在梳理多阶段行政行为实践样态的过程中，发现一些行政诉讼案件的裁判文书中明确提及了"先行政行为尚未成熟，不具备可诉性"的判断标准。故而，本部分内容拟将着眼于美国行政法最为重要的一项基本原则——诉讼成熟原则，分析其对于普通法院确定在何种情况下能够有权审查政府作出的行政行为。[2]简言之，司法机关何时能够对行政行为采取何种程度的审查，其中还涉及原告资格认定、穷尽行政救济以及最终性原则等相关问题的辨析确认，而这些内容对于多阶段行政行为的司法审查无疑扮演着直接有效的判定基准作用。

一、诉讼成熟原则在美国行政法中的表达

回溯美国近现代法律的主要渊源和传统特色，必须从英国法中寻找脉络

---

〔1〕　1953年法国对行政法院系统内部的案件管辖进行了重大改革，将最高行政法院部分管辖权下放到下级行政法庭，即初审案由最高行政法院下放到省行政法庭（Conseil de Prefecture），26个大省市都设有行政法庭（Tribunaux Administratifs），大大减轻了国家最高行政法院的负担，同时却没有降低质量。参见龚祥瑞：《比较宪法与行政法》，法律出版社2012年版，第327页。

〔2〕　参见王名扬：《美国行政法》（下册），北京大学出版社2016年版，第479页。

线索。在独立战争爆发之前，美国一直都是英国在北美境内的最大殖民地，而英国法作为普通法体系的主要代表，与欧洲大陆其他国家的法律体系存在本质上的差别，无论是从立法模式、法律体系等外在表现形式，还是法治思想、权力架构等内在思维观念，抑或审判模式、诉讼制度等具体实现方式，大陆法系与普通法系皆具有各自赖以生存的重要基础。[1]基于此，美国行政法在殖民时期便受到英国传统法律思想的深刻熏陶，直到 19 世纪末才逐渐摆脱英国法的影响。但是，美国行政法既有的体系结构和概念认知，在很大程度上早已被打上了英国普通法律传统的深刻烙印，其所天生具有的普通法品格迄今未能改变，因此，欲要掌握理解美国行政法的法律体系必须以英国法作为渊源起点。[2]正是因为承继了英国的法律传统，美国学者们在相当长的一段时间内都认为："在美国，根本没有行政法可言。"[3]这种偏激片面的认识源自英国法学家戴雪对法国行政法概念的批评观点，其认为法国的行政诉讼仅仅只是为了保护官员的特权，并不具备保障人民权利的司法救济功能。[4]戴雪等人对英美行政法的理论立场所产生的影响，无疑是非常深远的。但是，英国法律传统对行政法的这些刻板印象逐渐被打破，美国著名法学家弗莱克夫特曾经提出："直到最近，甚至学者们还把行政法看成是外来的东西。"[5]又在另外一篇文章中说道："在如今，很少有法学书籍能够像戴雪的宪法学书一样，产生这么令人难以捉摸、混淆视听的影响。"[6]

传统的信念余韵犹存，然而美国行政法早已无需受到"自己是否存在、以何种形式存在"等相关问题的困扰。虽然至今没有任何一部法律明确规定

---

[1] 划分法系的标准是法律的历史传统以及在其影响下形成的外部特征，比较法学家根据这些法律制度的历史传统以及它们在法律渊源、法律方法和立法技术等方面所具有的相似性，把世界上的法律制度划分为不同的法系。参见付子堂主编：《法理学初阶》，法律出版社 2013 年版，第 193 页。

[2] 值得一提的是，美国的路易斯安那州为例外，该州原先为法国的殖民地。19 世纪初期被售卖给美国，该州早期的法律渊源是法国法律，而不是英国法律。

[3] 戴雪认为："与法国的体制相比，在对比行政专断行为方面，普通法能够给予公民更好的保护。因此，戴雪对英国存在行政法（driot administratif）之事实的否定，导致美国很多学者认为，美利坚合众国不存在诸如行政法之类的东西。"参见 [英] A. W. 布拉德利、K. D. 尤因：《宪法与行政法》（下册），刘刚等译，商务印书馆 2008 年版，第 533 页。

[4] 参见 [英] 戴雪：《英宪精义》，雷宾南译，中国法制出版社 2001 年版，第 404~405 页。

[5] F. Frankfurter, "The Task of Administrative Law", in 75 *University of Pennsylvania Law Review*, pp. 615, 1927.

[6] F. Frankfurter. Forward, "A Discussion of Current Development in Administrative Law", 47 *Yale Law Journal*, pp. 517, 1938.

行政法的涵义，学术研究上对于行政法的认知理解亦存在着诸多争议，更没有形成一种普遍接受的理论共识。但是，随着 1946 年美国的国家赔偿制度得以确立，"美国行政法更多的是体现关于独立控制机构的法律，毕竟这类机构拥有非常强势广泛的立法权力和司法权力，且与总统领导的传统行政权存在较大的差异，因此行政法是关于这类机构的权力的法律"。[1]可以看出，这种观点的来源必然是因为当时美国行政法的研究起点是独立控制机构的活动，但是在当代的行政活动中，独立行政机构所占比例可谓是寥寥无几。因此，前述狭隘的行政法观念早已不再符合现阶段美国公共行政的发展情况。[2]

那么，当代美国行政法的理论视野大致可以分为狭义和广义两种不同的行政法概念，前者认为，行政法是关于行政活动的程序性法律，而不包括行政活动的实体性法律。其中最具代表性的当属美国著名行政法学者戴维斯教授和施瓦茨教授的观点：美国普遍意义上所使用的行政法，是关于行政主体的权力及其具体行使程序的法律，既包括行政主体为了履行宪法、法律授予的行政职权，自主制定的一些程序性法规和相关的具体行政活动，也包括法院对行政活动的司法审查。行政法不包括需要行政主体执行的实体法律，无论是立法机关制定的，还是法院判例产生的甚至是行政主体自己制定的，都不是行政法。[3]行政法是控制行政权力运行的法律，负责调整行政主体的权力和权力行使原则，以及普通民众受到行政主体的违法侵害时寻求的司法救济手段。行政法的重点内容是行政权力的运行程序，而不是其赖以产生的实体法。即便行政法有时会涉及某些实体内容，可是那些内容亦仅仅是用以说明行政程序和司法救济等方面的问题。[4]

与之相对应的便是广义的行政法概念：行政法是关于公共行政的所有法律，既包含实体行政法、程序行政法，还包括了外部行政法和内部行政法。例如斯图尔特教授指出："行政法是规定行政主体的组织和权力的法律规则和

---

〔1〕 例如美国著名行政法学家 C. W. 庞德在 1923 年的一篇文章中写道："目前，通行的行政法含义是指行政部门的准立法活动和准司法活动的法律。"See Cuthbert W. Pound, "Constitutional Aspects of Administrative Law", *The Growth of American Administrative Law*, 1928, p. 111. 切勿与 Roscoe Pound 相混淆。

〔2〕 Kenneth C. Davis, *Administrative Law Treatise*, 1978, vol. 1. pp. 1~2.

〔3〕 Kenneth C. Davis, *Administrative Law Treatise*, 1978, vol. 1. pp. 1~2.

〔4〕 施瓦茨教授认为："在美国，行政法并非关于公共行政的法律，而是应当应对下述三个问题：行政机关具有何种权力？这些权力的边界是什么？用何种办法能够保证行政机关在其权限范围之内活动？"See B. Schwartz, *Administrative Law*, 991, pp. 1~2.

法律原则，同时规定行政主体在履行职权时使用的各项程序，确立行政处理决定的效力内容，以及在行政关系中划定法院和其他国家机关各自的作用。各个行政主体及其相互关系之中都有相应的实体法和程序法。"[1] 此外，施特劳斯教授通过列举的方式廓清了行政法的范围边界，包括但不限于经济调控、卫生健康监测、社会保障、公共卫生与服务、国有财产经营、国家公务雇佣、土地、税收、公共服务、外来移民、驱逐出境、国际贸易等活动方式。[2] 从中可以看出，斯图尔特和施特劳斯等学者显然极力反对传统的狭义行政法概念，倾向于将所有和行政相关的法律或者活动整齐划一地全部纳入行政法的调整范围。

立足于当前的现实情境进行评价，此二者何为最优选择，实乃高下立见。狭义的美国行政法概念仅仅出于有效控制行政权力不致滥用的原始初衷，其内容和形式层面尤为关注行政程序的功效与作用，意图在行政法的概念体系之中树立起"程序中心主义"的原则圭臬，任何以肉眼可见的"违反行政程序"的行为方式均可被直接认定为违法甚至是无效。但是，孕育于古典自由主义的分权原则，且看似操作性极强的程序控权思维却存在着极为明显的理论实践背反：程序法的普遍性在目的上不受实体内容的特殊性所限制，可是程序法与实体法之间始终密不可分。行政程序在具体运行过程中不能完全脱离具体情况，必然要考虑相关的实体内容。更需要注意的是，不仅是普遍性的程序在适用过程中需要参照考虑具体情况，而且行政主体或者法院在处理某个实体问题时很有可能需要借助相应特别的程序手段。[3] 正是因为如此，程序是否合法公正，应当根据法律原旨目的、政策内容目标、权利义务性质等因素进行综合考虑，任何脱离实体情况而单独考察程序运行都不可能得到公平合法的处理结果。[4] 而广义的行政法概念是从全面的角度看待行政法的所有问题，不局限于单个方面的内容，更为符合现代行政法的实际需要和发展情况。

---

〔1〕 例如，劳动法规定劳动关系的行政机关在处理劳动问题时所适用的实体原则和程序；环境法规定环保局和其他负责环境实务的机关，在处理环境问题时所适用的程序和原则。See Stephen G. Breyer and Richard B. Steward, *Administrative Law and Regulatory Policy*, 1992, pp. 3~4.

〔2〕 Peter l. Strauss, *An Introduction to Administrative Justice in the United States*, 1989, pp. 103~132.

〔3〕 例如，美国国会除了制定普遍适用的《联邦行政程序法》，往往还要根据实体法的性质，规定特别的程序。而法院在裁决具体案件时，要求行政主体适用合法的公平程序。然而，程序是否公平、是否合法，应当结合法律的目的、政策的内容等因素综合判断。

〔4〕 参见王名扬：《美国行政法》（上册），北京大学出版社 2016 年版，第 32 页。

从前述可知，由于在法律传统上受到英国殖民的深刻影响，行政法概念在美国的出现算是相对比较晚的。[1]往前回溯美国行政法的发展历程，大致可以窥见在不同的历史时期，学术界和实务界对于行政法的概念认识和体系构建等方面确实存在着很大的差异。时至今日，美国行政法的一些制度模式不仅已然渐成规模，而且得以被世界上的其他国家效仿推崇。例如行政法从以控制为中心转向以提供福利和服务为中心、普通法院逐渐扩张宪法正当法律程序的适用范围、越发重视司法审查和法院判例对于行政法理论制度的补充完善等。本部分内容之所以花费如此多的文字篇幅用以梳理美国行政法的诞生和发展，主要目的在于为后文描述的美国行政诉讼中一项基本原则——诉讼成熟原则作内容铺垫。

根据“成熟”的汉语词汇原意，其泛指某种生物体已经发育到了比较完备的阶段，或者某种具体的事物或行为已经发展到比较完善的程度。那么，行政诉讼中的“成熟”则是指被诉行政行为发展到了完备的阶段，此时方可进入法院的司法审查程序。[2]美国行政法上的诉讼成熟原则产生于美国的判例法体系，主要用以解决司法审查实践的基准时问题，即法院应当在何时能够对行政行为进行审查。诉讼成熟原则得以确立的理由可以分为两个方面：首先，法院只能对现实存在的行政违法问题进行裁判，而不能对未予终局或者尚未发生的行政程序展开合法性审查，避免法院作为国家的司法机关，过早地陷入抽象的、不确定的行政政策争论之中。毕竟，法院作为社会正义的最后一道防线，其精力和时间绝对不能消耗于遥不可及的问题之上。[3]此外，行政主体在作出某种行政处理决定之前，应当享有足够的专业判断和法律适用等权力，运用诉讼成熟原则能够保护这些权力被充分实现。在具体的行政处理决定发生影响作用之前，不得受到包括法院在内的其他主体的干涉。那

〔1〕　直到 1893 年，古德诺在出版其著作《比较行政》时，才在学术著作中首次适用“行政法”的名称。但是，名称的不存在，并不能表示此前美国没有行政法的存在。See Frank J. Goodnow Comparative Administrative Law，1893. 转引自＋名扬：《美国行政法》（上册），北京大学出版社 2016 年版，第 36 页。

〔2〕　成熟原则源于美国《宪法》第 3 条第 2 项之规定，司法权的管辖范围只针对一切“案件或争议”。此条款意在“使行政机关免受司法机关的干扰，也使司法机关免于裁决抽象的或理论性的权利要求”。参见邹瑜、顾明总主编：《法学大辞典》，中国政法大学出版社 1991 年版，第 486~487 页。

〔3〕　参见［美］理查德·J. 皮尔斯：《行政法》（第 2 卷），苏苗罕译，中国人民大学出版社 2016 年版，第 1023 页。

么，美国行政法的诉讼成熟原则究竟由哪些判断标准构成，便需要重新回溯美国行政诉讼制度史关于 1967 年"阿伯特案"中最高法院根据哈伦大法官等多数意见所作出的裁判结论，并从中探求和概括诉讼成熟原则在美国行政法的意涵表达。

首先，被诉行政行为所涉及的争议事项必须属于法律问题。根据美国的司法审查制度安排，法院必须区分事实问题和法律问题，并且针对二者适用不同的审查标准，俨然成为处理行政争议案件的一项主要原则。[1]对于事实问题的认定处理，需要借助行政机关的专门知识和执法经验，因此，法院必须在很大程度上尊重行政主体对于事实问题方面所作出的意见结论，不得随意使用法院的裁判取代行政主体的决定。[2]换言之，当事人对行政主体作出的处理决定持有异议时，如果仅仅是针对其中的事实认定部分存在争执，此时便不足以引起司法机关的直接介入。"阿伯特案"的诉讼对象是行政主体根据国会修改的《食品、药品和化妆品法案》内容进行解释之后制定发布的一项规定，被告人 FDA 认为该规定尚未付诸执行，仅仅属于解释性规则，而非立法性规则。但是，哈伦大法官等人认为，"只要当事人之间产生的争议问题属于法律问题，法院就有权进行裁判而不需要确定其他的事实问题，此时便意味着本案的行政争议业已发展成为司法审查所要求的'成熟'标准，哪怕行政主体并没有任何实施或者执行的意图或者行为"。[3]

其次，前述争议案件中所关涉的审查对象必须是处于行政主体最终决定程序的行政行为。通常而言，行政主体作出某个具体的处理决定，需要经过

---

[1]　在英美法系国家，"传统上，法律与事实这两个基本范畴在法律制度中的各项决定者之间分配权力，一直发挥着不可或缺的管理职能。" See Henry P. Monaghan, "Constitutional Fact Review", *Columbia Law Review*, Vol. 82, No. 2, March 1985, p. 234.

[2]　在事实问题上，法律并不要求发端对每一个事实进行重新认定，从总体上法院应对行政机关的事实认定采取尊重态度，只有在一些重大问题上和对公民权益有重大影线的事实认定上，法院才会进行重新审理，以自己的判断替代行政机关的判断。参见杨伟东：《行政行为司法审查强度研究——行政审判权纵向范围分析》，中国人民大学出版社 2003 年版，第 121 页。

[3]　行政机关的专门知识和执法经验在解释法律的过程中能够发挥比较良好的效果，法院一般会尊重行政机关的专门知识。这种尊重态度的适用需要具体情况具体分析，并没有固定情形和标准，只有在需要尊重行政机关的合适情况下，法院才会尊重行政机关对法律的解释意见。但是，尊重并非要求法院放弃审查职责，只是要求法院赋予行政机关的解释优于另一方当事人的地位。See Micheal Asimow, "The Scope of Judicial Review of Decisions of California Administrative Agencies", *UCLA Law Review*, Vol. 42, 1995, p. 1196.

多个不同的步骤。从事实层面来看，根据宪法、法律的授权，行政主体能够在职权范围内作出具体处理决定或者解释法律法规，那么在此之前，法院绝对不可能提前知晓行政主体和行政相对人可能发生的争议及其性质。因此，法院在行政主体按照法律授权规定履行完毕所有步骤之前，不得随便加以干涉，确是符合美国《联邦行政程序法》第 704 节规定的"行政主体最后确定的行政行为"的规范意义。[1]在司法实践中，美国法院一般采用两个标准用以判断"何为最后确定的行为"：司法审查不得扰乱或者破坏行政主体作出决定的程序，例如那些准备性决定或者中间性决定便不可被司法审查，即如果行政主体作出的决定只是一种内部之间的文书流转，不会改变当事人的法律地位和影响当事人的权利义务，那么法院亦不得直接审查此项决定。[2]反之，根据"阿伯特案"的判决内容可知，"只要 FDA 的规定一经发布，原告便可依据自身权益受到威胁的现状，进而获得对该解释性规则的司法审查，而无需等到最终的执行程序"。[3]

最后，法院不能延迟审查被诉行政行为，否则会导致行政相对人的权益救济受到直接阻碍。根据美国行政法传统的成熟性论证逻辑，法院负责裁决的纠纷案件必须是已经给当事人的合法权益造成了损害结果，且该损害结果是直接的、正式的，而不是当事人自己描述的某种事实状态。判断某一行政争议案件是否达到司法审查所要的"成熟"程度，除了考虑该案件系法律争议、被诉行政行为处于最终处理程序之外，还需要具体考虑行政决定所能产生的实际影响。如果法院拒绝审查被诉行政行为，其所产生的代价和成本是当事人确会遭受即时的、直接的且不可弥补的利益损害，此时当事人的权益救济困难便成为司法得以提前介入行政程序的正当性事由。[4]例如，1967 年

[1]　美国《联邦行政程序法》第 704 节规定：法律规定可受审查的机关行为，和没有其他适当的法院救济的机关的最终的行为，应受司法审查。预备的、程序性的或者中间阶段的机关行为或裁决，不能直接受审查，应当审查机关最终的行为时受审查。参见江必新编著：《行政诉讼法修改资料汇纂》，中国法制出版社 2015 年版，第 43 页。

[2]　如果当事人认为于准备性的、中间性的和程序性的行政决定违法，应当在最后决定作出以后，和最后决定一起审查。美国《联邦行政程序法》第 707 节规定司法审查的范围时，在（2）（D）中规定，不遵守法律要求的程序是撤销的理由之一。

[3]　Abbott laboratories v. Gardner, 387 U. S. 136（1967）.

[4]　在美国，司法复审时机成熟的标准是"不利影响、实际性和紧急性。如果行政行为确实对当事人人身或财产造成了不利的影响，且这种不利影响是实际存在的，那么法院就应当事人的请求进行司法复审"。参见应松年、姜明安主编：《行政法与行政诉讼法辞典》，人民中国出版社 1993 年版，第 722 页。

"阿伯特案"的判决结论却提出了一个新的考量因素："生产商要么必须遵守FDA规定的条款内容，负担重选材料和制作标签的巨额开销，要么按照以前的生产计划并承受被处罚、控告的违法风险。"[1]当然，如果被诉行政决定仅仅规定了行政相对人必须服从和配合行政主体的日常检查工作，并未要求当事人事先采取任何行为，且有权在事后针对行政主体作出的处理决定，向上一级行政主体申请申诉复核，不存在即时的、不可弥补的损害结果。[2]此时，法院有权推迟审查当事人的诉讼要求，拒绝提前介入行政程序，合乎诉讼成熟原则和司法谦抑立场的根本要求。

申言之，美国行政法上的诉讼成熟原则作为本土判例制度的直接产物，在实际运用过程中一般会遵循"三阶段"判断基准：首先，依照分权原则的基本理念，当事人之前产生争议的具体事项应当认定为属于法律问题，否则无法落入法院的司法审查范围；其次，法院裁决的争议问题必须是最后决定，原则上排除了准备性或者中间性的行政行为，除非其造成了行政相对人权利义务的变化；最后，如若法院推迟审查行政争议案件，会导致当事人的权益救济陷入直接的、现实的、不可弥补的损害境地。[3]由此可见，美国行政法通过判例制度和司法审查实践确立了诉讼成熟原则，其价值基础依旧还是坚持司法权谦抑的基本立场，即普通法院对行政主体作出的行政行为展开司法审查时尽量保持审慎、尊重的态度，以保证现代公共行政的专业性和技术性不被司法权随意篡改。在司法审查范围上坚持事实问题与法律问题二分的基本原则，这也是美国行政法"谢弗朗尊重原则"的核心要求，法院对法律解释享有最终的决定权，但是也必须重视行政主体对法律的解释权。[4]通过观察思考美国行政诉讼的制度实践，可以发现并非所有的行政争议案件均能进

---

[1] Abbott laboratories v. Gardner, 387 U. S. 136（1967）.

[2] 参见王名扬：《美国行政法》（下册），北京大学出版社2016年版，第485页。

[3] 胡建淼教授认为："1967年美国最高法院借由阿伯特案件确立的新适用标准涉及两项评价要素：'争议问题是否适合司法审查性'以及'推迟法院审查是否会给当事人带来困难'。"参见胡建淼：《行政行为基本范畴研究》，浙江大学出版社2005年版，第276页。此种观点与本书观点并无二致，只是笔者将法律问题的判定一并纳入诉讼成熟原则适用的判定标准之中。

[4] 在谢弗朗案件中，美国最高法院认为，法院应当尊重行政机关解释的根本原因是行政机关比法院更具民主性。谢弗朗案一反强调因行政机关的比较解释优势而尊重行政机关的传统尊重理论，而援引民主理论作为论证的基础。See Cass R. Sunstein, "Law and Administrative After Chevrons", *Columbia Law Review*, Vol. 90. December 1990. No. 8, p. 2075.

入司法审查的视野之中，法院必须细致地评估自身对于争议内容的经验认知和权力边界，确保被诉行政行为已经达到"成熟"的标准，才能对其进行审查介入，在此过程中需要保持司法权克制的逻辑立场，避免对行政主体的事实认定结论造成过度干预，尊重行政主体作出一些必要性的法律解释，充分保障行政权的正常运行。

二、诉讼成熟原则与相关学理的关系辨析

前文已述，根据分权与制衡的基本理念以及司法权谦抑的经济性考量，诉讼成熟原则在美国行政法中的意涵表达为：在行政主体作出正式的行政行为之前，司法机关不得过早地干涉介入行政程序，避免法院自身陷入行政政策的争论漩涡之中，在被诉行政行为最终形成之前，必须保护行政权的专业裁决意见不受司法干预。[1]美国行政法通过最高法院在 1967 年 "阿伯特案" 中作出的多数意见之判决内容，逐步确立起诉讼成熟这一基本原则，能够为司法权审查行政权提供适当的基准判断。[2]当然，诉讼成熟原则能够在美国行政法中获得如此重大且深入的发展，必定离不开其特有的政治运行体制和法律文化传统等环境影响。但是，与之相类似的原则内容亦能够得以适用于其他法治国家的司法实践中，例如日本的撤销诉讼程序明确规定："行政厅作出的处分决定，只要尚未到达对当事人合法权益或者法律地位作出最终决定，即所谓的终局阶段，便不承认其具有行政处分的性质，那么争议案件便被认为尚未成熟，法院应当对此不予审查。"[3]尤其是对于处在多阶段行政处分决定的中间阶段行为，日本最高法院认为，其尚未达到最终处理决定的成熟性，应当否认其具备处分性，或者否定诉讼案件的成熟性。[4]

诚如有学者所言："司法资源的有限性与现实问题的复杂性、权利诉求的无限性等之间的巨大反差，使得法院不得不以谦抑之策略，将某些争议和问

---

〔1〕 "对于法律问题而言，司法机关是最后一道防线，所以它的解释是最后的、最权威的。司法是法律上争议最后的决定者，关于法律问题，司法机关独有说最后一句话（Monopol des leszten Wortes）的权限，亦即作最后决定的权限，最后由其来宣示'法'是什么。"参见翁岳生：《法治国家之行政与司法》，月旦出版社 1994 年版，第 334~335 页。

〔2〕 参见［美］伯纳德·施瓦茨：《行政法》，徐炳译，群众出版社 1986 年版，第 478 页。

〔3〕 参见杨建顺：《日本行政法通论》，中国法制出版社 1998 年版，第 727~730 页。

〔4〕 参见［日］盐野宏：《行政法》，杨建顺译，法律出版社 1999 年版，第 322~323 页。

题'放任'其他国家机关去处理。"〔1〕美国行政法中的诉讼成熟原则正是出
于司法资源非常有限和争议案件无休无止之间的现实矛盾情况，才得以借助
"三阶段"判断基准将那些不属于法律问题的事实问题、尚未最终确定的预备
性或者中间阶段行政行为以及那些可以采取其他救济途径的争议案件进行排
除和分流处理，避免司法审查权可能会被异化沦为事无巨细的"裁决利维坦"
或者流于形式的"机械化工具"。〔2〕不容置疑的是，诉讼成熟原则作为美国
行政诉讼实践中经常适用的一项法律原则，其本身内涵并非一成不变，可能
会随着现实案件的变化、诉讼实践的发展、原则的适用范围和判断标准需要
适时而变。加之，诉讼成熟原则的确立发展均深深植根于美国的司法实践之
中，判例本身又是鲜活生动、千变万化的，那么由此产生的法律原则亦就自
然不会因循守旧。更需值得注意的是，英美法系国家判例制度的发展在很大
程度上皆取决于法官的思想理念、个人偏好，尤其是最高法院的法官被称为
是"法律的续造者"，他们在判例文书中展现的态度立场会直接影响甚至决定
诉讼成熟原则的未来走向。如此一来，诉讼成熟原则项下的"三阶段"判断
基准本身便天然地具有原则内容的模糊性，而该原则在未来的司法适用走向
更是充满了不确定性。但就近年来，美国判例制度的整体发展趋势是逐渐放
宽诉讼成熟原则在司法审查过程中的解释与适用，从而有助于实质性地拓宽
行政相对人的救济渠道和申诉范围。

通过梳理"阿伯特案""化妆品联合会诉加德纳案"等相关案件的判决
说理，不难发现一些受理法院往往会以被诉行政行为不满足司法审查所需要
的终局性或者成熟性，又或者原告未能穷尽可得的行政救济等为由，而拒绝
进行司法审查。从上述关于行政诉讼案件启动审查的判断标准来看，无论是
终局性还是成熟性，抑或穷尽可得的行政救济均指向同一问题，即普通法院
的司法审查权力何时能够干预介入行政处理程序？〔3〕换言之，美国行政法上

---

〔1〕 黄先雄：《司法谦抑论——以美国司法审查为视角》，法律出版社2008年版，第37页。
〔2〕 在诉讼爆炸的当代社会，诉讼成熟原则是法院合理判断审查时机的重要评价机制，能够确
保司法资源得到最大化的利用。对于那些试验性、不具有完整拘束力的、尚处于预备阶段或者中间阶
段的行政行为以及一般政策说明性质的文件，需要适时地进行筛选排除，否则法院提前介入对这些行
政行为的司法审查，就是在浪费司法资源，且完全没有实际意义。
〔3〕 根据《联邦行政程序法》的规定，如果起诉对行政行为进行司法审查，应该首先寻求"法
定审查"，具体法律将规定审理的法院、管辖、时限和审查的形式。See Peter L. Strauss, *Administrative
Justice in the United States*, 2nd edition, Carolina Academic Press, 2002, p. 298.

的诉讼成熟原则在司法适用过程中常常会掺杂一些与之相关联的其他考量因素，例如法院运用诉讼成熟原则判断某一行政争议案件是否归属于司法审查范围时，可能还会涉及具体考察原告是否具备法定的起诉资格、是否已经穷尽既有可得的行政救济等司法审查的先决问题。[1]由此可见，意欲廓清美国行政法中的诉讼成熟原则在程序要件和实体审查等方面所展现的效果，便需要重点厘定诉讼成熟原则与原告资格问题、穷尽行政救济原则等相近学理之间存在的联系与区别，从而更能清楚地掌握诉讼成熟原则如何在涉及多阶段行政行为司法审查案件中得到实际运用，诉讼成熟原则项下的那些判断标准又会对案件的实体裁决结果产生何种影响。

　　首先，原告资格问题与诉讼成熟原则之间的关系辨析。从历史角度来看，原告资格问题一直都是英美国家司法审查制度建构进程中最为常见且最为关键的"先决问题"。[2]在美国行政法中，原告资格得以确定的规范渊源有三类：宪法、制定法和判例。[3]《美国宪法》粗略规定了司法权的边界范围，并以此作为确定原告资格最基本的原则。[4]《联邦行政程序法》第 702 节则明确指明了哪些主体享有向法院请求司法审查的权利，构成了联邦立法确定原告资格最为重要的规定。[5]但是，这些立法规定的内容都是非常模糊的，在解释方法和解释结果方面可能存在重大分歧。因此，想要清楚了解美国行政法如何确定原告资格问题，最终还须依靠法院的判例制度。早在 20 世纪初期，美国普通法院便已确立了"利害关系标准"用以解决原告资格问题，即只有当美国国民的个人利益受到行政决定的不利影响才能获得原告资格，属于一种典型的"主观诉讼"，直接压制了"客观诉讼"在美国行政法中的存在。尔后在 20 世纪 30 年代，最高法院更加严格地把控原告资格问题的判断

---

　　〔1〕　美国行政法将起诉资格、最终性原则、穷尽行政救济原则、成熟原则以及首先管辖原则等作为法院行使司法审查权的先决问题，这是美国行政法最模糊也是最复杂的部分，耗费了法学家和法学学生巨大的精力。参见应松年主编：《英美法德日五国行政法》，中国政法大学出版社 2015 年版，第 100~104 页。

　　〔2〕　参见［英］威廉·韦德：《行政法》，徐炳等译，中国大百科全书出版社 1997 年版，第 397 页。

　　〔3〕　参见王名扬：《美国行政法》（下册），北京大学出版社 2016 年版，第 459 页。

　　〔4〕　《美国宪法》第 3 条第 2 款规定："司法权包括在本宪法、美国法律和美国现在及将来缔结的条约下发生的法律案件，和平衡法的案件，以及美国为一方当事人的、两个或者更多的州之间的，以及不同州公民之间争端。"

　　〔5〕　《美国联邦行政程序法》第 702 节规定（申请司法审查的权利）："任何人由于机关的行为而受到不法的侵害，或者在某一有关法律意义内的不利影响或侵害时，有权对该行为请求司法审查。"

标准，要求只有被诉行政行为确实侵犯了行政相对人的"法定权利"，才能进入法院的司法审查程序。当然，备受后世学界关注的典型判例是美国联邦最高法院 1970 年针对"资料处理服务组织联合会诉坎普案"（以下简称"坎普案"）所作出的判决文书，从此确立了当代美国行政法在处理原告资格问题过程中所适用的最为著名的"两阶层结构标准"。[1]在"坎普案"中，最高法院指出，原告的起诉资格必须符合宪法的标准和成文法规定的标准，前者是行政相对人的申诉必须以其是否受到损害为依据，又被称为"事实上的损害"标准；后者则是行政相对人向法院诉请保护的权益属于制定法或者宪法保障条款所要保护的利益范围，又被称为"利益区间"标准。[2]

原告资格问题的判定标准基本是围绕着"利益关系标准"——"法定权利标准"——"两阶层结构标准"等不同阶段的内容变迁予以展开，可以推导出其与诉讼成熟原则存在某些内容上的共通之处：皆为要求行政行为已经造成了行政相对人的某种利益损害事实，否则行政相对人便会因为缺乏"诉"的根本存在基础，不能将具体的"争议案件"诉诸法院。[3]同理可得，如果被诉行政行为未能造成行政相对人陷入权利救济的困难之中，那么法院便可推迟审查，待损害事实出现之后且不存在可得的现实的救济手段，方可干预和介入行政程序。因此，在行政行为给当事人带来不利影响或者现实困难这一判断标准上，原告资格问题与诉讼成熟原则基本达成内容统一。但是，二者绝非能够等同视之，而是存在很多明显的区别：首先，原告资格需要解决的是"主体"的地位问题，判断原告是否具备提起司法审查的法律资格，而诉

---

〔1〕 See Association of Data Processing Service Organizations v. Camp, 397 U. S. 150, 152～154 (1970). 该案重新解释了关于起诉资格的法律，给予联邦行政程序法新的解释，使它摆脱了传统起诉资格的法律，扩大能够对行政决定提起诉讼人的范围。这个判例所确定的起诉资格适用范围极广，可以说是关于起诉资格的基本法，确立了当代美国行政法上两层结构标准（Two-tier Test）的起诉资格。参见王名扬：《美国行政法》（下册），北京大学出版社 2016 年版，第 464～476 页。

〔2〕 美国最高法院强调指出："只要符合《联邦宪法》第三条的要求，国会还可以不同的方式解决原告资格问题。"在解释国会意图的过程中，最高法院指出原告资格问题的整体趋势是扩大起诉行政行为的原告的范围，因此，最高法院对相关法律的分析不是根据他们所特别创设的有限权利，而是根据国会试图保护的利益的总体范围。参见［美］理查德·J. 皮尔斯：《行政法》（第 3 卷），苏苗罕译，中国人民大学出版社 2015 版，第 1085 页。

〔3〕 有学者认为："诉讼成熟原则与原告资格问题的近似性，使得大部分运用成熟性要件审查的情形也可以基于原告适格要件进行审查。"参见郑磊：《宪法审查的启动要件》，法律出版社 2009 年版，第 194～195 页。

讼成熟原则需要解决的是"案件"的性质问题，判断法院何时能够介入被诉行政行为的审查程序；其次，从各自所处的适用时间来看，原告资格问题的判断节点是行政争议案件进入法院司法审查视线之前，其扮演的是"诉讼门槛"角色，而诉讼成熟原则的判断节点是行政争议案件已经进入法院的司法审查视线，但是需要具体评估何时法院能够审查被诉行政行为的合法性，其发挥的是"审查基准时"作用。[1]易言之，即便是行政相对人已经具备原告资格，但是被诉行政行为尚处于中间阶段或者行政主体还没有进行最终处理，不符合司法审查所要求的"成熟"标准，那么法院仍旧不能对其行使司法审查权。原告资格问题与诉讼成熟原则之间虽然具有判断标准内容上的某些共通之处，但是在适用节点和作用发挥等方面亦存在显著的差异，体现了它们各自在美国行政法和行政诉讼制度实践中的功能定位，断然不可简单等同，应当各司其职、相辅相成。

其次，穷尽行政救济原则与诉讼成熟原则之间的关系辨析。穷尽行政救济原则通常是指："如果行政相对人在向法院请求对被诉行政处理决定进行司法审查之前，必须尽可能地采取法定的全部行政救济手段，否则法院不能对其诉求进行裁决。"[2]从它的内容表述来看，其设定了较为严格的审查适用标准——必须根据法律规定或者行政主体制定的法规规定的行政内部存在的救济用尽之后，才能请求法院的司法救济。美国行政法上的穷尽行政救济原则亦是通过1938年的一起典型判例"迈耶斯诉贝斯拉姆案"的判决文书得以确立，最高法院斩钉截铁地描述了这一原则的判断要求："这是一项久已确立的司法管辖处理规则（Judicial Administration），我们不得不认为，任何个体都不得请求法院对自身预期的或者存在某种威胁的损害提供司法救济，除非已经

---

〔1〕　如果行政相对人的利益还没有受到行政行为的实质影响，仅仅是存在着遥远的、可能的威胁，那么其暂时就不具有原告资格，此时讼争事项不能进入司法审查程序 而谣远的利益威胁也意味着以讼争事项尚未达到司法审查所要求的"成熟"条件。因此，无论是哪种结果，法院的司法审查都无法顺利启动和进行。但是，此二者作为诉讼要件所发挥的作用显然是不一样的。

〔2〕　值得一提的是，穷尽行政救济原则既能够保障行政主体的自主权力，又能够防止当事人逃避行政救济和减轻法院负担。在没有制定法的强制性规定情况下，该原则并不妨碍行政主体放弃主张适用穷尽行政救济。在当事人没有穷尽行政救济而提起诉讼、行政主体不反对的情况下，法院可以认为行政主体放弃适用这一原则。

穷尽了法律、法规所规定的行政救济。"〔1〕当然，穷尽行政救济原则旨在充分保障行政权力的自主行使，以及司法权力的切实履行，有效地避免行政机关与司法机关之间产生职能矛盾和效力抵牾。美国最高法院在 1969 年的"迈卡特诉美国政府"案中明确阐述了穷尽行政救济的存在理由：行政权作为立法权的执行权力，行政主体的主要任务便是将国会委托其实施的法定职权落实到日常的行政管理事项之中，穷尽行政救济原则的适用则是充分保障行政主体能够完成上述任务，自主地利用专门知识和执法经验行使法律所赋予的自由裁量权；行政主体并非隶属于司法系统，穷尽行政救济原则能够在最大限度内维护行政职权和处理决定的自主性，并且促使行政系统内部实施自我纠错的救济机制，减少司法审查的直接干预，从而保障司法资源本就有限的人力和物力能够得到更为高效的利用；如若不要求穷尽行政救济之后才能进行司法审查，很有可能会直接导致行政程序的连续性受到不利影响，陷入反复跌宕的困境之中，反之相较而言，法院只负责审查行政程序的结果，可能会增强行政效率和减少行政主体的任务实现难度，以及一些不必要的经费支出，有效克制行政相对人随意超越行政程序，相比于在每一阶段允许司法干预，前者显得更为合适有效。〔2〕然而，穷尽行政救济原则在实际适用过程中并非一个在任何情况都能放之四海而皆准的教条原则，而是需要法院根据具体案件事实、执行计划性质等内容进行综合考察之后，再行决定是否适用的指导性原则。加之，穷尽行政救济原则所涉及的判例内容不尽相同，甚至会经常出现矛盾冲突的情况，在一些特定案件中明确排除了穷尽行政救济原则适用。〔3〕

依照美国行政法理论的通说观点，认为穷尽行政救济原则与诉讼成熟原则在内容上存在互相补充、彼此促进的关系，都是为了解决司法审查基准时问题的判断原则，功能目的皆为有效避免行政程序无端遭受司法审查的不必

〔1〕 Myers v. Bethlehem corp., 303 u.s.41（1938）.参见王名扬：《美国行政法》（下册），北京大学出版社 2016 年版，第 486 页。

〔2〕 美国法律承认普通法院在司法审查过程中需要适用穷尽行政救济原则，但因为具体案件性质不同，法院在决定不适用该原则时，亦享有相当的自由裁量权。那么，穷尽行政救济原则的例外情形包括：穷尽行政救济对当事人而言将产生不可弥补的损害；行政机关明显地缺乏管辖权；行政机关裁决案件的人员构成明显的不公正；行政程序不能提供适当的救济；司法程序明显更为有效。

〔3〕 See Mckart v. United States, 449 u.s.185（1969）.参见［美］理查德·J.皮尔斯：《行政法》（第 2 卷），苏苗罕译，中国人民大学出版社 2015 年版，第 937 页。

要或者不合时宜的介入干预。"在某种意义上，穷尽行政救济程序意味着司法审查的时机业已成熟，因此亦可将穷尽行政救济原则归入广义的诉讼成熟原则。"[1]但是，二者之间仍旧存在一些明显的差异。例如，诉讼成熟原则强调的是当事人争议的事项属于法律问题、行政处理程序已经到达最终阶段、行政主体作出的处理决定会影响和改变行政相对人的法律地位；而穷尽行政救济原则主要着眼于行政主体已经作出最终的处理决定，行政相对人针对该最终处理决定，向普通法院请求启动司法审查程序之前，首先必须诉诸行政系统内部适用的救济手段，否则法院不得为之提供相应的司法救济。可见，在某一具体行政争议案件中，即便被诉行政行为已然满足了司法审查所要求的"成熟"性标准——适宜法院裁决、推迟审查会造成当事人权利保障陷入困难境地。但是，如果制定法明确规定行政相对人必须先行穷尽可得的行政救济手段，而当事人却选择直接无视或者忽略了这些行政救济程序，此时法院依然无法对该行政行为进行审查。此外，诉讼成熟原则完全植根于判例制度，而穷尽行政救济原则的判断标准则还需要以更加明确的制定法或者行政法规作为其主要的法律渊源，即唯有现行有效的法律或者行政法规指明了司法审查程序启动之前必须穷尽行政救济程序，那么当事人便必须申请行政系统内部的复议程序或者向上级行政主体申诉。[2]反之，如果没有法律或者行政法规的规范要求，当事人便无需强制性地遵循行政系统的内部救济程序。[3]简而言之，诉讼成熟原则关注的是被诉行政行为是否达到最终程序、是否给当事人造成困难，这种成熟性的审查标准仅仅指向于司法审查的时机把握；穷尽行政救济原则重点探究的是被诉行政行为与行政系统内部救济程序之间的发展阶段问题，法院以未能穷尽行政救济为由判决驳回起诉，这便意味着涉

---

〔1〕 参见江栋、工本利："行政案件司法审查适时性问题研究"，载《烟台大学学报（哲学社会科学版）》2005 年第 1 期，第 38 页。

〔2〕 穷尽行政救济原则是由法院创设，以尊重行政机关独有的机构优势和法定职责的方式将行政机关纳入法律体系之中，这一原则在大多数情况下的适用也是基于判例制度的推理。但是，国会也会就穷尽行政救济原则进行专门立法以限定或者引导司法裁量权的行使。例如《联邦行政程序法》第704 节规定："除法律另有规定之外，行政机关以其他方式是最终时，就本节的目的而言就是最终的，不论该行政行为是否已经申请确认判决、任何形式的再考虑或者向上级行政机关申诉。"参见王名扬：《美国行政法》（下册），北京大学出版社 2016 年版，第 487 页。

〔3〕 在 1993 年 "达比诉西斯纳罗斯"案中，最高法院对《联邦行政程序法》第 704 节规定的内容进行了阐释，"当行政主体实施了最终行为时，法院不能要求受该行政行为影响的当事人穷尽选择性的行政上诉程序"。See Darby v. Cisneros, 509 U. S. 137（1993）.

案事项除了司法审查时机存在问题，还表明了原告诉请救济的主体存在错误。

最后，诉讼成熟原则、原告资格问题以及穷尽行政救济原则与最终性原则之间的关系辨析。前述内容已经初步阐述了美国行政法和司法审查程序所备受关注和惯常适用的三项诉讼要件之间的联系与区别。但是，这三项诉讼要件在实践运用过程中往往并非一成不变，而是需要法官根据案件具体情况、政策实施目的等内容进行综合考察，决定是否适用或者如何适用。前文通过将前述三项诉讼要件原则展开逐一对比考察，能够总结概括此三者皆与美国行政法中的另一项基本原则——最终性原则存在着某些不同程度的密切联系。原告资格问题的解决必须首先考虑"事实上的损害"，而这种损害结果出现在大多数情况下必须归咎于行政主体作出的"最终性"处理决定；诉讼成熟原则最为核心的内容要求便是行政行为到达"最终阶段"，在某种意义上可以将最终性原则看作是诉讼成熟原则项下的子原则；而穷尽行政救济原则的核心要义是克制司法审查随意破坏行政程序的"最终性"，同理，最终性原则亦是强调司法审查不得扰乱行政主体作出行政处理决定的自主程序。由此可见，最终性原则始终贯穿于原告资格问题、诉讼成熟原则和穷尽行政救济原则的实践运用过程之中，尤其是与穷尽行政救济原则之间产生的内容纠葛和基准重叠，始终困扰着美国行政法学界和司法实务界。[1]值得注意的是，囿于论述主题和文章篇幅，本书并非重点论述美国行政法的这些基本原则，此处仅做初步了解和内容梗概，以便为后文展开多阶段行政行为司法审查的逻辑分析提供一些可资借鉴的有益经验。

那么，究竟何为最终性原则？根据美国《联邦行政程序法》的相关规定，法院的司法审查程序仅仅针对行政主体作出的最终性行政行为，其他的预备性、程序性或者中间阶段行政行为，皆不能直接进入司法审查程序，这些内容要点俨然构成了美国行政法中最终性原则的最直接法律渊源。长期以来，美国的各地各级普通法院均是按照最终性原则进行司法审查，在1976年"本赖特诉斯皮尔"案中，最高法院在判决书中明确了行政行为是否处于最终阶

---

[1] 美国最高法院从未试图解释穷尽行政救济原则与行政行为最终性原则之间的区别，下级法院亦很少尝试区分这两项原则。最终性原则与穷尽行政救济原则存在内容上的重合性，即使有一项不能适用，另一项也是可以适用的。美国《联邦行政程序法》704节规定的内容不仅要求穷尽行政救济，也要求是最终行政行为。如果原告未能穷尽可得的行政救济，那么行政机关就尚未作出最终行政行为。See FTC v. Standard Oil Co, 303 U.S.41（1938）.

段的两部制判断标准：其一，行政行为最终性判断的表现形式要件，即行政行为程序已经处于终结阶段，而非初始化或者中间程序，且行政行为基本具备了其必要的形式要件，例如系机关首长作出或者以书面形式作出等；其二，行政行为最终性判断的实质效力要件，即行政行为已经对外产生或者将会对外产生一定的法律效果，而非当事人的主观臆想或者可能产生的威胁，行政行为的最终处理后果能够创设或者减损行政相对人某些法律上的权利义务内容。[1]其实，美国最高法院在对 1967 年"阿伯特案"裁决之前，最终性原则是一项独立的基本原则和判断基准，可是之后却被该案所确定的诉讼成熟原则吸收成为其中的一个重要判断依据。但是，最终性原则的判断标准亦存在例外。[2]

根据美国以往的司法审查经验，普通法院倾向于认为，行政主体作出的否定性处理决定，并未造成行政相对人的利益减损，因此，即便该行政行为符合了最终性的标准要求，法院依然不能对此进行审查，可见这种观点是对最终性原则的排除适用。此外，对于未经正式程序便可作出的那些行政决定，法院认为亦可进行司法审查。1969 年哥伦比亚上诉法院在"全国学生联合会诉赫茜尔案"的裁判意见中明确提及："征兵部门的负责长官对地方行政首长发送的一封内部文函，其中涉及要求针对应征人员出现的干扰征兵或者拒绝征兵的任何违法行为，包括非法游行、示威活动在内，需要重新进行分类。尽管，此封内部文函并非经历正式的处理程序，但是其在法律效果层面与一般意义上的行政处理决定是并无二致的，所以法院有权对其进行司法审查。"[3]当然，最终性原则在绝大多数时候亦能与穷尽行政救济原则融为一体，判断标准的内容指向基本一致。但是，倘若某个完全符合最终性原则的行政行为，

---

〔1〕 美国法院一般会采取更为灵活的实用主义做法，用以判断行政主体的决定是否为最终决定。例如，作出决定的人是否为机关长官或属员、决定公布的方式是否符合法定要求、行政主体的意图是否为当事人必须遵守这个决定，或者这个决定是试验性质或者临时性质。See Bennett v. Spear，424 U. S. 319（1976）.

〔2〕 在美国，国会拥有宣布行政行为是最终的和可审查的广泛权力，因此对行政行为最终性的判断还需要根据国会的认定意见。此外，对于否定性的行政行为和非正式程序的行为，亦是存在一些例外情形的，以及对宪法权利产生间接影响的行政行为，即使这些行为不具有最终的拘束力，都是必须接受法院的司法审查。

〔3〕 National Student Association v. Hershey，412 F. 2d 1103（D. C. Cir. 1969）. 从美国司法审查制度的发展来看，对于行政行为最终性判断的标准越来越低，和放宽原告资格标准一样，都是降低法院受理案件的门槛，减轻行政相对人向法院申诉案件的限制条件。

却未能在行政系统内部穷尽法定的救济手段，此时还是无法进入法院的司法审查程序。

综上所述，美国行政法中的诉讼成熟原则确实能够为法院综合评判被诉行政行为能否进入司法审查程序提供一个相对合理的基准时，尽管该原则在适用过程中会受到其他一些因素的影响，但是诉讼成熟原则绝非一个孤立空洞的指导原则。美国法院在判断行政行为是否应当接受司法审查时，不仅需要考虑该行为是否符合"成熟"标准，还要权衡原告的诉讼主体资格、行政系统内部的救济手段是否已经穷尽等细节问题。不过，需要指出的是，这些内容都是服务于相同的制度功能，都是密切关注司法审查的时机选择和标准判断，最终都是为了避免司法权过早地介入行政权，从而满足宪法对于国家权力机构之间决定职责的权限分配要求。[1]基于此，有必要大方地承认诉讼成熟原则与原告资格问题、穷尽行政救济原则以及最终性原则之间存在明显的内容关联和功能重合，此外，亦需要更为理性看待和灵活运用它们在涉及多阶段行政行为的效力判断以及后续的司法审查程序所能够发挥的判断基准效用。

第四节　本章小结

在本部分内容中，笔者主要将德国、日本行政法关于行政行为违法性继承的理论发展、法国行政法关于附属性问题所涉及的权限争议内容以及美国行政法关于诉讼成熟原则提供的司法审查基准时，作为本书展开多阶段行政行为司法审查研究所需要重点借鉴、客观考察的域外经验。

第一节，肇始于德国行政法的行政行为违法性继承理论，而后集大成于日本行政法。德国行政法学理研究和审判实务将多阶段行政行为划分为多阶段行政行为和复数行政行为，并且按照各自的行为表现形式确立了"双轨审

---

〔1〕 皮尔斯教授认为："诉讼成熟原则、穷尽行政救济原则与最终性原则作为三项独立的原则正在逐渐倾向于融合，具体表现为：三项原则常常是功能等价的，都是对法院能力和有限资源的审慎考量，以及对行政程序自主性的充分尊重；三项原则通常会得出相同的结论，根据任何一项原则，都能推导出司法机关在行政案件尚未达到最终性、成熟程度不够或者尚未穷尽行政救济手段的阶段进行干预，皆为非常不合适的。"参见 ［美］理查德·J. 皮尔斯：《行政法》（第 2 卷），苏苗罕译，中国人民大学出版社 2015 年版，第 1070~1072 页。

查标准"：多阶段行政行为以"显名主义"原则作为其审查救济标准，将那些参与机关的"内部意见交换"排除于法院的审查范围之外；而复数行政行为则运用行政行为的构成要件效力理论对先行政行为与后行政行为的内容性质及其关联性予以认定判断。但是，多阶段行政行为与复数行政行为之间正在逐步趋向于将二者同置于"多阶段行政程序"的视野下进行考察，并且多阶段行政行为本身亦出现被"共同决定化"的发展趋势。而日本行政法中的行政行为违法性继承已然不再停留于美侬部达吉等学者主张的传统学说观点——严格划定诉讼审查对象的判断基准，而是将先行政行为的违法判断单独纳入先行政行为的作出阶段进行审查，相较而言更具合理性。反之，若在后行政行为的争讼阶段纠正先行政行为的违法性，会导致整个行政过程和司法审查实践陷入混乱局面。而在先行政行为阶段之中为当事人权益保障提供充分的诉争救济程序，在很大程度上促进行政相对人在先行政行为阶段顺利解决相关争议，此时，便不再需要另外借助行政行为的违法性继承理论认定和判断后行政行为的违法性。当然，以上属于例外情形，否则便需要肯定和认可先行政行为与后行政行为之间存在违法性继承的现象。从行政程序的连续性、法的安定性等角度保障当事人在不同阶段的行政行为过程中的权利实现，能够为违法性继承的司法适用保留适当的生存空间，突破了美侬部达吉等人确立的"原则—例外"的通行理论模式。

第二节，法国行政法通过权限争议处理机制和附属性问题所密切关联的先决问题和审判前提问题，进一步确立对于涉及前阶段行为与后阶段行为存在关联的诉讼案件中可能采取的一整套颇具本土特色的裁判路径，其中或许还会牵扯到民事诉讼和刑事诉讼的具体审判规则。但是，仅就法国行政法对于先行政行为与后行政行为之间可能出现的诉讼情形来看，先行政行为很可能会作为一种附属性问题，构成后行政行为效力判定的先决问题。其中需要注意的是，倘若针对行政相对人的某种合法权益，行政主体依据具有普遍约束力的行政条例作出了一项具体的行政处理决定。那么，在此类行政诉讼案件中，受理被诉行政处理决定的行政法庭对于行政条例并不享有法定的管辖权，但是该条例确已构成行政主体作出行政处理决定的规范依据，必须预先审查该条例的具体内容是否存在违法性，而这一事项的审查权限归属于最高行政法院。因此，受理案件的行政法庭必须将行政条例的合法性审查转交给最高行政法院作出决定，尔后根据最高行政法院的决定依法作出案件本身的判决结果。由此可见，先行政行为与后行政行为存在的内容关联和意义逻辑可以通过对附属性问题中的先决问题进行权限划分的方式予以处理，这也是法国行政法在处理多阶段行政行为案件所展现的区别于德国、日本等其他大陆法系国家的独特之处。

第三节，美国行政法通过运用诉讼成熟原则正式确立了司法权对于行政程序进行介入干预的审查基准时，具体表现为典型的"三阶段"判断标准：当事人争议的具体事项必须属于法律问题，否则无法顺利地进入法院的司法审查范围；法院裁决的争议问题必须是最后决定，原则上排除了准备性或者中间性的行政行为，除非其造成了行政相对人的权利义务变化；如若法院推迟审查行政争议案件，会导致当事人的权益救济陷入直接的、现实的、不可弥补的损害境地。在诉讼成熟原则的适用基础上，美国行政法亦重点构建了与之相互补充的其他诉讼要件——原告资格问题、穷尽行政救济原则以及最终性原则，进行综合考量。通过仔细对比和系统考察诉讼成熟原则与前述三项密切相关的诉讼要件之内容构成和功能指向，可以基本推导出此四者之间存在着密切的联系。原告资格问题的解决必须首先考虑"事实上的损害"，而这种损害结果出现在大多数情况下必须归咎于行政主体作出的"最终性"处理决定；诉讼成熟原则最为核心的内容要求便是行政行为到达"最终阶段"，在某种意义上可以将最终性原则看作是诉讼成熟原则项下的子原则；而穷尽行政救济原则的核心要义是克制司法审查随意破坏行政程序的"最终性"，同理，最终性原则亦是强调司法审查不得扰乱行政主体作出行政处理决定的自主程序。而这些内容皆旨在实现共同的制度目的，都是密切关注司法审查的时机选择和标准判断，最终都是为了避免司法权过早地介入行政权，从而满足宪法对于国家权力机构之间决定职责的权限分配要求。

值得正视的是，国内公法学人在研究和阐述多阶段行政行为司法审查的过程中，更为偏重和惯常援引德国、日本通行的行政行为违法性继承理论观点，而很少针对法国行政法中的附属性问题、美国行政法中的诉讼成熟原则等相关内容展开专项研究。但是，此二者在涉及多阶段行政行为案件的审判实践中却并非少见，具体表现为"先行政行为作为后行政行为的先决问题，能否在后行政行为的审查过程中进行合法性判断""先行政行为是否已经处于最终处理阶段或者其能否满足司法审查程序所要求的成熟性标准，构成后行政行为司法审查程序得以启动和顺利进行的前提条件"。由此可见，德国日本行政行为的违法性继承理论、法国附属性问题的权限界分机制以及美国诉讼成熟原则的判断基准，确实能够为我国各级人民法院在处理多阶段行政行为的相关案件提供一些现实有益的经验指导，并且能够丰富我国行政法学理论研究的广度和深度，尤其是对于目前我国既有的行政行为效力理论和行政诉讼审查强度等议题内容而言，无疑具有非常重要的理论补足和实践借鉴的双重意义。

第四章

多阶段行政行为司法审查的实践张力

　　行文至此，关于多阶段行政行为司法审查实践中的现实样态、类型构造以及相关基础内涵等内容已经得以系统地阐发，多阶段行政行为一般多出现在行政许可、行政征收等相关的行政管理领域之中，并且不同阶段的行政行为之间的关系往往表现为"依据—结果""前提—结果"和"事实—结果"三种不同类型构造，在此基础上重新回溯多阶段行政行为的学理发展脉络，通过内容辨析和要素限定的方式，界定揭示本书所意指的多阶段行政行为之基础概念：一个或者多个行政主体旨在实现某种特定的行政任务，依法作出由不同的阶段行为组合形成，且共同追求某种特定法律效果的行政行为。鉴于我国行政法学理论研究对于多阶段行政行为的文献资料，多为援引和参照其他国家或者地区的公法学研究成果，以及行政审判过程中对于多阶段行政行为案件所作出的裁判文书，在很大程度上借鉴了域外行政诉讼和司法审查的实践经验，因此，有必要充分考察和客观分析德国、日本和法国等大陆法系国家以及美国在处理涉及多阶段行政行为案件时所适用的学理观点和审查逻辑，分别从行政行为的违法性继承理论、权限争议处理机制中的附属性问题以及诉讼成熟原则所能提供的司法审查基准时等相关内容予以展开。

　　从本书对前述内容的整理总结和对比分析，基本可以推导出多阶段行政行为在司法审查过程中会牵涉的几个理论问题：先行政行为的效力指向和合法性判定，能否直接被后行政行为所继承，行政行为违法性继承的实践适用是否会突破传统行政法教义学对于行政行为效力理论的既有认知？先行政行为与后行政行为在形式上构成一个内容相互衔接、法效目的关联的连续性行政过程，此时如果法院通过否定不同阶段行政行为的违法性继承，转而适用违法性截断观点单独地考察不同阶段行政行为的效力问题，是否会影响行政过程的秩序安定和全面统一？法院在判定后行政行为的合法性过程中必然会涉及对司法审查强度的准确把握，具体表现为，我国行政诉讼制度在实现其所欲追求的解决行政争议、监督行政权力以及保障合法权益等目的功能过程中，对于多阶段行政行为案件中先行政行为的审查救济空间应当如何确定，以及具体分析和判断"内部性""阶段性"行政行为效力外部化的可诉性标准？鉴于上述疑问，本部分内容主要围绕着多阶段行政行为司法审查过程中所涉及的三个方面的实践张力进行逐一分析，力求能够更为深刻且系统地探求多阶段行政行为在学理研究和审判实践层面所展现的观点暗合与意见分歧，从而为后文阐发多阶段行政行为司法审查的逻辑立场奠定基本的理论视域。

第一节　行政行为的效力与违法性继承

众所周知，始终贯穿于行政行为研究进程的重大理论问题，当属行政行为的效力。行政行为与效力，本就是一组相辅相成且不可分割的概念范畴，行政主体所为不含有法律效力之行为，自非行政行为之内涵。[1] 合法抑或违法，有效还是无效，是在行政行为效力研究中耳熟能详的词汇，合法、违法系属于合法性判断的范围，有效、无效则属于效力判断范畴，[2] 其中所涉及的关系问题亦构成近现代大陆法系国家或者地区在构建本土行政法学框架体系的过程中备受关注的核心内容之一。[3] 作为行政行为制度开创国家的德国，早在 1826 年奥托·迈耶通过提取公因式的方式从法国行政法中引入行政行为概念，便逐渐成为近现代行政法学最为基础的核心范畴。但是，由于受到政治学、民法学等学科理论的影响，德国学者对于行政行为的概念认知一度深

---

[1] 参见翁岳生："论行政处分之概念"，载翁岳生：《行政法与现代法治国家》，祥新印刷有限公司 1990 年版，第 1~36 页。

[2] 参见江必新："行政行为效力判断之基准与规则"，载《法学研究》2009 年第 5 期，第 86 页。

[3] 参见章志远："行政行为效力论"，苏州大学 2002 年博士学位论文，第 1 页。

深地陷入混乱之中。[1]嗣后经过数度争论和内容变迁，1976年《联邦德国行政程序法》的出台，终而使得德国学界关于行政行为的概念论战得以平息，"行政行为"系指行政机关为了规范公法领域的特定情况，所采取的具有对外效力的处分、决定或者其他官方措施。这一极具影响力的概念定义得到了包括德国著名行政法学家毛雷尔教授在内绝大多数学者的普遍接受。[2]

由此可见，行政行为自创设以来便被德国公法学界作为行政领域的重要构成要素，被称为德国行政法体系的"阿基米德支点"。[3]从其概念内容描述来看，"效力"显然成为行政行为在个性化和明确化特征之外，用以实现行政法治目标的重要功能属性。一项行政行为在未被作出机关撤销、废止，或者被其他的行政机关依据相关职权撤销，又或者因某一事件经过或其他原因完成之外，该行政行为便会一直有效，此种思路尤为强调行政行为的存续效力不会轻易受到影响的特质。沃尔夫教授在其著作中首次介绍了"行政行为的存续力"的概念内涵，[4]并将其从判决确定力之中彻底剥离开来，标示着德国行政法上的存续力不再是判决确定力的简单派生，而是被形塑为德国行政行为效力的理论内核和法治国的重要实践工具。[5]在此意义上，形式存续力的内涵可被归纳为：行政相对人对某项行政行为存在异议时，必须在法律规定的期限内向有权的行政主体请求撤销，如果该救济期限已经届满，行政

---

〔1〕 例如，德国学者科尔曼将行政行为界定为国家机关或者公共团体的所有行为，后来其又受到民法理论的影响，将私法行为、事实行为及准法律行为一一排除，而仅仅以具有意思表示作为行政行为的固有特质。至魏玛宪法时代，著名学者耶利内克主张将行政行为界定为行政机关对特定人所为，具有公权力之意思表示。参见翁岳生：《行政法与现代法治国家》，祥新印刷有限公司1979年版，第3~4页。

〔2〕 毛雷尔教授认为："行政行为是指行政机关对具体实施作出的具有直接外部法律效果的处理行为。"［德］哈特穆特·毛雷尔：《行政法学总论》，高家伟译，法律出版社2000年版，第182页。

〔3〕 参见赵宏："行政行为作为行政法教义学核心的困境与革新——兼论我国行政行为学理的进化"，载《北大法律评论》2014年第2期，第508页。

〔4〕 沃尔夫教授认为："行政行为对于行政机关具有自我约束力，这种约束力来自民事诉讼的相关内容。行政行为的形式存续力又被称为外部法律效力，是指行政行为不能通过法律救济途径予以撤销，除非存在绝对无效的情形，而行政行为的实质法律效力又被称为内部法律效力，是指行政机关作出行政行为，必须限于当时的法律和事实状态，应当将确认性行政行为的确认效力与作为裁判的实质法律效力之一的确认效力区别开来。"参见［德］汉斯·J.沃尔夫、奥托·巴霍夫、罗尔夫·施托贝尔：《行政法》（第2卷），高家伟译，商务印书馆2002年版，第100~108页。

〔5〕 参见赵宏：《法治国下的目的性创设——德国行政行为理论与制度实践研究》，法律出版社2012年版，第185~189页。

相对人则无权对行政行为再行提起撤销;[1]而所谓的实质存续力，是指行政主体作出某项行政行为，必须受到该行为的规范限制，不可随意废除或者撤销，除非出现了法律规定的特别情形;[2]构成要件效力与确认效力则是指除了行政相对人和行政主体需要受到已生效的行政行为拘束之外，其他的所有行政主体和法院必须对前述行为已经确认的事实认定结论以及行政行为在法律上的存在予以尊重，并以此作为自身作出相关规定的基础。[3]

而日本现代行政法学的发展历程往往被认为是德国行政法学理论的熏陶继受之集大成者，日本学者对于行政行为的概念界定可谓是众说纷纭，其中的广义说与狭义说在日本学界先后占据着主要位置。后来，田中二郎所倡导的最狭义说逐渐取得通说地位，其认为行政行为是指行政机关就特定的具体事项作出公法上的单方行为，将立法、公法契约等行为类型排除在行政行为的基本范畴之外。[4]当然，日本其他知名学者对于行政行为的概念界定可能存在不同的表述，但均是从"最狭义"的角度予以概括。[5]需要注意的是，与德国行政行为存续力理论存在明显不同，日本行政法将行政行为效力概括为：根据行为的具体内容产生一定法律效果的力量，大致可以分为拘束力、公定力、执行力、不可争力、不可变更力等。[6]由于行政行为能够拘束法律关系的双方主体，因此，拘束力又被称为行政行为的双重拘束性;公定力的概念宗旨是只有根据法院的撤销诉讼，才能完全否定行政行为这种所谓的"撤销诉讼的排他性管辖"，这便意味着只要有权主体没有通过法定程序使之效力丧失，便可强制要求相对人及其他相关人服从行为的拘束力，公定力与

---

〔1〕 Hartmut Maurer, Allgemeines Verwaltungsrecht, 14. Auflage, Verlag C. H. Beck, 2010, S. 253.

〔2〕 Kopp/Ramsauer, Verwaltungsverfahrensgesetz Kommentar, 9 Auflage, Verlag C. H. Beck, 2005, S. 719.

〔3〕 Kopp/Ramsauer, Verwaltungsverfahrensgesetz Kommentar, 9 Auflage, VerlagC. H. Beck, 2005, S. 715ff,, Hartmut Maurer, Allgemeines Verwaltungsrecht, 14. Auflage, Verlag C. H. Beck, 2010, S. 255.

〔4〕 参见翁岳生：《行政法与现代法治国家》，祥新印刷有限公司 1979 年版，第 5~6 页。

〔5〕 例如，南博方教授认为："行政行为是指'行政厅为了调整具体事实，作为公权力的行使，对外部采取的产生直接法律效果的行为'。"［日］南博方：《日本行政法》，杨建顺译，中国人民大学出版社 1988 年版，第 33 页。室井力教授也认为："行政行为是指'行政机关作为公权力的行使，对外部赋予具体规范的法律行为'。"［日］室井 力主编：《日本现代行政法》，吴微译，中国政法大学出版社 1995 年版，第 81 页。

〔6〕 参见 ［日］室井 力主编：《日本现代行政法》，吴微译，中国政法大学出版社 1995 年版，第 93~99 页。

合法、违法等实体法判断并无任何关联；执行力则是必须以行政行为有效作为基本的前提条件，无效的行政行为当然地丧失其执行力；不可争力是指不允许行政相对人及其他关系人在起诉期限经过后，通过法律上的争讼手段予以抗争；不可变更力则是指主要没有法律规定，行政主体对其作出的行政行为，不得依职权进行撤销或者变更。

陈春生教授指出："行政处分是指所有公法上行为中与民众产生最密切关系的一种行为形式，是行政行为形式体系之支柱以及实现广泛行政事务之中心手段。"[1]可见，行政处分是行政行为形式理论项下的一项子概念，其概念表述与德国日本行政行为概念基本一致。林纪东教授将行政处分之效力分为五类，即公定力（任何公权力行为皆受合法推定，在未受有权机关撤销之前对其合法性之怀疑仅能够由法律途径解决）、形式确定力、实质确定力及执行力。[2]许宗力教授则是将行政处分的效力分为拘束力和执行力，前者包括存续力、构成要件效力、确认效力。[3]按照目前最新的通行观点认为，行政处分一经发布即可生效，此时便能够对行政相对人产生拘束力，原则上行政处分若因法定救济期限届满，或者行政相对人申请救济被驳回，或者行政相对人自始放弃救济，那么行政处分便拥有"不可争力"，行政相对人不得对之争讼；行政机关一经作出行政处分，其便不能随意否定该行政处分的效力，这就涉及行政处分的存续力（Bestandskraft）问题；行政处分还可拘束处分机关之外的其他行政机关与法院，此种效力被称为构成要件效力，[4]但是，行政处分的构成要件仅仅指向于行政处分的"规制结论"，而行政处分对于其他国家机关具有的另外一种拘束力（确定力）则指向于行政处分的"事实与法律认定"。[5]

根据法国行政法的理论体系构建，行政行为仅仅是学术研究领域惯常使用的一项专业名词，用以概括说明行政机关的活动方式，这些活动方式

---

〔1〕 陈春生：《行政法之学理与体系》（一），三民书局1996年版，第52页。

〔2〕 参见林纪东：《行政法》，三民书局1990年版，第320页。

〔3〕 参见许宗力：《法与国家权力》，月旦出版社1993年版，第581页。

〔4〕 陈新民教授认为："行政处分的拘束力是指行政处分既经有权机关颁布后，不仅是处分的对象（人民）、本机关甚至其他机关，皆应受到该处分内容之拘束。"行政处分的拘束力是行政处分构成内容的拘束力，即为"构成要件之效果"，不仅包括行政机关对行政事实的认定，也包括对适用法令之解释。参见陈新民：《行政法学总论》，三民书局1995年版，第344~345页。

〔5〕 参见翁岳生编：《行政法》（上册），中国法制出版社2002年版，第646~642页。

应当合乎法律制度的相关内容，否则可能会被法院撤销或者被确认无效。因此，如何界定行政行为的概念，与行政诉讼的管辖范围之间形成密切联系。王名扬教授将行政行为的类型区分为普遍性的规则行为和单方面的行政行为，[1] 在实践中，后者的行为数量最多，其中和人民联系最为直接的便是所谓的行政处理行为，此类行为大致与德日所称之行政行为概念内容相互呼应。在行政处理的效力类别上，主要包括效力限定特权、强制执行特权两种，前者是指行政处理决定作出之后，便可将其推定为符合法律规定，对作出机关、其他机关以及相对人产生拘束力；后者是指对于那些不履行行政处理决定所载明义务的行政相对人，在必要时行政主体可以根据自身职权予以强制执行，无须向法院申请强制执行。[2]

我国对于行政行为效力的理论认知基本保持一致，均是指向行政行为自身能够产生的法律效果，具体可以表现为一种法律意义上的约束力和强制执行力。但是，学者们对于行政行为效力的内容体系却各抒己见、众说纷纭，至今尚未形成一种具有普遍接受性的理论通说观点。最初始的观点需要追溯至1983年《行政法概要》一书对于行政措施效力内容的相关阐述，分为拘束力、确定力和执行力，[3] 这种传统的行政行为"三效力说"得以一直沿用至1996年。[4] 尔后，学者们开始重新反思和概括构建行政行为效力的内容体系，吸收和接纳大陆法系其他国家的公定力概念，逐步形成了"四效力说"[5]，往后由于一些国内权威教材和著述均坚持使用"四效力说"[6]，继而被确立为当时我国行政法学界的主流观点。但是，不断地有学者开始提出

---

〔1〕　参见王名扬：《法国行政法》，北京大学出版社2016年版，第104~119页。

〔2〕　参见王名扬：《法国行政法》，北京大学出版社2016年版，第128页。

〔3〕　参见法学教材编辑部《行政法概要》编写组：《行政法概要》，法律出版社1983年版，第121~122页。

〔4〕　继承此种观点的较具代表性的论著有：罗豪才主编：《行政法论》，光明日报出版社1988年版，第154~155页；张尚鷟主编：《走出低谷的中国行政法学——中国行政法学综述与评价》，中国政法大学出版社1991年版，第153~154页；王连昌主编：《行政法学》，中国政法大学出版社1994年版，第292~294页等等。

〔5〕　参见罗豪才主编：《行政法学》，北京大学出版社1996年版，第112~114页；叶必丰：《行政法学》，武汉大学出版社1996年版，第130~135页。

〔6〕　例如应松年主编：《行政法学新论》，中国方正出版社1999年版，第239~240页；姜明安主编：《行政法与行政诉讼法》，北京大学出版社、高等教育出版社1999年版，第154~157页等。

新的观点，周佑勇教授提出的"五效力说"〔1〕、王周户教授提出的"新四效力说"〔2〕、应松年教授倡导的"两效力说"〔3〕等。当然，晚近的研究成果开始重视引入德国存续力和构成要件效力等内容，以弥补传统"四效力说"的认知短板。〔4〕当然，本书引用前述观点并非有意陷入学理争论之中，而是仅仅从行政行为效力的发展脉络得出如下简明结论：行政行为效力是一个极具动态延展、颇为层次分明的概念体系，其不能仅仅停留于法学论著的观点争辩之中，而是正在日益走进判例、成文法的视野，并且深刻影响和密切牵引一国行政程序立法和行政诉讼制度等相关领域的构建完善。

由此可见，大陆法系国家的行政法学理研究和制度实践皆为非常重视行政行为及其效力的相关论述，但是这些重要问题无疑又是极具争议性、动态发展化的概念体系。〔5〕究其主要原因，在于行政行为一开始便是以学术词汇出现，而非国家实定法明确界定的专业术语，因此，同一国家在不同时期、不同国家在同一时期形成的认识理解难免存在较为明显的差异，遑论行政行为所蕴含的不同面相之效力内容。然而，随着世界各国行政法学理论交流逐步加深以及相关的制度实践越发健全，从实用主义的维度界定和理解行政行为及其效力内涵，俨然成为当前行政法学者最为主流的认知趋势。究竟行政行为效力包含了哪些组成部分，虽然在语词表述上尚无法达成统一共识，但是仍旧围绕着"公定力"（行政行为一经作出，便被认为是合法有效的，在未经有权机关或者法院依职权撤销之前，其所针对的行政相对人、行政主体系统内部皆不得随意否定法律对其拟制的合法性推定）、"构成要件效力"（行政

---

〔1〕 周佑勇教授认为："行政行为在内容上应具有先定力、公定力、确定力、拘束力和执行力等五种效力。"参见周佑勇：《行政法原论》，中国方正出版社2000年版，第160页。

〔2〕 王周户教授认为："行政行为效力内容概括为公定力、确定力（也称不可变更力）、执行力及不可争力四个方面。"参见杨小君：《行政法基础理论研究》，西安交通大学出版社1998年版，第161~163页。

〔3〕 应松年教授认为："行政行为效力内容已被浓缩为存续力和构成要件效力两项，前者又可分为形式存续力和实质存续力，主要作用于行政相对人、本行政机关及其上、下级行政机关和立法机关；后者则主要拘束法院与原行政机关平级的其他行政机关。"参见应松年主编：《行政程序法立法研究》，中国法制出版社2001年版，第344~356页。

〔4〕 例如章剑生教授认为："行政决定效力分别是存续力、执行力和构成要件效力和确认效力，其中存续力发生在行政决定的双方主体即行政机关与行政相对人之间，构成要件效力和确认效力则存在于行政决定和其他国家机关之间。"参见章剑生：《现代行政法总论》，法律出版社2014年版，第165页。

〔5〕 参见江必新："法律行为效力制度的重构"，载《法学》2013年第4期，第14页。

主体作出一项行政行为，其所包含的事实认定和规制结论，在原则上能够针对其他行政主体的行政行为和法院的司法裁判意见，形成相当程度上的拘束效果）等基本内容展开。

同理，作为一种新型行政行为，多阶段行政行为的效力亦是应当从公定力、存续力等方面予以认定。但是，通过前文对多阶段行政行为司法审查实践的观察与分析，可以发现"沈某伯案""张某珍案"的受理法院则是以拆迁许可证等先行政行为具有先定力、土地成交书作出之后具有公定力和确定力为由，拒绝对先行政行为的合法性问题进行审查，进而在多阶段行政行为案件中否定了违法性继承理论的适用。[1]此外，"夏某荣案"与"李某案"的司法审查路径，均是运用了诉讼证据的形式审查，将先行政行为看作是后行政行为所需的证据材料。前案的审理法院认为，后行政行为的作出机关必须对先行政行为的规范效力进行全面审查，否则便须承担审查不严而导致败诉的不利后果；后案的审理法院则认为，处于多阶段行政行为关系中的规划许可与竣工验收之间存在合法性的必然关联，只要规划许可行为符合法定的效力要件，以此为依据作出的竣工验收行为便不可能招致违法后果。由此可见，法院将先行政行为作为后行政行为的一种证据要件或者事实前提进行审查，先行政行为对于后行政行为具有的公定力或者说是构成要件效力，俨然已经构成了法院审查和判定先行政行为合法性的理论障碍（依据）。因此，行政行为的效力（尤其是公定力、构成要件效力）对于行政行为违法性继承理论在多阶段行政行为案件中的实际运用，可能会产生某种积极或者消极的影响，此二者之间的这种理论张力能够为本书继续厘清多阶段行政行为的司法审查逻辑提供一种来自实体效果判断层面的论证线索。

一、行政行为的公定力与违法性继承

前文仔细梳理了德国、日本、法国关于行政行为及其效力的学理论述和实践观点，笔者大致能够总结出以下结论：大陆法系国家均是紧紧围绕着现实的行政诉讼制度来构建和完善行政行为的概念体系，并以此作为本

---

[1] 朱芒教授对此指出："公定力概念及其制度本身并没有被否定，因此，原则上先行政行为不受法院审查，违法性在行政行为之间不具有可继承性的理论也一直得到指出。"参见朱芒："'行政行为违法性继承'的表现及其范围——从个案判决与成文法规范关系角度的探讨"，载《中国法学》2010年第3期，第181页。

国行政法治建设的核心任务。行政行为的概念一经提出，便一直占据着近现代行政法的核心地位，并影响了很多国家和地区的行政程序立法和行政诉讼结构。[1]行政行为之所以会引起各国行政法学术界和实务界的重视与关注，是因为行政行为必须以发生某种特定的外部效力为目的，面向外部的公民或者法人作出相应的权利义务安排，其法律效果表现为行政主体作出的职权行为能够导致行政相对人法律地位的产生、变更或者消灭。[2]因此，目前通行的行政法学著作或者教材基本都会将行政行为概念与行政行为效力置于同一或者相近章节予以论述。本部分拟将着眼于多阶段行政行为理论研究和司法审查实践过程中关于行政行为公定力与行政行为违法性继承之间的内容张力，阐述和分析先行政行为在法律效力层面上的合法性推定对于法院在审查后行政行为过程中所能够产生的显著影响。

将公定力理论引入多阶段行政行为的理论视野和现实情境之中，能够清晰观察和准确把握先行政行为的合法性推定，对于行政主体作出其他的后行政行为而言产生的拘束效果以及此种拘束力对于法院在审查后行政行为合法性的过程中所能够产生的影响效果。一般而言，综观大陆法系诸国的行政法学理及制度实践的发展状况，得出了近乎完全一致的结论："行政行为最重要的特色在于，尽管是有瑕疵的行为，但这种行为也具有公定力，对方仍有服从的义务。"[3]这一经典论述，早已得到我国行政法学界的普遍接受，并以此作为行政法学理论研究的重点议题之一。

行政行为公定力的理论基础需要追溯至德国公法巨擘奥托·迈耶提出的"自我证明说"，[4]只要行政行为不被撤销、变更或者另行产生新的行政行

---

[1] 参见于安："德国法上行政行为的构成"，载《中国法学》1999年第5期，第139~140页。

[2] 刘莘教授认为："法律效力是表意行为或者表明行为的后果，所以只能因法律行为或者准法律行为的作出而产生，不会因事实行为和法律事件而产生，而且法律效力所涉及的内容包括权利、义务或者责任。"参见刘莘："具体行政行为效力初探"，载《中国法学》1998年第5期，第47~48页。

[3] [日]田中二郎：《新版行政法》，转引自中国政法大学：《行政法研究资料》，内部资料，第552页。

[4] 奥托·迈耶认为："政府在其通常的管辖范围内的意志表达同时表明了其行为有效的特定前提是满足的。这种自我证明以及由此而取得的行政行为的作用力只有通过更具有强力的管辖才能予以改变。""有争议的行政行为之所以具有法律效力，是因为作出该行政行为的行政主体在作出时自己是确信该行为是符合法律的。行政主体享有国家赋予的行政权，因而行政主体也具有像法院确信自己的判决合法一样，确信自己的意思表示为合法的权力。"参见[日]杉村敏正：《论行政行为之公定力》，转引自城仲模：《行政法之基础理论》，三民书局1988年版，第178页。

为，便具有如同裁判文书一般的法定效力。[1] 当然，除了最初的"自我证明说"，亦衍生出诸如"国家权威说"[2]"法安说"[3]"信赖保护说"[4]"实体法承认说"[5]"社会信任说"[6]"公务连续说"[7]以及"法律推定说"[8]等观点，此处暂且不予评论诸家学说的优劣高低，但是，笔者更为赞同章志远教授所谓之"秩序需求说"[9]的解释思路：基于法哲学的研究视野，秩序往

[1] 行政行为一经作出，原则上即应当推定其为合法有效，在被有权主体或者法院依法作出撤销决定之前，任何个人或者组织均不得自行判断和随意否定行政行为的拘束力，这便是在各国行政法学界广为流传的行政行为公定力理论。参见叶必丰：《行政行为的效力研究》，中国人民大学出版社2002年版，第76页。

[2] "国家权威说"论者认为："行政处分不论是适法或有瑕疵，在任何场合均系表明国家之权威，并要求此一国家权威应受尊重。从而信赖行政处分之有效性者是值得法所保护。"参见程明修："论行政行为之公定力——日本法上公定力理论之演进"，载《军法专刊》第41卷第1期，第13页。

[3] "法安说"论者认为："纵使行政处分有瑕疵，仍然需要承认它具有拘束力的力量，亦即必须承认它具有公定力，行政处分公定力的合理根据，可以说是在于行政法关系的法律安定性。"[日]杉村敏正："论行政行为之公定力"，载城仲模：《行政法之基础理论》，三民书局1988年版，第178页。国内学者吴婧萍亦持有相似看法，参见吴婧萍："行政行为公定力研究"，载《行政法学研究》1997年第3期，第72页。

[4] "信赖保护说"论者认为："行政行为不同于私人的意思表示，它是作为行政权的担当者行政厅对法律的执行，其权威来源于法律。如果允许随意否定行政行为的效力，将会严重危及、损害行政行为信任者的权益。只要重视保护相对人及一般公众对行政行为的信任，就不得不肯定行政行为的公定力。"参见[日]南博方：《日本行政法》，杨建顺译，中国人民大学出版社1988年版，第41~42页。

[5] "实体法承认说"论者认为："行政处分之公定力存在与否，端视实定法是否承认行政权可依行政处分课以人民之义务，同时为确保该义务内容之履行而赋予自力强制执行力而定。"参见陈秀美：《行政诉讼上有关行政处分之研究》，司法周刊社1994年版，第132页。

[6] "社会信任说"论者认为："公定力是基于社会对行政主体及其意思表示的信任，行政主体的资格一旦取得，就发生了行政主体的地位及其意思表示的效力高于相对人的效果。"参见叶必丰："论行政行为的公定力"，载《法学研究》1997年第5期，第88页。

[7] "公务连续说"论者认为："具体行政行为也是适用法律的行为，公众对其信任是基于法律是保护他们在内的所有人的利益的、法律是公正的、要遵守法律等理念。公定力仍是基于公共利益，是公共利益使公务不能中断，因此需要将具体行政行为全部推断为合法。"参见刘莘："具体行政行为效力初探"，载《中国法学》1998年第5期，第50~51页。

[8] "法律推定说"论者认为："当行政行为成立后，其合法还是违法、有效还是无效尚处于不明状态时，摆在我们面前的价值和利益一方面是保护公民的权利，一方面是促进行政目的的及时实现、维护法律关系的安定性、保护相对人和社会公众的信赖，经过立法上的权衡和考量，我们只能假定行政行为一经作出即合法、有效。"参见胡建淼主编：《行政违法问题探究》，法律出版社2000年版，第494页。

[9] 章志远教授认为："行政行为公定力的理论基础宜定位于社会成员的秩序需求。"参见章志远："行政行为效力论"，苏州大学2002年博士学位论文，第51页。

往被看作是与法律如影随形的内在价值,〔1〕一个拥有稳定秩序的社会是法治赖以生存的前提条件,也是深刻检验法治目标是否已经达成的衡量标准。〔2〕那么,具体到行政法领域便可描绘出如下画卷:行政主体作为社会公共利益的代表者与维护者,其作出行政行为之后会造成行政法律关系的产生、变更或者消灭,实质上都是对社会秩序的构建或者恢复。〔3〕但是,如果行政相对人对行政行为的内容存在争议且行政行为尚未获得最终确定之前,对其效力应当作出何种推定仍旧无法避开社会秩序的目的考量。在此意义上,行政行为可被视为社会秩序的重要载体之一。〔4〕社会民众遵循行政行为的内容要求作为或者不作为,能够在很大程度上助益于社会生活的有序性和稳定性,否则任一个体都能随意漠视和自行否定国家有权机关作出的行政行为效力,不仅会造成行政纠纷解决机制难以为继,行政管理秩序亦将名存实亡,社会民众应当享有的生存发展权利终会陷入无可复归的现实困境。〔5〕换言之,正是由于社会整体对行政法治目标的殷切希冀和对行政秩序稳定的孜孜以求,行政行为的公定力理论才能得以发展壮大。〔6〕关于行政行为公定力的概念界定,

〔1〕 参见[英]彼得·斯坦、约翰·香德:《西方社会的法律价值》,王献平译,中国人民公安大学出版社1990年版,第38页。

〔2〕 行政行为公定力要求的对国家权威的尊重,实是对人民集体的委托代理人的尊重,其隐含对人民关于安定生活秩序的集体性向往的维护与实现。参见[美]奥尔森:《集体行动的逻辑》,陈郁等译,上海人民出版社1995年版,第12页。

〔3〕 有学者认为:"代表公共利益的行政主体在地位和权利上优于个人利益的主体即相对人。"参见叶必丰:"论行政法的基础——对行政法的法哲学思考",载罗豪才主编:《现代行政法的平衡理论》,北京大学出版社1997年版,第378页。

〔4〕 美国著名法理学家博登海默教授认为:"如果某些确定的行为规范不存在,不为人们承认,不推行,那么社会上便不会有秩序的生活,例如道德规范、宗教规范、法律规范等等。所有的社会控制机构所担任的作用,就是要保障社会生活明智的和有秩序的进步,违反这些不同行为规范中的任何一项,将会给违反者带来某种不愉快的结果。"参见[美]博登海默:《博登海默法理学》,潘汉典译,法律出版社2015年版,第61~63页。

〔5〕 参见沈岿:"行政行为公定力与妨害公务——兼论公定力理论研究之发展进路",载《中国法学》2006年第5期,第71页。

〔6〕 如此而言,建基于维护社会公共秩序的目标,行政行为一经做出便可直接推定为合法有效,对所有的社会成员都具有现实的拘束力量,除非发生"公权力失序即追求自己的独特利益而必然引起整个社会的秩序文明紊乱"之危险情况,始得对行政行为效力予以先行否定。参见周永坤:《法理学——全球视野》,法律出版社2000年版,第219页。

行政法学人已著述颇多。[1]但是，通过仔细对比相关论述的内容意涵，便不难发现学者们在理解和阐发行政行为公定力意旨的过程中，分别采取"有效推定"、"适法推定"[2]、"合法推定"三种不同的研究思路，最末的"合法推定"观点恰恰构成了我国关于行政行为公定力的通说理解。[3]

原则上，行政行为具备公定力必须符合如下的相关发生条件：首先，公定力须得以行政行为的成立作为其积极条件，[4]行政行为的成立一般以行政行为的作出、形成为标志，[5]作为一项独立的事实判断范畴，主要关注的是行政行为在事实上或者在客观形式上"有"还是"没有"，并不关涉行为的价值判断和效力认定。[6]因此，行政行为的成立与行政行为的合法具有本质

---

〔1〕　日本学者南博方教授指出："只要行政行为付诸实施，在被有关机关撤销之前，除非出现无效情况，不仅对方，而且国家机关、一般第三者也必须承认其为有效，并服从之。这种效力便被称为公定力。"参见［日］南博方：《日本行政法》，杨建顺译，中国人民大学出版社1988年版，第41页。陈秀美教授将其定义为："行政行为的公定力是指行政机关本于职权所作之行政处分，在原则上，均应受适法之推定，于未经依法变更或有权机关加以撤销或宣告无效前，任何人均不得否定其效力，即系有强制他人承认其效力之谓。"参见陈秀美：《行政诉讼上有关行政处分之研究》，司法周刊社1994年版，第131页。叶必丰教授则认为："公定力是指行政行为一经成立，不论是否合法，即具有被推定为合法而要求所有机关、组织或个人予以尊重的一种法律效力。"参见姜明安主编：《行政法与行政诉讼法》，北京大学出版社、高等教育出版社1999年版，第2155页。

〔2〕　也有学者指出："行政行为的公定力是指国家意志高于个人意志的力量，而先定力才是所谓的适法性推定。"参见张树义：《冲突与选择——行政诉讼的理论与实践》，时事出版社1992年版，第205页。

〔3〕　公定力是指行政行为一经成立，不论是否合法，即具有被推定为合法而要求所有机关、组织或个人予以尊重的一种法律效力；作为一种对世的法律效力，其实质是"经法定程序由法定机关推翻前"的合法性推定；之所以有这种合法性推定，是因为社会对行政主体的地位和作用应予充分信任和尊重，从而稳定权利义务关系；所有行政行为，包括无效行政行为，都具有公定力。参见姜明安主编：《行政法与行政诉讼法》，北京大学出版社、高等教育出版社2007年版，第240~241页。

〔4〕　江必新教授等人认为："行政决定的公定力始于成立，主要基于更为契合公定力的合理内核、维护法的安定性、保护相对人的合法权益、避免行政成本的浪费以及促进与行政救济制度的衔接等因素。"参见江必新、罗英："论行政决定公定力之起点"，载《湘潭大学学报（哲学社会科学版）》2011年第1期，第54~56页。

〔5〕　参见方世荣：《论具体行政行为》，武汉大学出版社1996年版，第26~31页。论者还特别指出："行政主体合不合法并不是具体行政行为是否合法有效的条件，而是是否存在具体行政行为的条件，不合法的行政主体本质上就不是行政主体，非行政主体的行为根本谈不上是具体行政行为，也不存在其行为是否合法的问题。"类似的表述，还可以参见罗豪才主编：《行政法学》，北京大学出版社1996年版，第125~126页；叶必丰：《应申请行政行为判解》，武汉大学出版社2000年版，第34~35页。

〔6〕　参见苏峰："行政行为效力理论与确认判决制度"，载《行政法学研究》2007年第2期，第114~115页。

区别，[1]前者呈现一个纯粹的事实判断过程，反映出了国家实定法规范对于行政行为最低限度的要求，是分析行政行为是否合法、有效的前提，行政行为只要同时具备适格的行为主体、权力的实际行使、旨在追求某种行政法律效果以及能够被外部的行政相对人所认识和知晓（包括口头或者书面形式）[2]等内外部要件，便可将该行政行为认定为一个成熟的、完整的行政决定。故而，在实务中，欠缺上述任一具体要件的行政行为皆不符合成立之"最低限度要求"，遑论行政行为具有公定力。此外，公定力的消极发生条件须得考虑行政行为是否自始无效，行政行为成立之后对于行政相对人而言便可产生拘束力之法效，那么其是否必然地能够因获得法律的有效推定而具备公定力，此问题便直接涉及行政行为公定力的界限应当如何划定。[3]换言之，如果行政主体作出的行政行为存在肉眼可见、一目了然的"先天性瑕疵"——重大且明显违法，此时，公定力能否如期发生？

围绕这一问题，日本和我国学者们曾争相提出了"完全公定力"和"有效公定力"两种截然相反的观点论述。前者以维护良好的行政管理秩序、防止公共利益被私人利益无端耗损以及行政行为的无效与行政行为的可撤销之间的认定标准模糊难辨等作为论证依据，力主行政行为一经作出，即可当然地具有绝对之公定力；[4]后者则主张自始无效的行政行为不具备公定力，否则会导致个人的自由及权利之限制与侵害过分地要求由个人承担，此种观点

---

〔1〕 有学者指出："行政行为一经成立，即为合法、有效。但行政行为的公定力与行政行为合法并无必然的因果关系，行政行为之所以具有公定力，乃是为了保障公法所保护的社会关系处于一种比较安定的状态，保障公权力行为所确定的权利义务关系的安定性。"参见城仲模：《行政法之基础理论》，三民书局1998年版，第176页。

〔2〕 参见［日］室井 力主编：《现代日本行政法》，吴微译，中国政法大学出版社1995年版，第93页。

〔3〕 行政行为的公定力是法律上所谓之适法性推定，这种推定只是一种假定，而非实质意义上的适法性推定。参见翁岳生：《法治国家之行政法与司法》，月旦出版社1994年版，第91页。

〔4〕 参见叶必丰："论行政行为的公定力"，载《法学研究》1997年第5期，第89~90页。然而，叶必丰教授此论一出便遭到其他学者的强烈反对和激烈批评，例如胡建淼教授认为，"完全公定力"对于行政权作用的过分尊重有抹杀个人权利和自由之嫌。参见胡建淼：《行政违法问题研究》，法律出版社2000年版，第495页；杨海坤教授认为，"完全公定力"较为偏颇，不符合法治正义观。参见杨海坤主编：《跨入21世纪的中国行政法学》，中国人事出版社2000年版，第273~274页；胡锦光教授则认为，"完全公定力"所依据的理由实属杞人忧天。参见胡锦光、杨建顺、李元起：《行政法专题研究》，中国人民大学出版社1998年版，第63页。

为当前大多数的学者所赞同。[1]如今看来，此项争议早已失去其应有的实际意义，毕竟无效行政行为不具有公定力的学理实践早已被德国、日本以及我国学界和实务界所普遍接受和肯认。[2]诚如，行政行为的公定力与行政行为无效制度向来被认为是相伴而生但却无法共存的两项重要机能。基于维护法规范秩序稳定、提升行政管理效率以及实现行政程序目标等因素的综合考虑，行政行为作出之后无论是否合法，原则上都会产生公定力，除非存在某些法律规定的特殊情形，才会自始归于无效。[3]在此意义上，无效的行政行为不具有公定力，法院不受其约束，并且以此作为基础行为或者事实要件的其他后续行政行为，亦不得受其约束。

　　然而，40余年来我国行政法学关于行政行为效力的学理研究逐渐显现出其越发注重精细化、体系化的特征，学界对于行政行为公定力理论的批判与反思亦可谓是层出不穷。[4]尽管如此，行政行为公定力理论依旧具有非常广泛的社会基础，并非传统行政法学上的"虚构神话"。[5]当然，本部分内容的重点是探究行政行为公定力理论在我国多阶段行政行为司法实践中的具体

---

　　〔1〕　[印]赛夫：《德国行政法》，周伟译，五南图书出版有限公司1991年版，第104页。但是，国内也有学者对"有限公定力"观点展开批评，其最主要的观点是："有限公定力将一个行政行为是否发生公定力的判断权给予了一般民众，也即将一个行政行为是否为无效行政行为的判断权给予了一般民众。但是，如果民众对此判断不准确，会不利于民众的权益保护，将无效行政行为在理论上以及立法上都难以客观确定规定判断权给予民众的同时，也将错误辨认的责任风险给予了民众。"参见黄全："论行政行为形式效力之完全公定力——兼论无效行政行为制度不适合我国"，载《甘肃政法学院学报》2009年第3期，第123页。

　　〔2〕　例如，2009年最高人民法院《关于审理行政许可案件若干问题的规定》第7条规定，作为被诉行政许可行为基础的其他行政决定或者文书存在以下情形之一的，人民法院不予认可：①明显缺乏事实根据；②明显缺乏法律依据；③超越职权；④其他重大明显违法情形。

　　〔3〕　沈岿教授认为："在理论上，行政行为之无效与行政行为之公定力，如同一个硬币的正反两面，论及前者必以明了后者为前提。"参见沈岿："法治和良知自由：行政行为无效理论及其实践之探索"，载《中外法学》2001年第4期，第129页。

　　〔4〕　主要的代表性论著成果有吴婧萍："行政行为公定力研究"，载《行政法学研究》1997年第3期；刘东亮："行政行为公定力理论之检讨"，载《行政法学研究》2001年第2期；柳砚涛："行政行为公定力质疑"，载《山东大学学报（哲学社会科学版）》2003年第5期；沈岿："行政行为公定力与妨害公务——兼论公定力理论研究之发展进路"，载《中国法学》2006年第5期；王天华："行政行为公定力概念的源流——兼议我国公定力理论的发展进路"，载《当代法学》2010年第3期；黄全："无效行政行为理论之批判"，载《法学杂志》2010年第6期；黄全："论行政行为形式效力之完全公定力——兼论无效行政行为制度不适合我国"，载《甘肃政法学院学报》2009年第3期；等等。

　　〔5〕　参见刘东亮："行政行为公定力理论之检讨"，载《行政法学研究》2001年第2期，第58页。

体现和适用效果。其实，除了前文所例举"沈某伯案""张某珍案"的裁判
文书中明确提及"法院可以拆迁许可证等先行政行为具有先定力、土地成交
书作出之后具有公定力和确定力为由，拒绝对先行政行为进行合法性审查"
等内容之外，在"沈某贤等182人诉北京市规划委员会颁布建设工程规划许
可纠纷案"（以下简称"沈某贤案"）"的判决文书中，一审法院认为，"被
告在审批该项目的《建设工程规划许可证》时，应当审查第三人是否已经取
得了环境影响报告书"。[1]由此可知，行政主体在审批后行政行为的过程中，
须得考量该行政行为所依据的先行政行为的拘束效力，只要该基础行为不存
在重大且明显违法的效力瑕疵，后行政行为则必须接受先行政行为的公定力
影响。[2]前述观点后来得以清晰地显现在被告的上诉理由之中。[3]据笔者查
询该案当时所主要适用的《城市规划法》[4]第32条[5]、《环境保护法》第
13条[6]关于建设项目设计任务书的批准程序与建设工程规划许可证的审批
程序，能够得出此二者存在如下逻辑关系：第一轮，建设单位开展项目必须
遵守国家有关环境保护的法律规范，其所制作的项目设计任务书必须涉及环
境影响的评价意见和防护措施，且环境影响报告必须附于其中，一并呈报主
管部门审批之后，建设单位方可将项目设计书提请计划部门审批，获得批准

---

[1] "沈希贤等182人诉北京市规划委员会颁发建设工程规划许可证纠纷案"的判决，可参见
《最高人民法院公报》2004年第3期，第40~43页。

[2] 公定力表现为具体行政行为对相关具体行政行为实施的拘束力。"以后作出的行政行为必须
建立在以前作出的行政行为的基础上，尤其是其行为必须依据这个基础作出。"参见［德］奥托·迈
耶：《德国行政法》，刘飞译，商务印书馆2002年版，第101页。

[3] "根据我国法律的相关规定，作为城市规划主管部门的被告，其中工作职责主要是审查建设
工程单位是否已经取得了计划主管部门所作出的批准文件。只要建设单位持有该项目经计划部门批准
的合规文件，便可以认定计划部门据以作出该批文的前提条件包括'环境影响报告书'等形式问题均
已解决，规划委员会不应当主动审查应由其他部门审查的事项。"参见《最高人民法院公报》2004年
第3期，第43页。

[4] 《城市规划法》，即《中华人民共和国城市规划法》。为表述方便，本书中涉及我国法律文
件直接使用简称，省去"中华人民共和国"字样，全书统一，后不赘述。

[5] 《城市规划法》（已失效）第32条第1款规定："在城市规划区内新建、扩建和改建建筑
物、构筑物、道路、管线和其他工程设施，必须持有关批准文件向城市规划行政主管部门提出申请，
由城市规划行政主管部门根据城市规划提出的规划设计要求，核发建设工程规划许可证件……"

[6] 《环境保护法》（1989年）第13条规定："建设污染环境的项目，必须遵守国家有关建设项
目环境保护管理的规定。建设项目的环境影响报告书，必须对建设项目产生的污染和对环境的影响作
出评价，规定防治措施，经项目主管部门预审并依照规定的程序报环境保护行政主管部门批准。环境
影响报告书经批准后，计划部门方可批准建设项目设计任务书。"

之后便可具有合法性；第二轮，建设工程单位在获得计划行政主管部门的批准之后，持有全部的批准文件向规划主管部门申领建设规划许可证。换言之，建设项目规划许可证的审批核发程序是一种典型的多阶段行政行为过程，第一轮程序作为先行政行为只要具备合法核发的行为外观，便具有法律推定的公定力，作为后行政行为的第二轮程序必须受其公定力的拘束。

　　但是，以承认先行政行为具有公定力为由，进而否定后行政行为能够继承先行政行为效力认定的实践观点，却在"沈某贤案"判决文书的说理部分被完全推翻。受理法院认为，"根据建设项目规划许可证核发程序的相关法律规定，规划行政主管机关在作出涉案规划许可行为时，应当审查第三人是否已经取得了《环境影响报告书》等批准文件，《环境影响报告书》只要经过有关行政主体的批准程序，计划行政机关便可作出批准建设项目设计任务书的具体行政行为"。基于此可知，判决文书所要阐发的主要观点，可被归纳为行政相对人对于规划许可审批行为的合法性要件必然应包含如下内容：计划行政主体对于建设单位申请审批建设项目设计任务书作出批准决定之前，必须按照法定要求审查是否获得其他行政主体签发的环境影响报告，否则先行政行为会因为缺乏所谓之"批准文件"而存在合法性问题，而规划行政主体未对建设项目设计任务书是否具备环境影响报告进行审查，进而批准颁发被告所申领的规划许可证。因此，第一轮审查批准程序的合法性瑕疵便会直接影响到第二轮审查核发程序的合法性，这种裁判思路无疑与学理上所称"行政行为的违法性继承"之理论观点相契合。

　　从学术角度来看，行政行为的公定力对于多阶段行政行为而言，意味着先行政行为一经作出，便应当受到行政相对人、其他行政机关以及法院的尊重，将其作为一种既定的效力事实予以对待，非经有管辖权的行政主体或者法院撤销或者宣布无效，其所具有的公定力不容否定。那么，法院在审查后行政行为合法性问题的过程中直接突破先行政行为的公定力拘束，可能会处于双重实践困境：后行政行为的受理法院对先行政行为的合法性审查缺乏管辖权；当前我国通行的行政诉讼程序并未有此类规定。[1]"沈某贤案"的受理法院对于先行政行为的合法性审查享有完全有效的管辖权，其能够根据个案需要对先行政行为的合法性要件进行全面考察，尤其是针对行政主体作出

---

[1]　参见成协中："行政行为违法性继承的中国图景"，载《中国法学》2016年第3期，第57页。

先行政行为所依据的法律规范内容，与涉案的事实要件进行逐一对比之后，发现先行政行为明显缺少必要的批准文件，从而无法获得实定法层面的合法性评价，并以此作为后行政行为合法性的审查依据。

倘若多阶段行政行为过程中的各个行政行为均具有处分性，先行政行为直接针对行政相对人的合法权益作出处理，故而具备完整且独立的外部法律效果。那么，根据公定力理论，只要先行政行为涉及的具体内容符合法定要求，便会对行政相对人和后行政行为的作出主体产生一定的拘束效力，"拆迁许可证与拆迁裁决书之间""建设项目设计任务书与建设工程规划许可证之间"确实存在着"手段与目的"的关系，先行政行为所涉及的规制内容属于"手段"，后行政行为所涉及的处理结论属于"目的"。

无论是"沈某伯案""张某珍案"，还是"沈某贤案"的受理法院对于先行政行为的合法性审查皆享有法定的管辖权，但是所采取的态度立场却有所差异。"沈某伯案"的受理法院认为，被告作出后行政行为时，仅仅需要审查相关批准文件和前置拆迁许可证等先行政行为是否存在的客观事实，而无须逐一审查先行政行为的合法性问题。此时，法院在对后行政行为合法性进行审查的过程中，只要先行政行为未出现重大且明显违法的无效情形，且未经有权行政主体依照法定程序予以撤销等情况下，皆应当尊重先行政行为的事实认定和规制结论。因此，法院仅仅是借助行政行为公定力的理论观点，便完全否定了行政行为违法性继承在本案中的适用；"张某珍案"的判决文书中明确提及，在先行政行为被确认违法或者依法被撤销之前，被告作出的后行政行为具有相对独立性，其一经作出便能产生公定力和确定力等法律效果。即便，这些先行政行为存在违法因素，但也不能因此完全否定后行政行为的法律效力，否则会妨碍多阶段行政许可行为过程中各个独立行政行为的安定性，终而损害当事人的善意信赖利益。因此，法院主要借助行政行为的公定力，辅以行政行为所蕴含的法秩序安定性要求，阻绝了违法性继承理论在本案中的适用；在"沈某贤案"中，法院的判决意见已经指明在符合法定要件的前提下先行政行为当然地具有公定力，但在最终的判决结论之中，却并未以此作为拒绝审查先行政行为的理由，而是充分运用行政行为违法性继承理路的裁判思路，即认为先行政行为与后行政行为之间相互连续，共同构成一个复合型的行政程序，二者组合在一起分别作为行政目的的手段和结果，共同实现同一行政法律效果，但是二者之间又存在明显区别，即由不同的行政主管部门作出，且作出机关之间不存在上下级的行政隶属关系，后行政行为的作出主体亦无权审查先行政行为的合法性，最终以此路径承认了行政行为违法性继承理论在本案中的适用。[1]

由此可见，行政行为公定力理论在多阶段行政行为案件的司法审查过程中，确实在一定程度上能够阻碍行政行为违法性继承理论的实际运用，主要体现在先行政行为构成后行政行为的基础事实要件，除非前者具有重大且明显的违法效力瑕疵之外，皆可被法律推定为合法有效，并且对后行政行为的具体实施产生拘束效力。承认和强调多阶段行政行为过程中各个行政行为具有的公定力，是维护行政秩序稳定的价值选择和必然要求，同时也是对既有权利义务关系的法律保护。由于我国学界目前仍旧是普遍接受了公定力的概念及其作用，故而需要正视行政行为公定力与行政行为违法性继承理论在多阶段行政行为案件的司法审查过程中所呈现出来的内容张力，与其将此二者在司法实务中所发挥的影响作用完全割裂开来，倒不如合理地改造各自内涵中所存在的明显抵牾之处，使得二者在行政行为法和行政救济法之间实现概念视野和效力指向的体系融贯。总而言之，断然不可机械地借鉴和无差别地参照日本行政法学关于公定力理论的历史发展和内涵变迁等内容，一概地认为行政行为公定力和行政行为违法性继承实属与两个完全独立的法律范畴，[2]而是应当充分考察我国行政管理与行政诉讼的制度运行及其理论变迁之后予以客观评判。

二、行为构成要件效力与违法性继承

前文通过系统梳理和对比考察大陆法系主要国家和地区关于行政行为公定力概念的学理表述与发展脉络，能够窥见行政行为公定力的学理表述至今仍旧难以完全统一。但是，就目前我国而言，学术界和实务界普遍接受行政行为具有公定力这一法律拟制事实的客观存在。鉴于此种情况，本书结合我

---

〔1〕　参见王天华：《行政诉讼的构造：日本行政诉讼法研究》，法律出版社 2010 年版，第 90 页。日本判例中认可违法性继承的典型实例是《土地收用法》上的事业认定和收用裁决；而针对课税处分和滞纳处分这两项前后相继的行政处分，判例却否定了两者之间的违法性继承。究其根本，在于后一个案缺乏前一个案中的"相互联系又相互区别"的关键点。

〔2〕　王贵松教授认为："在破除了行政行为公定力、不可争力等传统障碍之后，违法性继承应归为救济法上的问题。因而，那种在救济法上继续探讨实体法或程序法上违法性继承要件的做法已无必要。换言之，以实体法或程序法上的继承要件作为救济法上是否允许在后续行为的撤销诉讼中审查先行行为合法性的标准，已不具有妥当性。"参见王贵松："论行政行为的违法性继承"，载《中国法学》2015 年第 3 期，第 118 页。

国多阶段行政行为案件的行政审判实践中经常提及的行政行为违法性继承理论进行细致的分析，不难发现公定力与违法性继承在实际应用过程中往往容易产生理论上的抵牾张力，前者俨然构成了后者得以顺利实现的制度障碍。根据本节开篇阐述行政行为效力内容所体现出来的理论共识，即主要从公定力和构成要件效力两个方面内容展开思考，二者皆是基于实体法效果的判断维度充分保证行政行为对于行政相对人、行政主体系统内部以及法院的拘束效力，但是必须注意公定力对于行政行为实体效果的现实需求显然更为直观和迫切，而行政行为构成要件效力则更多的是关注作为该行政行为的行政主体与其他行政主体、法院之间的权限分配关系。

但是，行政行为的公定力和行政行为的构成要件效力之间的内容联系非常密切，对二者不能采取非此即彼的片面切割态度。行政行为具有公定力隐含着行政行为的构成要件效力指向，已成立的行政行为所具备的拘束效果是一种绝对的、对世的法律推定效力，[1]正是因为行政行为对社会民众或者国家机关皆具有一种与生俱来的有效推定效力，才能推导出行政行为能够作为一种"构成要件"影响其他行政主体和法院作出相应的活动决定。在某种意义上，行政行为的公定力是行政行为构成要件效力的基础来源。[2]总而言之，公定的影响范围与构成要件效力的适用领域存在一定的重叠交融，前者对行政行为是否合法、有效先行作出初步的预设，至于行政行为是否存在效力瑕疵还需要有权行政主体或者法院作出最终的认定，而后者虽然强调其他行政机关或者法院在处理相关案件的过程中必须以已生效的行政行为之法律效果为前提，但是如果该行政行为确有一些违法或者无效情形，此时构成要件效力便失去了其所赖以生存的"效力土壤"。

其实，本书第三章第一节在介绍德国行政法学关于行政行为违法性继承理论所适用的"双轨审查标准"时便已提及行政行为的构成要件效力，德国行政法学理观点和实践操作一般是将其作为复数行政行为合法性审查的重要判断依据。但是，我国行政法学界对于行政行为构成要件效力与行政行为违

---

〔1〕 最高人民法院发布的参考性案例"湖南泰和案"的裁判要旨理由指出："土地管理部门的拍卖出让公告一经作出，即具有被推定为合法而要求所有机关、组织者和个人予以尊重。"可见，公定力是一种对世的推定效力，参见叶必丰：《行政行为原理》，商务印书馆2014年版，第278页。

〔2〕 刘莘教授认为："具体行政行为的效力中，公定力是应有之义。没有公定力，具体行政行为的其他效力根本无从谈起。"参见刘莘："具体行政行为效力初探"，载《中国法学》1998年第5期，第51页。

法性继承之间可能存在的逻辑关系尚未展开相应的详细论述，大多停留在就事论事、个案衡量的论述限度。此外，对行政审判实务中关于行政行为构成要件效力在多阶段行政行为案件中的实际适用以及态度取向并不是十分的明朗清晰，基本很少直接提及行政行为构成要件效力的概念词汇，而是倾向于借助"基础证据""事实要件"等传统诉讼法用语，以此揭示出先行政行为与后行政行为之间存在逻辑顺序和效力传导等方面的关联关系。毋庸置疑的是，这些情形皆可看作是行政行为构成要件效力理论在我国行政诉讼制度中的实际应用，只不过尚未将其有效转化为一种具有本土特色的制度共识，不远的未来必然会有更为丰富生动的多阶段行政行为司法实践案例需要继续着眼于行政行为构成要件效力与行政性为违法性继承二者存在的理论关联或者张力，进而能够有效地指导行政审判工作以尽量减少裁判结果差异明显的忧人情形。

　　如前所涉，行政行为构成要件效力理论本身便是一个典型的"舶来品"，其并非生长于我国现实国情和制度实践之中，国家立法和司法裁判几乎没有与之相对应的专业术语。近年来，行政行为构成要件效力逐渐被纳入我国行政法学者的研究范畴，最早是将其作为传统公定力、拘束力和执行力等法律效力的比较对象和补充内容进行初步研究。[1]但是，赵宏教授通过系统详细地介绍行政行为的历史发展、基础概念以及适用依据等问题，奠定了我国学界对此理论的整体研究框架。[2]章剑生教授则是将构成要件效力作为行政行为效力的主要内容之一，并将其正式写入研究生教材之中。[3]国内不同学者对构成要件效力的发生时间和发生作用依据存在异议，例如关于构成要件效力发生的时间节点，赵宏教授认为，自行政行为作出之日起便具有构成要件效力；而沈军教授和章剑生教授认为，行政行为构成要件效力必须具备合法、有效的前提，后者甚至指明构成要件效力必须以行政行为具有形式存续力为前提。再如，对于行政行为构成要件效力的作用依据。沈军教授认为，行政

---

〔1〕　参见沈军："论具体行政行为之构成要件效力"，载《浙江社会科学》2001 年第 6 期，第 72~75 页。

〔2〕　参见赵宏：《法治国下的目的性创设——德国行政行为理论与制度实践研究》，法律出版社 2012 年版，第 282~305 页。

〔3〕　参见章剑生："行政行为对法院的拘束效力——基于民事、行政诉讼的交叉视角"，载姜明安主编：《行政法论丛》（第 14 卷），法律出版社 2012 年版，第 398 页；章剑生：《现代行政法总论》，法律出版社 2019 年版，第 156~157 页；章剑生：《现代行政法基本理论》（上卷），法律出版社 2014 年版，第 296 页。

行为的构成要件效力得以成立,其主要的作用依据是明确的实体法律规定;赵宏教授认为,已经成立的行政行为只要不存在无效的情形,便会直接产生拘束其他行政主体和法院的构成要件效力。

正因存在上述学理争议,本书此处对行政行为的构成要件效力展开阐述需要将研究目光重新拉回到德国行政法,努力探寻其背后所隐藏的制度动因和价值目标,从而使之更为契合我国行政审判实践工作的现实需要。根据德国行政法的理论通说,行政行为的效力体系由存续力(形式存续力、实质存续力)、构成要件效力和确认效力,[1]此三者在生成逻辑和内涵衍生方面具有非常密切的关联。

第一,存续力是德国行政行为效力体系的核心,根据效力作用的方式不同,可分为形式存续力和实质存续力,此种分类主要是参照德国司法判决所具有的确定力,[2]形式存续力是针对行政相对人而言的,无权针对已经确定地产生终局性法律效力的行政行为,再行寻求常规的法律救济途径诉请撤销,此种消极作用在诉讼法理领域又被称为"禁止重复起诉"原则。因此,行政行为的形式存续力等同于"不可诉请撤销性",都是因诉讼期限的届满或者是当事人主动放弃救济权利而产生。[3]行政行为是行政主体在自身职权范围内,作出的具有国家公权性质的法律判断,是以维护社会公共秩序和实现行政管理目标为目的的,而终局性的行政行为正是此种法律判断。一旦行政行为在行政程序中失去以不服诉请途径被撤销的可能性而最终被确定,便可将其作为确定行政法律关系的最终判断。[4]它不仅拘束着行政法律关系的双方主体,要求他们服从该判断的具体内容,不得重复提出相同的争议诉求。同时,其他的行政主体和法院作为国家机关亦不得无视行政行为作出机关的法律判断,

---

〔1〕 参见王世杰:"论行政行为的构成要件效力",载《政治与法律》2019年第9期,第68页。

〔2〕 我国学者认为:"行政行为的不可变更力是其实质确定力,它与行政行为的形式确定力及不可争力共同构成了行政行为的确定力,并坚持这一原理来源于司法裁判的既判力理论。"参见叶必丰:"行政行为确定力研究",载《中国法学》1996年第3期,第78页。

〔3〕 但是,也有学者提出相反的观点:"仅仅讨论行政行为对于行政机关本身的拘束力,实益不大,因为充其量只是诉说行为一旦存在、生效,行政机关即一日受其拘束的事实罢了,并不能阻止或限制行政机关事后或以撤销或废止的方式废弃该行政行为。"参见许宗力:"行政处分",载翁岳生编:《行政法》(上册),中国法制出版社2002年版,第682页。

〔4〕 江必新教授认为:"行政行为的效力体系应当包括存续力、既决力和实现力,其中既决力不仅针对行政法律关系主体,还包括其他所有社会主体,甚至还包括司法机关。"参见江必新:"行政行为效力体系理论的回顾与反思",载《江苏社会科学》2008年第5期,第129页。

即便是将该行政行为作为争议事项在内部申诉或者司法诉讼程序之中提出，上述的其他国家机关亦应当尊重该终局性判断，并以此作为重要的衡量基础。[1]由此可见，德国法上的行政行为之存续力与我国传统的行政行为确定力（不可争力、不可变更力）的内容表述极为相似。[2]形式存续力所强调的"不可诉请撤销性"能够与不可争力形成呼应，而实质存续力所强调的"有限制的废除性"则可与不可变更力形成呼应。当然，德国行政法中关于存续力与确定力的内涵并非完全等同，但都是为了保障行政秩序的安定性和法规范的可信赖性[3]，尽可能地"将存续力锻造为法治国原则中一个核心确定的要素"。[4]

第二，行政行为构成要件效力的概念由来亦需要追溯至德国法上的判决实质确定力之"决定性"内涵，即行政行为所具有的实质存续力，并非仅仅针对作出其的行政主体，而是要求其他的行政主体和法院同样不得对已经生效的行政行为、已经确定的行政法律关系进行重新审查和作出相反的判定结论。[5]因此，行政行为本身具有的实质确定力内涵之中所包含的"拘束性"是针对作出的行政主体而言的，而"决定性"则是限制其他行政主体和法院。

---

〔1〕　与本书观点非常类似的是，德国行政法关于行政行为的实质存续力，更多的是来源于司法裁判的既判力。日本学者对此指出："诉讼是根据国家审判权作出的公权性的法律判断，是以解决当事人之间的纠纷为目的的，而终局判决正是这种判断。因此，一旦终局判决使之在诉讼程序中失去以不服声明办法被撤销的可能性而被确定，就称为最终解决纠纷的判断。它不仅拘束双方当事人服从该判断的内容，使之不得重复提出同一争执，同时作为国家机关的法院当然也必须尊重国家自己所作出的判决。即使是把同一事项再次作为问题在诉讼中提出时，也应以该判断为基础衡量当事人之间的关系。这种确定判决表示的判断不论对当事人还是对法院都有强制性通用力，不得进行违反它的主张或者判断的效果就是既判力。"参见〔日〕兼子一、竹下守夫：《民事诉讼法》，白绿铉译，法律出版社1995年版，第156页。

〔2〕　行政行为的确定力包括形式确定力和实质确定力两个方面。前者是行政行为对相对人而言的不可改变力，即相对人不得任意请求变更、撤销或废止受拘束的行政行为，又称"不可争力"；后者则是行政行为对行政主体而言的不可改变力，即行政主体不得任意变更、撤销或废止所作的行政行为，又称"一事不再理"，有的人还称之为"不可变更力"或"自缚力"。参见胡建淼主编：《行政法教程》，法律出版社1996年版，第100页。

〔3〕　许育典：《法治国与教育行政》，高等教育出版社2002年版，第96页。

〔4〕　邵曼璠："论公法上法安定性原则"，载城仲模主编：《行政法之一般法律原则》，三民书局1997年版，第285页。

〔5〕　之所以要承认行政行为对作出机关在后续程序所作行政行为的拘束效力，主要是为了避免矛盾决定的出现、尊重行政相对人权益，同时为了避免行政机关规避行政行为废除的相关规定。参见翁岳生主编：《行政法》（上册），元照出版公司2006年版，第516~517页。

尔后，德国行政法学者选择将行政行为对后续行政程序所能产生的"决定性"作用内涵从实质存续力之中进行剥离，在保留行政行为对行为作出主体本身所具有的拘束效果之外，单独将实质存续力中的"决定作用"列为行政行为在后续行政程序中对其他行政主体和法院的拘束限制效力，此项效力内容便整合为行政行为的构成要件效力。[1]已生效的行政行为作为一项既定的事实构成要件，对于该行政行为作出主体之外的其他行政主体和法院而言，它们须得尊重行政行为业已确认的法律关系内容以及最终的规制处理决定，并将该行政行为作为自身作出后续行政行为或者司法裁判的基础。[2]当然，构成要件效力亦有其理论边界，而不是一概而论。依德国行政法学理，无效的行政行为当然地不具有构成要件效力，这便预示着对于该行政行为的合法性享有监督审查权的行政主体或者法院，亦无需受到构成要件效力的拘束限制，构成要件效力的影响范围仅局限于行政行为的规制内容和结论（主文），而不涉及行政行为的事实认定（理由）。

第三，行政行为的确认效力通常被看作是构成要件效力的例外情形，也就是说在个别的行政争议案件中，行政行为规制结论所依据的理由部分亦会对其他行政主体和法院形成拘束力，可是这些情形需要法律的特别规定。

由上可知，虽然德国和我国行政法学界对于行政行为构成要件效力的概念指向仍旧存在一些争议，但是从学者们的现有研究成果之中能够得出一些基本结论：除了公定力的拘束效果之外，构成要件效力是行政行为实体法律效果和价值涵摄作用最为集中的表现，能够约束和限制作出主体之外的其他行政主体和法院。但是，此种强烈的实体法效果却又往往借助于行政行为对其后续的行政程序和行政诉讼产生影响作用而得以实现，尤其是在多阶段行政行为案件之中能够得到极致的彰显。从本书第一章第一节所例举的部分司

---

〔1〕 也有学者认为："行政行为的构成要件效力能否对法院产生拘束力，需要视具体情况而定，如若系争行政行为属于法院的审查标的，则法院对行政行为具有审查权，并得就该行政行为是否合法进行审查，此时法院并不受行政行为的拘束；如果系争行政行为并非法院的审查标的，或不属于法院的审判范围的，法院应承认行政行为的构成要件效力。"参见李建良："行政处分的构成要件效力与行政争讼"，载《月旦法学杂志》第86期，第95页。

〔2〕 有学者认为："行政行为的构成要件效力对行政机关所具有的'权限保护'所预防之对象既指向行政系统（其他行政机关），也针对司法系统（法院），其最终目的正是法安定性的确保。"参见林佳和："行政法与私法：私法形成之行政处分、合法化效力与构成要件效力"，载《月旦法学教室》第151期，第178页。

法裁判文书来看，"饭垄堆案""夏某荣案"都涉及行政行为构成要件效力对于行政行为违法性继承理论的实践促进或者限制。

在"饭垄堆案"中，2011年作出的后行政行为是对2006年先行政行为的承继，即使先行政行为存在某些违法情形而产生效力瑕疵，后行政行为的作出主体仍应审慎地行使不予延续职权，而其他的行政主体对于后行政行为的主体裁量权进行审查时，亦应当尊重许可机关的法律判断。法院对后行政行为的合法性进行审查时，绝对不能简单地认为先行政行为存在某些合法性问题，便直接将后行政行为的合法性予以全盘否定。可见，行政主体作出的先行政行为首次许可，是其他行政主体作出许可延续、行政复议机关作出复议决定等后行政行为的事实构成要件，其他行政主体与行政复议机关必须保持权力谦抑原则，尊重先行政行为中的规制内容和结论。同理，法院在审查后行政行为合法性的过程中，只要先行政行为不具有重大且明显违法等情形，便无法必然地影响后行政行为的效力。此外，在"夏某荣案"中，徐州市规划局所作出的先行政行为综合验收报告结论，作为徐州市建设局作出后行政行为验收合格证书的事实构成要件，本身应当对后者和法院具有拘束效力。但是，由于先行政行为存在明显的违法情形，故而无法形成构成要件的效力影响，法院便可以先行政行为的违法性能够直接传导至后行政行为为由，顺利地运用行政行为违法性继承的观点思路进行个案裁判。

此外，在"广东省龙门县永汉镇马星村马桥村村民小组诉广东省龙门县人民政府土地登记行政纠纷案"（以下简称"马桥村案"）中，被诉行政行为龙府国用〔2010〕第1324×××××××号国有土地使用权证，是基于龙国用〔1995〕字第00×号国有土地使用权证而产生。换言之，后者是前者的基础行政行为，前者是对后者法律效果的确认，二者形成了典型的多阶段行政行为关系构造。原告针对后行政行为的合法性问题提起诉讼，那么法院对于在先发生的基础行政行为应当如何看待？一审法院认为，"被告将1995年颁发的土地使用证变更登记为2010年土地使用证，不存在实体和程序上的效力瑕疵，因此判决维持被诉行政行为"。[1]二审法院则认为，"上诉人在收到广东省惠州市人民政府针对1995年土地使用证和2010年土地使用证作出的两份行政复议决定书后，仅仅针对2010年土地使用证提起行政诉讼，却未在15

---

〔1〕　广东省惠州市中级人民法院〔2013〕惠中法行初字第19号行政判决书。

日法定起诉期限内单独或一并起诉龙国用（1995）字第 003 号国有土地使用证，因此依法裁定撤销原判，驳回起诉"。[1]由此可知，本案的一、二审法院均仅仅关注被诉行政行为的起诉期限届满所产生的不可争力，法院无法对已经生效的行政行为进行司法审查。但是，倘若法院在本案中选择考虑适用行政行为的构成要件效力理论，那么原告在超过先行政行为起诉期限的情况下直接起诉后行政行为，此时法院可以审查被诉行政行为所依据的事实要件为由，对先行政行为的合法性展开审查。[2]1995 年颁发的土地使用证确已生效但不一定合法，由于其作为被诉行政行为的基础行政行为，一旦该先行政行为存在某些违法情形，那么会导致后行政行为亦被认定为违法，由此便可发生行政行为的违法性继承。

综合而言，在多阶段行政行为案件的司法审查过程之中，行政行为效力与行政行为违法性继承之间展现出来的观点碰撞和效果张力其实并不少见，尤其是行政行为公定力和行政行为构成要件效力对于行政行为违法性继承能否适用于具体案件的裁判文书，发挥着非常重要且直接的影响作用。经由前述学理和案例分析可知，强调行政行为具有公定力往往会阻碍法院在审查后行政行为的过程中，拒绝将先行政行为的合法性问题予以一并审查，相反却是基于法秩序安定和行政管理目标效率等现实需要，促使法院尊重先行政行为中的事实认定和规制结论。即使法院有时会选择将先行政行为纳入审查范围，此时还需要考虑先行政行为是否存在重大且明显违法的无效情形或者其效力瑕疵经后续程序治愈恢复等因素；而行政行为的构成要件效力则在很大程度上构成行政行为违法性继承的适用前提，虽然在理论上明确承认，一旦被诉行政行为构成后续行政程序或者司法裁决程序的事实构成要件，那么其他行政主体或者法院便需受到该行政行为的拘束力，不得随意否定或者作出与之相反的判断。

---

〔1〕 广东省高级人民法院［2013］粤高法行终字第 636 号行政裁定书。

〔2〕 根据《广东省森林林木林地权属争议调解处理办法》第 14 条规定，有下列规定情形之一的，属于林权证确定的权属有错误，原发证机关应当注销所发的林权证：①发证所依据的证据是伪造的或者一方当事人隐藏、毁灭有关证据的；②发证机关工作人员在发证时有徇私枉法行为的；③违反法定程序发放的；④法律法规规定的其他情形。由此可见，本文的论证思路得到了地方政府规章的明文认可，法院审查林地确权行政行为时，可以审查被诉行为所依据的林权证是否存在上述违法、错误情形，而实务中这些林权证多为 20 世纪 60 年代"四固定"时期、20 世纪 80 年代"林业三定"时期颁发的，当然超过起诉期限。上述规定可以看作地方政府规章允许一并审查产生不可争力的基础行政行为。

但是，这种学理论述的背后同样隐含以下命题：其他行政主体或者法院依照法定职权审查被诉行政行为的合法性问题，需要将其所依据的事实构成要件或者证据材料，即基础行政行为纳入考察范围。只要该基础行政行为存在法定的违法情形，此时，其他行政主体或者法院便可直接依据先行政行为与后行政行为之间存在"手段—目的"的构成要件效力关系，进一步主张认定先行政行为的违法性能够被后行政行为所继承，最终完成行政行为构成要件效力与行政行为违法性继承的内容配合和效果对接。申言之，行政行为效力和行政行为违法性继承在多阶段行政行为案件中的实际运用，绝非能够做到无差别地一一对应或者说是偏执一端、割裂观之，而是需要审查主体依据具体案件情况进行细致分析，逐层考察先行政行为与后行政行为之间的逻辑构造和效力传导，方可选择更为理性、适宜的论证思路以客观考量行政行为所欲追求的实体法效果在不同阶段行政行为之中的流转，并对这些效果流转所产生的合法性问题作出切合实际的裁判意见。

第二节　行政过程的安定与违法性继承

前文已经根据实体法效果的维度考察和分析了行政行为效力与行政行为违法性继承在多阶段行政行为司法审查实践之中所展现出来的内容关联和逻辑张力，其中公定力理论基本可以否定先行政行为的合法性问题由后行政行为所继承的观点，除非先行政行为存在重大且明显违法的无效情形，否则法院须得尊重先行政行为被推定为合法有效；构成要件效力理论的司法适用，则能够有助于法院在审查后行政行为的过程中一并审查先行政行为的合法性问题。当然，笔者亦观察到，如果法院仅仅针对先行政行为的合法性进行形式审查，此时其对后行政行为产生的构成要件效力同样能够阻碍行政行为违法性继承的发生。但是，多阶段行政行为的司法审查并不能仅仅着眼于合法性判断及其效力传导等实体法层面的相关探讨，同时还需要回归到多阶段行政行为基础概念最为本质的属性，即行政主体为了达成某一特定的行政任务目标，往往需要同时或者先后运用不同的行为形式，那么先行政行为与后行政行为便会共同构成一个典型的复数行政行为过程。因此，多阶段行政行为的司法审查实践必须基于行政过程论的研究视角，以极具动态连续性、独立且密切联系的全新视野，观察和剖析先行政行为与后行政行为的关系构造，否则会失去其本身最初的行为法意蕴。在此基础上，多阶段行政行为的合法性判断亦须得充分地考虑行政过程理论对其所具有的重要指导意义，以及将行政过程论引入多阶段行政行为的合法性问题考量之中，对于行政行为违法性继承的实际运用必然也会产生某些具体性的影响作用。

鉴于此，本部分内容拟将对多阶段行政行为的过程属性展开整体和部分两个方面的逐层考察，一方面，需要将多阶段行政行为的所有组成部分融合视为一个连续且完整的行政过程予以对待，处于先、后不同阶段的行政行为遵循某种特定的程序内容，结合衔接彼此的行动逻辑和效力指向，最终构成宏观意义上的复数行政行为过程；另一方面，还需要将多阶段行政行为视为两个以上微观的行政过程进行把握，先行政行为与后行政行为在内容和意义上具有密切的关联。但是，在本质上它们都是能够独立产生某种法律效果的行政行为，只不过是为了便宜行政主体实现自身的行政管理目标，人为地将这些独立的行政行为组合起来追求共同的法律效果。这就意味着，在理论上针对多阶段行政行为的过程属性并不能单纯地从某一角度进行考察，而是应当立足于一种连续、全面的研究路径，有效结合行政行为"多阶段"的连续过程与"分阶段"的全面过程，透过宏观和微观两个不同的视角认定和审查多阶段行政行为案件的合法性问题。

一、行政过程连续与违法效果的阻却

长期以来，由于受到德国行政法开创的以行政行为为核心而构建的行政法学体系的深刻熏陶，包括我国在内的很多国家行政法学研究至今仍旧无法脱离行政行为形式理论的教义学影响，对行政行为的各种不同形式展开研究可以在法治国家原则之中寻求其根本依据，尽可能地将行政行为进行概念化、类型化、体系化处理，并且从法规范的角度提出和赋予行政行为具体的法律效果。[1]通过设定各种相关的形式基准，促使行政行为能够真正进入行政法律秩序的规制世界，依托行政行为制度便可最终实现"规范行政行为"的法治主义目的和要求。[2]因此，传统意义上的行政行为教义学理论被看作是宪

---

〔1〕 参见郑永流：《法治四章：英德渊源、国际标准和中国问题》，中国政法大学出版社 2002 年版，第 98~105 页。

〔2〕 参见林明锵："论型式化行政行为与未型式化之行政行为"，载翁岳生教授祝寿文集编辑委员会编：《当代公法理论：翁岳生六轶诞辰祝寿论文集》，月旦出版社 1993 年版，第 347 页。

法层面上法治国家原则的形式性要求，同时也是保障法治国家合理性的方法论要求，能够有效地促进法律适用的平等性、法的预测可能性。〔1〕基于法治国家和依法行政的原则理念，要求所有的行政行为必须符合法律规范所严格设定的形式要件和程序内容，从而廓清行政权力的运行方向和界限以及人民的自由领域范围，最终实现法的安定秩序之国家行政制度。〔2〕因此，以行政行为为基点和内核构建的行政法学体系框架，其中心任务便是概括出具有普遍性和精确性的行政行为基础概念和内涵要素，进而构建行政行为在实体法、程序法、执行法以及诉讼法等方面具有的功能类型。〔3〕

从范式角度来看，某一学科得以成为独立学科的基础要素和成熟标志，无疑是其已经形成或者正在形成一种稳定可靠的学术传统或者学术品格。〔4〕在此意义上，传统行政法学则是坚持以"行政行为"为基础研究范式，通过廓清和分析不同类型行政行为的概念和特征，建立起行政行为的认知逻辑体系，并且借助这种精细化的体系框架，能够对社会生活中出现的某种特定行政行为进行内容推理、外部识别和准确定位，从而促进法律的有效使用。〔5〕具体而言，行政行为形式理论充分地体现了传统概念分析法学的内在逻辑理路：行政主体依照法律规范授予的职权实施的各类不同行政活动之中，必然存在某一或者某些特定的行政行为能够影响和控制整个行政活动的合法性，以及从这些复杂多变的行政活动方式中抽象概括和提取归纳各种类型的行政行为，从而实现行政行为的类型化工作。〔6〕以此为基础，通过法律规范的事先预设，给各种类型的行政行为设定具体的法律效果要件以及行之有效的事后监督救济程序，以上基于依法行政原则的要求便可对行政活动实现全方位的监督与控制。〔7〕由此可知，行政行为理论范式确实能够在法律技术、法律

---

〔1〕　参见鲁鹏宇："行政法学理构造的变革——以大陆法系国家为观察视角"，吉林大学 2007 年博士学位论文，第 57 页。

〔2〕　参见王贵松："法治主义在日本的继受与展开"，载《交大法学》2014 年第 4 期，第 50 页。

〔3〕　参见吴庚：《行政法治之理论与实用》，三民书局 2015 年版，第 287~318 页。

〔4〕　参见李光、任定成主编：《交叉科学导论》，湖北人民出版社 1989 年版，第 82~84 页。

〔5〕　参见叶必丰："法学思潮与行政行为"，载《浙江社会科学》2000 年第 3 期，第 36 页。

〔6〕　有学者指出："行政行为概念的产生、存在都是为了适应行政诉讼实践的需要，绝不是学者们为了拼造理论体系而杜撰出来的，它是人们在行政诉讼基础上对行政活动的理论抽象。"参见熊文钊：《现代行政法原理》，法律出版社 2000 年版，第 240 页。

〔7〕　李琦："行政行为效力新论——行政过程论的研究进路"，中国政法大学 2005 年博士学位论文，第 36 页。

方法等层面为行政法有效地规范行政活动提供理论上的可能性，并且实质性地促进依法行政原则得以落到实处。[1]

但是，随着现代公共行政的不断深化发展，行政活动的方式和类型呈现指数型增长趋势，显然已经突破了传统行政行为形式理论的固有范畴。最为突出的问题包括："管制行政"概念实在无法完全涵盖新近频繁出现的非权力化、非强制化、多样化等行政活动方式，亟需扩大行政行为的概念外延；无论是型式化了的行政行为还是未型式化的行政行为，在行政管理实务中皆很有可能出现二者相互补充或者重叠合并使用等现象，行政行为形式理论自身的抽象概括能力几近瓶颈等。针对传统行政行为研究范式存在的明显局限性，"可以通过限缩行政行为概念内涵的方式，转而扩大行政行为概念的外延，促使行政行为的概念可以容纳包含多种行为形式，最终成为一种以开放为特征的全新概念"。[2]但是，这种解决方案似乎可能会陷入悖论之中：根据逻辑学关于某一概念内涵与外延之间的辩证关系，内涵越小确实会越有助于扩大外延的范围，可是一味地追求行政行为概念的宽泛性必然会导致行政行为丧失其最本质的内涵特征，例如公权性、单方处理性、外部效果性等。可见，采用广义的行政行为概念并不能圆满地解决行政行为形式理论的先天不足，反而会直接导致行政行为概念体系甚至是行政法学理论和实践的混乱窘境。[3]因此，旨在有效解决行政行为形式理论无法顺应行政管理任务的现实发展需要的多元困境，以及充分保证行政行为概念本身的存在意脉与体系建构的完整性，必须寻求更为适宜、恰当的基础理论支撑，新旧范式之间的内容更迭必然会导致行政学科的体系更新，行政过程论便因此应运而生。

在现代公共行政的情境之中，行政行为绝非一个静止、封闭、僵化的认知概念，而是表现为在内容上可增可减、形式上变化多样的具有多维流变功能的行政过程，其中本书所意指的多阶段行政行为尤为典型。行政主体面向未来需要实现的行政管理目标，往往需要作出具有延续性的一系列行政行为，

---

〔1〕 参见［日］高田敏：《法治国家观的展开——法治主义的普遍性近代化与现代化》，有斐阁2013年版，第61页。

〔2〕 参见田文利、张艳丽："'行政行为'论"，载《中国社会科学院研究生院学报》2010年第4期，第69页。

〔3〕 参见江利红："现代公共行政的发展与行政法学范式的转换——论'行政过程'范式的提倡"，载北京大学宪法与行政法研究中心：《公法的基础理论和范式学术研讨会论文集》（2013年），第190页。

从而达到行政所欲追求的应对复杂社会事务、整合修复社会秩序以及保障社会公共利益等多元功能目标。需要指出的是，"行政过程论"并非我国土生土长的理论范式，而是引介于日本行政法学界的主流理论，最具代表性的是盐野宏教授在其著作中阐述的行政过程的构造、行政过程与行为形式、行政过程与法律构造等相关内容。[1]日本学者以规划确定的决定为例，指出一个行政行为却又综合了各种法律规定的所有行政许可的概括性手法，已经发展成为现代行政过程中不可或缺的手法。[2]大桥洋一教授亦认为，"复合性行政行为的出现导致行政行为的功能产生明显变化，行政过程必须是复合型的，其过程越复杂，人们越希望其中所采用的手法相对简单"。[3]此项理论被引入我国之后，备受行政法学界关注，业已取得了不容小觑的影响规模。[4]本书在此便不一一赘述，仅需借助行政过程论的一些观点用以分析我国法院在针对多阶段行政行为合法性问题进行个案认定和审查时，体现出来的行政过程安定与行政行为违法性截断之间出现的理论张力。

根据行政过程论的基本观点，对于行政行为必须做到整体考察，不仅应当考虑其规范依据、构成要件和法律效果等因素，而且需要重点关注行政行为通过组合或者连结形成一个整体的行政过程以及其可能产生的新问题。与现代行政任务的复杂化、多样化相对应，行政过程论坚持将行政行为看作是在空间上、时间上的一个过程，对其进行能动的、动态的考察。[5]换言之，行政过程论彻底摒弃了传统行政法学仅仅强调审查行政过程的最终结果——片面地割裂不同阶段行政行为之间的逻辑联系，并限制讨论它们各自的法律

[1] 参见［日］盐野宏："行政过程总说"，载雄川一郎、盐野宏、园部逸夫编：《现代行政法大系Ⅱ行政过程》，有斐阁1983年版，第1~32页。

[2] 参见［日］田赖明："行政程序的法典化讲展"，载雄川一郎编：《公法的理论》（下Ⅰ），有斐阁1977年版，第1654页。

[3] 参见［日］大桥洋一：《行政法学的结构性变革》，吕艳滨译，中国人民大学出版社2008年版，第8页。

[4] 具有代表性的论著成果有：朱维究、阎尔宝："程序行政行为初论"，载《政法论坛》1997年第3期；朱维究、胡卫列："行政行为过程性论纲"，载《中国法学》1998年第4期；孙琦："行政行为效力新论——行政过程论的研究进路"，中国政法大学2005年博士学位论文；湛中乐：《现代行政过程论——法治理念、原则与制度》，北京大学出版社2005年版，等等。近些年来，江利红教授对日本行政过程论的主要观点及其导入中国行政法学理论研究等内容展开专题研究，取得了非常丰硕的研究成果。主要参见江利红："日本行政过程论的主要观点探析"，载《国家检察官学院学报》2012年第3期；"行政过程论在中国行政法学中的导入及其课题"，载《政治与法律》2014年第2期等。

[5] 参见［日］石川敏行：《论文试验行政法》，学阳书房1991年版，第48页。

性质。[1]但是，在行政管理实践过程中，较多情况是行政主体采用复数行政行为的活动方式，连续地作出多个阶段性行政行为，这便意味着行政过程论始终坚持一种连续的、整体的研究视角，绝对不能轻易地忽视先行政行为与后行政行为之间相互有机把握的必要性。[2]从法治原则的目标实现来看，行政法学对于行政法、行政权、行政行为并不能进行简单的静态研究，而应当将行政行为作为行政权在行政法中的具体化过程而展开动态考察。因此，行政过程论者极力提倡，"将传统行政法学所忽视的内部行政行为、非定型行政行为以及事实行为等纳入行政法学的视野"，[3]从而更为契合理论初衷——将行政行为作为实现行政法治目标之动态过程。

此外，由于多阶段行政行为所涉及的对象和范围比较广泛，不同阶段的行政行为所组合形成的过程也较为复杂。倘若按照传统行政法的依法行政原理，对行政行为只是从形式上审查其合法性，而不考虑该行政行为所依据的规范内容或者先行政行为是否符合自然正义。[4]因此，行政过程论强调在行政管理和司法审查实践中，不仅需要考察单个行政行为的合法性问题，而且更要将作为一个整体的连续行政过程纳入审查范围。[5]换言之，行政过程论尤为强调综合考察行政过程作为一个连续性整体的合法性，其中的单个行政行为在形式上符合法定要件，并不代表其能够绝对地排除合法性审查，而必须要求整个行政过程皆具备合法性的情况下，才有可能符合法规范的秩序安定和实质意义上的法治目标。[6]综合而言，在考虑行政过程连续性和整体性的基础上，多阶段行政行为的合法性包括其中单个行政行为的合法性与全部阶段过程的合法性。现代国家的行政法治目标不仅要求行政行为具备合法性，

---

〔1〕 参见江利红："以行政过程为中心重构行政法学理论体系"，载《法学》2012年第3期，第58页。

〔2〕 参见［日］佐藤英善：《经济行政法——经济政策的形成与政府介入的手法》，成文堂1990年版，第214页。

〔3〕 参见［日］兼子仁：《行政法总论》，筑摩书房1983年版，第88页。

〔4〕 参见罗豪才主编：《行政法学》，北京大学出版社1996年版，第31页。此外，王贵松教授认为："依法律行政是形式法治国的产物，易言之，依法律行政的'法律'只问形式，不论实质。"参见王贵松："依法律行政原理的移植与嬗变"，载《法学研究》2015年第2期，第83页。

〔5〕 参见江利红："以行政过程为中心重构行政法学理论体系"，载《法学》2012年第3期，第59页。

〔6〕 有学者认为："行政法所主要关心的是法律制度对政府官员和行政机构所行使之自由裁量权的约束。"参见关保英：《行政法模式转换研究》，法律出版社2000年版，第10页。

而且更需要重视行政过程的连续性及法律对其的规范和控制。"无论是出于保障行政相对人的合法权益，还是促进国家行政职能的顺利实现，对行政过程展开有效的控制，其意义要远远超过对行政结果的控制。"[1]

　　但是，通过观察我国法院在审理多阶段行政行为案件时所采取的整体裁判思路可知，一些司法裁判文书之中虽有提及被诉行政行为系多阶段行政行为过程中的某个阶段，但是在针对被诉行政行为的合法性问题展开审查时，却并未切实地将多阶段行政行为视为一个完整、连续的行政过程予以考察，通常都会选择将先行政行为认定为一个过程性、内部性或者尚不成熟的行政行为，从而排除于行政诉讼案件的受案范围之外，仅仅针对在后的最终行政处理结果进行审查。此类司法实践无疑是忽视和背离了多阶段行政行为本身作为一个连续完整的行政过程之本质特征，仅仅注重后行政行为法律效果的独立性，人为地阻断了行政过程中各个阶段行政行为之间可能存在的违法效果传导。例如，在"张某新诉太和县人民政府行政批准案"（以下简称"张某新案"）中，再审法院认为，"被诉行政行为是太和县政府作出宗地出让方案的批准行为，这一行为仅仅构成国有土地使用权出让过程中的一个阶段性行为，并不是直接对外发生法律效力的行为"。[2]本案的国有土地使用权出让是一个典型的多阶段行政行为过程，其中便包括经上级行政主体批准等具体情况，根据司法解释的相关规定，应当起诉经上级行政主体批准后作出的行政行为，而非起诉上级行政主体的批准行为。可见，最高人民法院的态度立场显然是将批准行为等先行政行为作为行政过程中的一个阶段性行政行为，由于该阶段性行政行为不直接对外产生法律效力，故而不能对其合法性诉请审查，此种观点无异于将先行政行为从连续完整的行政过程之中单独剔除，对其可能存在如再审申请人所言的程序违法情形不予追究。

　　此外，在"李某娟诉海南省发展和改革委员会、中华人民共和国国家发展和改革委员会项目审批行政决定、行政复议案"（以下简称"李某娟案"）中，一审法院认为，"涉案的听政行为系行政主体在编制相关规划的过程中征求公众意见的程序性事项，海南省发改委作出的《不予听证通知书》系其在履行行政审批职责过程中的过程行为，二者系属于一种程序性告知行为，并

────────────

〔1〕　杨海坤：《中国行政程序法典化——从比较法的角度研究》，法律出版社 1999 年版，第 5 页。
〔2〕　最高人民法院〔2017〕最高法行申 5809 号行政裁定书。

非独立可诉的行政行为，并未对原告设定权利义务，故而不属于行政诉讼的受案范围"。[1]二审法院亦认为，"根据司法解释的相关规定，行政主体作出行政行为而需要实施的准备、论证阶段的过程性行为，依法不属于人民法院行政诉讼受案范围"。[2]由此可知，二审法院所依据的最高人民法院司法解释内容及作出的裁判文书，都明确将行政规划过程中的一些程序性行政行为从受案范围之中予以排除，此种司法实践观点确实在很大程度上能够帮助法院免受不必要的讼累，减轻司法审查工作的程序压力，提升诉讼救济的功能效率。但是，这种"一刀切"的判断方式显然会直接导致多阶段行政行为的连续性过程沦为一纸具文，无法从行政过程的完整性角度审查所有阶段行政行为的合法性，从而难以确保行政过程整体的合法性，最终不利于依法行政原则的实质体现和对行政相对人权益的有效保护。

综上所述，法院在审理多阶段行政行为案件时忽视其行政过程的连续性、完整性等特质，将先行政行为与后行政行为的合法性问题予以割裂视之，必然会在二者之间的法律效果判断与传导方面形成某种阻却机制，从而无法基于行政行为违法性继承的理论视角审查整个行政过程的性质效果，最终导致行政过程的连续性与多阶段行政行为的违法效果阻却之间产生内容碰撞，而这种碰撞局面却恰恰构成了本节研究行政过程安定与行政行为违法性继承所存在的理论张力之第一重面向。

二、行政过程全面与违法性质的治愈

如前所述，行政过程论的产生与发展，主要是对传统行政行为形式理论的反思，克服行政行为概念过于狭窄所产生的学理局限，而提出如何重新正确地认识行政行为、行政权与行政法治之间的源流发展。将原来依照行政行为形式理论所可能忽视或者遗漏的行政法律现象，正式纳入自身的考量范围，不再局限于针对单一行政行为的概念界定、内在构造以及法律效力展开静态、定点、结论式的考察，转而应当致力于行政行为整体过程之中出现的各种程序流转、结构互动以及效力传导等真正问题之所在。

在行政过程论的研究视域下，行政行为呈现出行政主体为达成行政目标

---

〔1〕 北京市西城区人民法院［2019］京0102行初651号行政裁定书。
〔2〕 北京市第二中级人民法院［2020］京02行终22号行政裁定书。

所采用各种形式的行政行为所构成的一连串程序上的联结和组合。[1]行政过程论对于行政行为形式理论的批判观点，一般集中于后者过于借重行政行为所产生的实体法律效果，尤其是可作成单方性、外部化的最终处理决定，而对支撑该行政处理决定本身及其法律效果正当性的相关事实基础，以及该行政行为得以最终形成所依据的先前阶段行政行为，则并未给予应有的重视。[2]换言之，如果将行政管理程序的目的仅仅定位于最终处理决定的作出，恐怕很有可能会使得相关的行政程序规范内容流于形式。在具有高度阶段融合性、程序内容衔接性的行政管理领域，由于相关的事实认定或者法律规范适用往往具有动态性与发展性，此时的行政主体作出合法正确的行政处理决定或者处分措施的前提依据不能出现任何效力上的瑕疵，否则便有必要深刻地检讨行政行为的过程全面性。[3]这就意味着，行政过程论对行政行为形式理论的修正内核在于既要维持行政行为过程所必要的安定性，使之具有延续完整的先天性格，同时也要将最终的行政处理决定所依据的先行政行为或者事实依据部分一并纳入审查视野，尤其是涉及多阶段行政行为的时间序列化或者效果分节化等情形，必须全面考察行政行为的合法性，以适应行政管理实践的持续发展可能性与行政管理目标的连续性安排要求。

当然，行政过程论亦并非纯粹地采用行政学或者社会学的实证分析方法，而必须进一步深刻考察行政过程中各阶段行政行为所蕴含的法律意义和效果影响，基于这些事实认定和行为判断展开制度设计和程序安排。[4]传统意义上的依法行政原则更为关注行政主体是否准确地遵循法律赋予的权限要求作出行政行为，即法律规范的授权目的构成了行政行为最为理想的适用范围，几乎没有留意到行政过程可能出现的合法性问题，仅仅着眼于行政过程中使

---

〔1〕　参见［日］园部逸夫："行政手续"，转引自赖恒盈：《行政法律关系论之研究》，元照出版公司 2003 年版，第 81 页。

〔2〕　传统行政法学以行政过程末端或者作为行政过程结果的行政行为的合法性作为主要研究对象，试图通过对行政行为的法律规制来实现"依法行政"的目的。但是，随着现代公共行政领域的不断扩大，除了具有法律意义的行政行为之外，还存在很多行政行为之外的行为形式，这是传统行政行为概念所不能涵盖的。参见江利红："行政过程的阶段性法律构造分析——从行政过程论的视角出发"，载《政治与法律》2013 年第 1 期，第 142 页。

〔3〕　参见张念强："行政过程中各行政行为逻辑顺序分析——以拆迁过程为研究对象"，载《研究生法学》2010 年第 5 期，第 4~5 页。

〔4〕　参见江利红："论日本行政法学中的行政过程方法论"，载《法律方法》2015 年第 2 期，第 436~438 页。

用的手段方式之侵害作用。[1]而现代公共行政的适用范围越发扩展，经常出现的是行政权限的整合叠加、相互关联，因此如何妥善地协调处理行政过程中目的与手段之间的紧张关系成了现代行政法学理论研究的重要课题。[2]从学理角度来看，行政过程论并不是完全彻底的否定，甚至试图推翻传统的行政行为形式理论，而是在继承和吸收既有的行政行为概念基础上，重新反思传统行政法学过于注重单一行政行为的合法性、缺乏对行政过程展开全面分析的理论思维，以及对由此所导致越发难以适应现代公共行政发展的严峻问题进行及时修正和补充。[3]由此可见，我国学者对"行政过程论"的学理引介，一方面是源于日本、美国行政过程理论的外部刺激；另一方面是基于对中国行政法实践所提出的问题需要加以回应。行政过程论的"新"是相对于传统行政行为形式理论——在中国指的是保留了许多传统"管理论"特质的行政方式——而言的"新"。因此，无论行政过程论在中国获得如何的发展，其根本意旨皆为有效地弥补曾经被传统行政行为形式理论所偏废的一隅，在努力拓展行政法学理论疆域的同时，能够从根本上提升行政法积极回应真实客观世界的学术能力和实践品格，进而使中国的行政法学能够更为成熟、更为自信地参与到不同学科、不同国别之间的交流对话。[4]

从这个意义上讲，行政过程论并非片面否定传统行政法学，而是对传统行政法进行反思的产物，在功能上与现代行政法是殊途同归的。因此，行政过程论所强调建立的"面向过程的行政法框架"，应当是针对传统行政法学"主体—行为—责任"的概念体系进行"拓宽"而非"颠覆"，理论着眼点不再局限于行为概念，而是密切关注行为功能，即在公共行政的目的发生根本性变化的现实情境之下（从管制到服务），行政法如何为其提供一种行之有效

---

〔1〕 参见吴万得："德国法律保留原则的适用范围及其学说"，载《苏州大学学报（哲学社会科学版）》2001年第Z1期，第68页。

〔2〕 参见刘飞："论行政法上比例原则的引进"，载《行政与法（吉林省行政学院学报）》2004年第1期，第29页。

〔3〕 王锡锌教授借助政治过程的相关理论观点在其著作中指出："行政早已不再是简单地执行法律，而是要面对各种竞争性的价值和利益，并且作出选择。行政已经不再是对立法指令简单的'执行'过程，而是一个基于目标而展开的'管理'过程。因此，行政的过程，实际上始终需要面对各种竞争性的价值和利益并作出选择。"参加王锡锌：《公众参与和行政过程——一个理念和制度分析的框架》，中国民主法制出版社2007年版，第25页。

〔4〕 参见章志远："民营化规制改革与新行政法的兴起——从公交民营化的受挫切入"，载《中国法学》2009年第2期，第96~103页。

的、能够使公共行政过程合法化的解释框架，最终推进中国行政法和行政法学的全新发展。[1]尤其是随着现代行政法越发注重行政程序法典化这一趋势的兴起发展，已经明示了行政过程是现代行政法学理论研究必须予以重点关注的一个面向。相较而言，传统行政法学注重研究单个或者某种行政行为，只是针对行政行为体系中的一个"点"展开研究，那么行政过程论则是强调由不同的行政行为作为"点"所构成的"线"和"链"，并在此基础上研究行政行为体系的"面"和"体"。[2]但是，需要注意二者在研究目的和研究意义等方面所存在的明显差异，以行政过程论为代表的现代行政法学通常是基于实质的行政法治主义，既要关注处在行政过程末端的最终行政处理决定的合法性，又要将出现在行政过程之中的其他行政行为全部纳入自身的研究视野，重视同一行政过程中不同表现形式的行政行为或者同一行为不同发展阶段的行政行为之间的关联属性，对行政过程的合法性进行全面且系统的法律规制和规范审查。

具体而言，多阶段行政行为的作出皆需要经历一定的行政过程，其中可能会掺杂不同形式、不同类型的行政行为，这些行政行为按照某种逻辑顺序组合在一起追求其共同的任务目标。在多阶段行政行为的司法审查实践中，尽管行政行为的合法性是其最为重要的研究内容，但是，在这个连续完整的行政过程中，不能将先行政行为与后行政行为简单地认定为一个孤立、静态的行为性质——行政主体运用行政权力的结果而进行研究，而是将它们置于一个全面系统的过程之中，通过不同阶段的有效参与而完成的行政行为。[3]由此可知，法院判断多阶段行政行为案件的合法性问题，首先必须承认和肯定这是一个由不同阶段行政行为组合形成的行政过程，天然地具有延续性、动态性以及整体性等本质特点。[4]那么，沿循行政过程论的研究思路探讨总

---

〔1〕 参见于立深："概念法学和政府管制背景下的新行政法"，载《法学家》2009 年第 3 期，第 80 页。

〔2〕 参见湛中乐：《现代行政过程论——法治理念、原则与制度》，北京大学出版社 2005 年版，第 11 页。

〔3〕 参见湛中乐：《现代行政过程论——法治理念、原则与制度》，北京大学出版社 2005 年版，第 32 页。

〔4〕 有学者倡导："可以将行政过程论的方法研究复数行政行为、多阶段行政行为的违法性问题，能够弥补传统行政行为理论研究的不足。"参见江利红："行政过程论在中国行政法学中的导入及其课题"，载《政治与法律》2014 年第 2 期，第 55~56 页。

结多阶段行政行为过程中各个组成部分的内在逻辑关联，前提条件是分析其中隐含的阶段性法律构造。[1]也有学者持有相同的观点，对多阶段行政行为过程性的关注，主要表现为重视行政行为的阶段性。[2]在此基础上，承认多阶段行政行为的过程性，需要将行政行为的全过程区分为中间行政行为和最终行政行为，分析探讨不同类型行为的法律特性。[3]朱芒教授更是直接以"沈某贤案"为例证样本，借助行政过程的相关论点佐证了"如果先行政行为存在一些违法情形，能否直接导致作为结果行为的后续行政行为也被认定为违法"。[4]肖泽晟教授则是以一起工商登记行政争议为典型案例，从行政过程的角度剖析了其中所涉及多阶段行政许可行为的违法性继承问题，最终得出结论意见："应当选择适用违法性继承理论，在法律构造层面将多阶段行政许可行为评价为一个许可，允许复议机关和法院在审查后行政许可时一并审查作为其依据的先行政许可的合法性。"[5]

前述观点皆反映出了一个基本的结论：多阶段行政行为是一个典型的行政过程，先行政行为与后行政行为皆为其中的组成部分，对现实行政过程必须进行全面、动态的考察。因此，多阶段行政行为的司法审查实践亦必须采取全面系统的眼光，观察各个阶段的行政行为之间存在何种逻辑关联，而对此种关联关系的最终认定则必然会直接涉及是否适用行政行为违法性继承理论。前小节内容主要是探讨在司法实务中忽视行政过程的连续性对于阻却多阶段行政行为的违法效果传导所产生的实质影响，本小节则是试图论证如果忽视行政过程的全面性，能否实现先行政行为的违法性被后行政行为所治愈，又或者说是先行政行为出现的一些违法情形，能否直接地影响后行政行为的性质认定。基于此，笔者搜集梳理相关的司法案例，不难发现一些法院在裁

---

〔1〕 此外，也有学者从行政程序的角度来理解行政行为之间的阶段性。参见陈春生：《行政法之学理与体系》（一），三民书局 1996 年版，第 68 页。

〔2〕 杨科雄："行政许可与行政阶段行为"，载最高人民法院行政审判庭编：《行政执法与行政审判》（2010 年第 3 集），中国法制出版社 2010 年版，第 31 页。

〔3〕 参见胡建淼：《行政法学》，法律出版社 2003 年版，第 204~205 页；胡建淼主编：《行政行为基本范畴研究》，浙江大学出版社 2005 年版，第 269~272 页。

〔4〕 朱芒："'行政行为违法性继承'的表现及其范围——从个案判决与成文法规范关系角度的探讨"，载《中国法学》2010 年第 3 期，第 187~88 页。

〔5〕 肖泽晟："多阶段行政许可中的违法性继承——以一起不予工商登记案为例"，载《国家行政学院学报》2010 年第 3 期，第 79 页。

判文书中都已经提及被诉行政行为系属于多阶段行政行为的某个阶段，将其视为一个行政过程的组成部分。但是，裁判文书的论证说理部分却又将该行政过程中的不同阶段行政行为进行拆分、单独考察，要么认为被诉行政行为的合法性不受其他阶段行政行为性质的影响，要么认为先行政行为存在的某些违法情形经后续行政程序可以得到治愈。[1]

在我国行政审判实务中第一种情形较为常见，例如"赵某灵诉兰州市城关区房屋征收管理办公室、兰州市城关区人民政府皋兰路街道办事处行政拆迁案"（以下简称"赵某灵案"）中，一审法院认为，"被诉行政行为是行政机关作出后续征收决定而实施的过程性行为，不产生外部的法律效力，可以起诉后行政行为获得司法救济"。[2]而上诉人却认为，"房屋征收是由多个不同的环节组成，其中的每个环节皆具有一定的独立性，均会对被征收人的实体权利造成一定影响。而作为先行政行为的估价报告，直接决定当事人获得补偿款的具体数额，是房屋征收工作的关键环节，同时也属于房屋征收方案的重要组成部分，必然会牵涉到房屋征收补偿的合法性问题。不仅是房屋征收部门作出最终征收决定的基础，也是房屋征收部门在房屋价格评估环节独立完整地行使行政职权的具体事项，并非行政机关的论证、研究性工作，具备具体行政行为的全部要件，属于行政诉讼的受案范围"。二审法院最终认为："估价报告这一先行政行为是行政主体在具体组织实施征收补偿工作过程中，为了与行政相对人签订征收补偿协议而实施的准备行为，仅系房屋征收补偿过程的一个程序性行政行为，不直接对外创设权利义务，因此不属于行政诉讼的受案范围。"[3]

由此可见，当事人提出的上诉意见显然是认为，被诉行政行为已经构成了涉案房屋征收过程中的重要组成部分，并且作为一项能够直接影响自身合法权益的行政行为，对于依据其所作出的后续征收决定的合法性必然会产生影响。这种观点可被看作是行政过程论和行政行为违法性继承的内容共通之

---

[1]　当行政行为因违反法定程序而违法，但是否遵守该程序并不影响实体决定时，就没有必要撤销并重作行政行为，而可以通过一定手段消除其违法性，使其转变为合法行政行为。这样可以提高行政效率，符合行政经济原则。因此，违法的行政行为并不必然被撤销或确认为违法或无效。在一定条件下，可以通过消除行政行为的违法性，使其转变为合法行政行为。此即违法行政行为的治愈。参见张峰振："论违法行政行为的治愈"，载《政治与法律》2007年第6期，第134~135页。

[2]　甘肃省兰州市七里河区人民法院［2019］甘0103行初49号行政裁定书。

[3]　甘肃省兰州市中级人民法院［2019］甘01行终198号行政裁定书。

处。但是，本案一、二审法院却一致地将被诉行政行为从多阶段行政行为的全面过程之中独立出来，并且排除了其对于后续行政行为合法性可能产生的影响。这种观点在"张某珍案"中亦有所提及，"被诉规划许可证与土地成交确认书、海营路项目批复都是一种程序性、阶段性的行政行为，但同时这些行政行为各自又是相互独立的。在被诉规划许可证不存在违法情形的前提下，即便先行政行为存在违法性问题，也不能以此否定在后行政行为的合法性。否则，将会影响阶段性行政许可行为中各独立具体行政行为的安定性，损害行政相对人和其他利害关系人的信赖利益"。[1]可见，法院明确地肯定和认可先行政行为与后行政行为之间构成阶段性的行政过程，但是未能始终贯彻行政过程论的内容指向，而是将被诉行政行为的合法性进行单独考察，并且以此否定了行政行为违法性继承的发生适用。

第二种情形则较为少见，最为典型的是"饭垄堆案"中最高人民法院认为，"2006 年颁发的《采矿许可证》期限届满之后，此项许可行为的延续审批主体已经变更，并由变更后的行政主体以自己名义颁发 2011 年《采矿许可证》，那么，先行政行为出现超越职权的违法情形，已经被后行政行为治愈，故而，先行政行为越权颁证的违法结果已经得到消除，并不构成违法性继承问题"。"饭垄堆案"确立的一项审查标准——只要不存在重大且明显违法情形而导致无效，先行政行为的效力瑕疵可被后续行政程序补正治愈，源自《德国联邦行政程序法》所规定的瑕疵补正制度，该制度是出于行政效率和程序经济的价值考量，只要先行政行为对于公共利益和行政相对人没有造成难以估量、无法复归的危害结果，法院则允许行政主体事后予以补正。[2]但是，倘若从行政过程论的全面性予以看待，此种瑕疵补正制度似乎显得有些牵强，过于强调实现行政行为的程序效率价值而否定行政过程的安定性以及损害行政相对人的权益保障，难免会陷入矫枉过正的理论困境，亦不利于行政法治目标与法的实质正义得以具体落实。其实，根据德国或者日本的行政法学理论和制度实践，关于行政行为违法性继承与违法性治愈的阐述内容，可以推导出此二者的理论基础和规范内涵难以统合，更何况要将违法性治愈置于行政过程视野之中进行适用，更是使

---

〔1〕 河南省信阳市中级人民法院［2014］信中法行终字第 32 号行政判决书。
〔2〕 参见何兵："行政行为的违法性继承——最高法院'饭垄堆案'判决释评"，载《行政法学研究》2019 年第 6 期，第 67 页。

得这一实践做法在法律技术层面无异于"天方夜谭"。

但是，在"叶某建等诉杭州市规划局规划行政许可案"（以下简称"叶某建"案）中，一审法院指出，"作为被诉建设工程规划许可基础的杭州市规划局控制性详细规划局部调整批复单存在超越职权的情形，本院不予认可。市规划局虽在二审中提供了杭州市控制性详细规划局部调整批复，作为控制性详细规划已经有权机关批准修改的证据，但该批复文件系在本案二审诉讼程序中补办，不能作为本案的定案依据"。[1]二审上诉人杭州市规划局诉称，本案所涉控规调整的三项条件和程序已经实施，其瑕疵已获补正，不属于"重大明显违法"的情形。先行政行为的效力瑕疵未达到司法解释所规定的"重大且明显"的程度，且已在诉讼过程中获得全面补正，不应以此否定其作为后行政行为依据的效力。二审法院的意见与一审法院基本相同，[2]都是灵活地运用行政诉讼证据适用规则，充分保证了诉讼程序开启之前的多阶段行政行为过程的全面性，否定了被告通过在后的行政程序对先行政行为存在的效力瑕疵予以修正补充的错误做法。

诚如有学者所言，只有考虑了稳定和持续，法律才可以完成作为社会和国家生活秩序因素的任务。[3]同理，多阶段行政行为的司法审查实践亦是如此，只有考虑了行政过程的全面性、系统性，法律规范和司法审查才能确保先行政行为与后行政行为之间的过程安定和秩序稳定。如果法院允许行政主体作为后行政行为，不受严格限制地适用类似于"饭垄堆案""叶某建案"中上诉理由所指称的"重大且明显违法"这般过于模糊的违法性质治愈标准，那么很有可能会造成行政主体的权力运行出现随意懈怠、行政过程陷入阶段混乱和内容杂糅等紧张局面，最终导致法的安定性与违法性继承沦为"镜中花、水中月"。[4]

---

〔1〕　浙江省杭州市西湖区人民法院［2012］杭西行初字第72号行政判决书。

〔2〕　浙江省杭州市中级人民法院［2012］浙杭行终字第225号行政判决书。

〔3〕　［德］埃贝哈德·施密特-阿斯曼等：《德国行政法读本》，于安等译，法律出版社2005年版，第76页。

〔4〕　"基于维护社会安定目的，在社会中的不同群体之间实现利益分配，以求最大限度地实现正义。之所以需要有相对确定的功利法则作为分配标准，是因为正义本身具有模糊和不确定性。而功利法则的相对性则决定了不同的功利性和价值观在分配过程中会导致社会秩序的失衡，所以需要用法的安定性原则加以调和。法律作为共同生活的规则，不能听任每个人的不同意见，它必须是一个凌驾于所有人之上的规则。"［德］拉德布鲁赫：《法哲学》，王朴译，法律出版社2005年版，第73页。

综上所述，行政过程的安定性强调对多阶段行政行为展开连续和全面的研究，既要关注其中单个行政行为的合法性问题，也要关注单个行政行为对行政过程合法性的影响，摒弃传统行政行为教义仅仅关注某个或者某种行政行为的狭隘视野，而是采取开放、多元的研究视角对行政过程中的不同阶段、不同类型行政行为展开细致考察。一方面，注重研究行政过程的连续性需要将多阶段行政行为置于一个动态调整的过程之中予以考量，不能单纯着眼于行政过程末端的最终处理决定之合法性，而将其所依据的先行政行为排除在行政诉讼的受案范围之外，完全割裂了先行政行为与后行政行为之间在逻辑关联和效力传导等层面具有的连续性，导致先行政行为可能存在的违法效果被无端忽视、人为阻却，从而否定了行政行为违法性继承理论的个案适用，而这种司法实践观点并不利于对多阶段行政行为过程的完整判断和有效规制。另一方面，注重研究行政过程的全面性需要将多阶段行政行为置于一个系统观察的过程之中进行分析，不能片面地将过程中不同阶段的行政行为采取简单拆分、孤立审查，而是应当全面分析先行政行为存在的效力瑕疵对于后行政行为违法性认定的影响作用。加之，理论上关于行政行为无效认定的"重大且明显违法"标准内容本身便是非常模糊、不易操作的，那么，简单地放任先行政行为的违法瑕疵能够被后行政行为所治愈，不仅会导致其所追求的行政效率和程序经济沦为空谈，更遑论行政过程安定性和行政法治目标的最终实现。

第三节　司法审查强度与行政诉讼目的

诚如《法律与行政》一书开篇所提及，"在每一种行政法理论的背后，皆蕴藏着一种国家理论"。[1]那么，本书重点探讨的多阶段行政行为司法审查实践，其背后显然不止蕴藏着一种行政法理论，而在这些不同的行政法理论渊源深处必然还包含了更为丰富的价值理念。前文已经针对多阶段行政行为司法审查过程中出现的理论张力，分别论述了行政行为效力（行政行为公定力和构成要件效力）、行政过程安定（行政过程的连续性和全面性）与行政行为

---

〔1〕〔英〕卡罗尔·哈洛、理查德·罗林斯：《法律与行政》，杨伟东等译，商务印书馆2005年版，第1页。

违法性继承等相关理论之间所存在的关联分歧。这些理论在形式内容上看似是保持了各自的独立性，可是它们深层次的逻辑基础和价值取向却存在着惊人的内容联结之处：一方面，法院作为国家司法机关需要保证自身权力运行的谦抑性，不能随意干涉行政主体的职权行使，此种观点可被看作是行政行为具有公定力和构成要件效力的理论起点；另一方面，将多阶段行政行为视为一个典型的连续性、全面性的行政过程，先行政行为与后行政行为的合法性问题不能片面对待和孤立考察，此种思路无疑构成行政过程安定理论的题中之义。但是，前述两个方面的内容却遭到了来自司法审查实践的行政行为违法性继承理论的"意外扰乱"，从而导致我国各级人民法院在审理多阶段行政行为案件过程中出现了较为明显的裁判意见分歧。

正是这些意见分歧，引发了笔者对于本节内容的如下思考：法院需要准确地把握多阶段行政行为案件的司法审查强度，既能够有效确保司法权力运行不逾矩，维护宪法和法律明文规定的国家机关权限配置秩序稳定，充分尊重行政主体的专业判断和行政行为的效力指向，并且依据"不告不理"的诉讼原理，法院一般不得主动审查被诉行政行为之外的其他行政争议事项；同时亦能够做到全面地考察多阶段行政行为作为过程整体的合法性问题，避免出现人为地阻却先行政行为违法效果传导至后行政行为，以及不加严格限制地允许后行政行为治愈先行政行为的违法性质等不利情形，从而导致既存的行政争议无法得到实质性的圆满解决，最终亦会直接阻滞行政相对人合法权益的救济保护以及依法行政、依法治国等目标的顺利实现。[1]鉴于此，本节拟将阐发司法审查强度和行政诉讼目的之间的理论张力，具体表现为法院在对多阶段行政行为案件中后行政行为的合法性问题进行审查时，绝大多数情况下都会涉及对那些"行为形式内容未以外化"的内部性行政行为、"法律效果尚未最终确定"的阶段性行政行为等先行政行为的可诉性进行判断。此时，法院需要根据多阶段行政行为案件的具体情形，针对先行政行为的审查救济空间选择适用相关的审查逻辑，而这种诉讼法上的权衡考量必然会影响到行政纠纷能否得到圆满解决。鉴于此，有必要进一步对我国行政诉讼法关于解决行政纠纷的目的设置展开制度性功能分析，进而为后文阐述行政诉讼结构

---

〔1〕　参见林莉红："法治国家视野下多元化行政纠纷解决机制论纲"，载《湖北社会科学》2015年第1期，第10页。

的完善优化预先铺设内容伏笔。

一、针对先行政行为的审查救济空间

由于行政管理体制的内在关联性以及公共行政事务的日趋复杂性，实践中通常会发生先行政行为与后行政行为交织组合的复合行政活动，而这种典型的多阶段行政行为案件一旦被诉诸司法审查，便会涉及不同阶段行政行为所适用的司法审查强度。[1]当后行政行为需要以在先行政行为为前提时，法院针对先行政行为合法性的审查结论会直接影响到被诉的后行政行为，可是先行政行为的性质并不属于本案的诉讼标的。此时，对于先行政行为而言的审查救济空间基本为零。[2]但是，需要指明的是，先行政行为与被诉行政行为既存在行政法律效果层面的主观联系，即以追求一个共同的法律效果为行政目标；同时亦存在行政程序层面的客观联系，即二者并存于同一连续性的行政过程之中。[3]具体而言，先行政行为基于行政过程的阶段性构成了被诉后行政行为的前提或者基础，而这一过程中的整体性相应地造就了先后行政行为之间在法律效果上的合法性联结。以集体土地上房屋征收补偿行政争议案件为例，根据现行的集体土地上房屋征收拆迁制度安排，土地行政主管部门必须基于征地补偿安置方案已经获得市、县人民政府的审批核准行为，方可作出后续的征收拆迁决定。[4]在这种多阶段行政行为图景之中，所涉的拆

---

〔1〕 大陆法系国家通常对司法审查强度有较为明晰的分析与定义，有学者指出："所谓之司法审查密度，德文译为 Kontrolldichte，究其内涵乃是对司法审查之程度而言，亦即其所为之探讨就是司法就审查之范围或程度而言。其所研究对象，即是何者或何部分为司法审查及决定之范围；何者或何部分为司法不应审查决定或应自制之范围。"参见张琨盛："从权力分立论司法对行政行为之审查密度"，中兴大学法律学研究生硕士论文，第4页。

〔2〕 参见孔令滔："论行政诉讼中前置行政行为的审查模式——以日本行政过程论为方法论的视角"，载《公法研究》2011年第2期，第201~203页。

〔3〕 参见张念强："行政过程中各行政行为逻辑顺序分析——以拆迁过程为研究对象"，载《研究生法学》2010年第5期，第6页。

〔4〕《土地管理法实施条例》（2014年修订）第25条规定："征收土地方案经依法批准后，由被征收土地所在地的市、县人民政府组织实施，并将批准征地机关、批准文号、征收土地的用途、范围、面积以及征地补偿标准、农业人员安置办法和办理征地补偿的期限等，在被征收土地所在地的乡（镇）、村予以公告。被征收土地的所有权人、使用权人应当在公告规定的期限内，持土地权属证书到公告指定的人民政府土地行政主管部门办理征地补偿登记。市、县人民政府土地行政主管部门根据经批准的征收土地方案，会同有关部门拟订征地补偿、安置方案，在被征收土地所在地的乡（镇）、村予以公告，听取被征收土地的农村集体经济组织和农民的意见。征地补偿、安置方案报市、县人民政

迁许可行为和征收拆迁行为共谋一个行政目的——集体土地上房屋合法征收拆迁的法律效果，前者是后者得以作出的必经阶段，只要前者存在效力瑕疵，那么后者的合法性必然受到影响。[1]因此，行政相对人对任一行政行为存在异议，皆可依法对其诉诸司法救济程序。但是，按照诉讼请求与裁判事项须得一一对应的诉讼原理，法院会采取严格限定的方式，避免当事人在对后行政行为提起的诉讼程序中以先行政行为的合法性作为诉请理由。[2]

　　根据本书第一章第二节阐发的多阶段行政行为案件中出现的三种不同审查逻辑，"多阶段行政行为全部审查论"主张将不同阶段的行政行为一并纳入法院的审查范围，认为先行政行为的效力瑕疵会直接由后行政行为所承继；"多阶段行政行为各自独立论"主张将先行政行为的合法性独立于后行政行为的合法性审查，倾向于认为二者是相互独立的问题，可以通过不同的行政诉讼程序进行认定和解决；"多阶段行政行为实际影响论"则主张基于先行政行为能否对行政法律关系的内容产生实际性影响，从而判断该行政行为是否属于行政诉讼的受案范围。由此，能够推导出前述三种审查逻辑的主要争议点在于行政诉讼程序中如何看待先行政行为的法律地位问题，而该争议点集中表现为三个逐级递进的问题：其一，在具体案件的审理过程中，先行政行为能否一并纳入法院的审查对象范围（即审查范围的相关问题）？其二，倘若将先行政行为纳入审查范围，那么法院对于先行政行为的审查应当保持何种程度（即审查强度的相关问题）？其三，针对先行政行为的司法审查，对于被诉后行政行为的效力认定结论具有何种影响（即审查效果的相关问题）？此三者问题共同指向了针对先行政行为的审查救济范围，而围绕着前述这些问题展开理论评析与个人思考，将构成本小节的主体内容。

（接上页）府批准后，由市、县人民政府土地行政主管部门组织实施。对补偿标准有争议的，由县级以上地方人民政府协调；协调不成的，由批准征收土地的人民政府裁决。征地补偿、安置争议不影响征收土地方案的实施。征收土地的各项费用应当自征地补偿、安置方案批准之日起 3 个月内全额支付。"

　　〔1〕　关于复合行政行为的界定和存在形态，可参见曲枫："论复合行政行为之存在形态与司法审查"，载应松年、马怀德主编：《当代中国行政法的源流：王名扬教授九十华诞贺寿文集》，中国法制出版社 2006 年版，第 502~516 页。

　　〔2〕　参见欧阳君君："土地征收审批行为的性质认定及其意义——基于多阶段行政行为理论的分析"，载《中国农业大学学报（社会科学版）》2013 年第 4 期，第 51~53 页。

目前我国法院在审理多阶段行政行为案件时，涉及先行政行为审查救济范围的主要争议分歧无外乎为如下三种情形：首先，被诉行政行为需要经过上级行政主体的审核或者批准程序之后才能作出，很多法院通常会将先行政行为认定为一种运行于行政系统内部、不能产生外部法律效力的行政行为，最终判定其不具备法定的可诉性，但也有一些法院坚持认为，内部行政行为也有可能出现效力外化的例外情形，此时可以对其提起诉讼；[1]其次，被诉行政行为的作出必须依据在先的其他行政行为的事实认定和规制结论，那么，倘若行政相对人在针对后行政行为提起诉讼的过程中再行主张先行政行为违法或者无效，此时法院通常会依据"不告不理"原则将先行政行为排除在本案的争讼范围之外，告知当事人可以通过另案起诉的方式予以救济；[2]最后，法院会根据行政诉讼要件成熟的相关要求，认定先行政行为仅仅是一个尚未成熟确定、并不具有终局性效果的过程性行政行为，不能造成对行政相对人合法权益的实际影响，此时亦不具备可诉性。（如下表所示）

关于先行政行为审查救济空间的具体实践模式

	审查方式	审查强度	审查效果
模式一	先行政行为与后行政行为一并审查	需要根据先行政行为对后行政行为的拘束效果，视情况采取形式审查或者实质审查	违法性继承
模式二	后行政行为继续审查，先行政行为另案审查	本案：对先行政行为进行存在性审查；另案：则进行全面审查	违法性截断
模式三	先行政行为不予审查	具体情况具体分析	违法性继承

综合而言，多阶段行政行为案件中针对先行政行为的审查救济空间需要

---

〔1〕 参见黄涧秋："征地补偿安置争议解决机制的体系化阐释——以多阶段行政行为为中心"，载《法治研究》2019年第2期，第156~159页。

〔2〕 参见山东省高级人民法院行政审判庭："关于审理城市房屋拆迁行政案件及相关问题的调查报告"，载最高人民法院行政审判庭编：《行政执法与行政审判》（总第9集），法律出版社2004年版，第116页，虽然该文以房屋拆迁案件为考察对象，但其结论具有代表性，可作为一种学理总结。

着眼于两个基本问题：批复或者批准等内部行政行为是否必然不具备可诉性；处于中间阶段的行政行为是否必然不会影响行政相对人的合法权益。〔1〕当然，从行为的概念和内容来看，此二者属于两种完全不同的行政行为类型，并不能够置于同一分析视野予以考察。〔2〕但是，在多阶段行政行为过程之中，内部行政行为与阶段性行政行为显然皆具有"不够成熟确定""不具有实质影响性"等特质，正是因为这些行为特质才决定了它们不具有非常鲜明的可诉性，导致在司法实务中屡屡出现意见分歧，进而直接影响法院针对先行政行为的性质认定和效力判断选择适用何种审查逻辑，最终影响整个多阶段行政行为案件诉讼的救济效果。〔3〕

　　在"延安宏盛建筑工程有限责任公司诉延安市安全生产监督管理局生产责任事故批复案"（以下简称"宏盛公司案"）〔4〕中，被告延安市安监局根据事故调查报告载明的事实认定所作出的行政批复和根据行政批复文书的内容所作出的行政处理决定，已经构成了一个典型的多阶段行政行为过程，原告针对先行政行为提起了行政诉讼。二审法院认为，"在程序上，被诉行政行为虽未由行政主体送达行政相对人，但是却经其他行政主体的谈话调查程序向行政相对人送达了批复的复印件，最终完成了批复内容的效力外化。并且，被诉行政行为的内容明确将行政相对人列为被处罚单位，为其设定了相应的义务，且上级行政主体作出的复议决定亦明确告知行政相对人可以提起行政诉讼，因此，被诉行政批复行为已经对行政相对人产生了法律效力，属于行政诉讼的受案范围"。

　　通过该案的裁判要点确立了一则判断标准：地方人民政府对其所属的工作部门请示所作出的批复，属于一种内部性的行政行为，不可对此提起行政诉讼。但是，如果该工作部门直接将该批复的内容付诸实施，并且已经对行

〔1〕　参见徐键："论多阶段行政行为中前阶段行为的可诉性——基于典型案例的研究"，载《行政法学研究》2017年第3期，第66~60页。

〔2〕　有学者专门针对行政行为的可诉性进行研究，明确将程序行政行为和内部行政行为单列为两种不同的行政行为类型，并对各自所依据的基础理论和发展趋势进行阐述。参见郝明金："行政行为可诉性研究"，中国政法大学2004年博士学位论文，第185、199页。

〔3〕　参见章剑生："行政行为对法院的拘束效力——基于民事、行政诉讼的交叉视角"，载姜明安主编：《行政法论丛》（第14卷），法律出版社2012年版，第397页。

〔4〕　最高人民法院行政审判庭编：《中国行政审判指导案例》（第1卷），中国法制出版社2010年版，第1~6页。

政相对人的权利义务产生了实际影响，那么，当事人有权将该批复诉至人民法院，人民法院应当依法受理。[1]此外，本书第一章第二节所提及的"华昌公司案"与此处援引的"宏盛公司案"存在一些共通之处，即被诉行政行为皆是上级行政主体针对下级行政主体的相关请示作出的内部性行政批复。但是，二者的不同之处却在于："华昌公司案"的被诉批复行政行为是针对市国土局请示作出，没有直接送达行政相对人，而且没有证据证明该批复的内容已经付诸实施，因此，该内部批复并不具备产生外部效果的必要条件。加之，存在两个有一定关联的后行政行为，且均被行政相对人提起行政诉讼，原告可能受损的合法权益可以通过其他的两宗行政诉讼案件获得司法救济。虑及于此，笔者针对内部行政行为或者阶段性行政行为等先行政行为的审查救济空间展开逐层分析，其论点主要体现在两个方面：是否具备行政行为可诉性所要求的外部意思表示、是否发生行政行为可诉性所要求的拘束法律效果。

一则，从行政诉讼救济的角度而言，先行政行为是否具备可诉性，需要根据行政主体作出行为时的意思表示进行判断，[2]只有对外作出某种具体的意思表示，并且此种意思表示在行政主体和行政相对人之间形成了特定的行政法律关系，才能认定该行政行为具有外部效力。[3]那些仅仅流转于行政系统内部的行政行为，很难形成一项具体的行政争议，自然也就不能对其开放诉讼救济通道，否则会导致司法机关过早地干预行政过程，产生司法权与行政权在事务管辖上的知识越位和经验错位，甚至还有可能会造成司法权不适

---

[1] 有学者针对"经上级机关批准的行政行为"的性质判断进行阐述，认为："批准行政行为性质的根本判断标准有两个，一是看法定的行政职能归属，另一个就是看未经批准的法律后果。"参见李玉柱、耿宝建："经上级机关批准的行政行为的被告确定问题再研究——也谈《若干问题解释》第19条规定的适用"，载《行政法学研究》2004年第2期，第120页。

[2] 从行政过程论的角度看，行政行为是一个在动态的实践序列当中不断演进的互动机制，常常表现出双方的意思表示从一致到不一致再到最后一致的动态过程。为确保双方意思表示一致，探求表意人的真实意思，行政法上需确立一套意思表示的评判规则。参见王学辉："行政法意思表示理论的建构"，载《当代法学》2018年第5期，第47页。

[3] 王学辉教授认为："从整个行政法制度的建构角度来看，行政法既要研究外部行政行为，也应当研究内部行政行为。行政批示在符合某些条件下得以外部化是其具有行政法意蕴的关键条件。这种外部化可以理解为行政批示的效力基于行政系统之外。"参见王学辉："行政批示的行为法意蕴"，载《行政法学研究》2018年第3期，第33页。

当地侵扰行政管理事务的后果。[1]

正常情况下，行政主体作出的处于过程之中的某项行政行为，其内容不能完全反映行为主体的意思表示或者不能反映行为主体已经确定的意思表示。因此，无论其是否针对行政相对人予以表示，均不能对外产生法律效力。[2]但是，在多阶段行政行为过程中，不同阶段行政行为的作出机关皆具有各自独立的行为意志，先行政行为所包含的意思表示，一般而言只针对后行政行为的作出机关，并不直接针对行政相对人等外部行政法律关系，因此，大多数情况下亦被认定为不具有外部效力的内部行政行为。[3]但是，如果先行政行为在向后行政行为表达自身意思表示的同时，亦向行政相对人作出某种具体的对外表示，此时便应当认定其具有外部效力。

例如，在"越梅印染有限公司诉绍兴市人民政府行政赔偿案"（以下简称"越梅公司案"）中，受理法院认为，"被告绍兴市人民政府成立的临时机构发布的《通知》，确实将原告越梅公司明确列为'关闭退出'企业，但是，该通知在性质上属于绍兴市区印染产业转型升级工作领导小组要求绍兴市越城区人民政府认真组织实施的内部指令，该指令虽然具有法律和处理行为的属性，但由于并不直接对原告产生效果，故其仍然属于内部行政领域。故对原告仍无实质性的利害关系产生，因此，该指令行为不具有可诉性"。[4]可见，本案当事人所争议的行政行为《通知》是否已经对外发生法律效力，受理法院倾向于认为其仅仅是一种行政系统内部的业务指令，不能直接影响到外部相对人的权利义务内容。但是，正如本案原告越梅公司在上诉理由中提及，"内部行政行为是指行政机关与其他国家机关之间在行政管理过程中与行

---

[1]　See Vining, G. J., "Direct judicial review and the Doctrine of Ripeness in Administrative Law", *Michigan Law Review* 69.8 (1971), pp. 1443~1546.

[2]　刘飞教授等人认为："内部行为外部化后构成行政行为，意味着外部化过程是一个行为的内部性逐渐弱化、行政行为构成要素和成立要件逐渐补足直至完备的过程。具体而言，内部行为与行政行为在主体要素和公权力要素上并无二致，内部行为的外部化，是涉外性要素，具体、确定与直接要素，相对人知悉要素的获取过程。"参见刘飞、谭达宗："内部行为的外部化及其判断标准"，载《行政法学研究》2017年第2期，第114~119页。

[3]　有学者指出："在多阶段行政行为过程中，往往涉及其他机关在事实认定或事项决定上的协力行为，这类内部行为在事务性质上已然具有了设立、变更、消灭或确认相对人权利义务关系的意思表示，即具备了涉权性要素。"参见陈敏：《行政法总论》，新学林出版股份有限公司2009年版，第310~311页。

[4]　浙江省绍兴市中级人民法院〔2017〕浙06行初186号行政裁定书。

政职权相关的行为，内部行政行为的相对方只能是行政机关和行政机关的工作人员。因为内部行政行为与外部行政相对人的合法权益不会产生直接的联系、不能侵犯其合法权益，故而属于不可诉的行政行为。被诉行政行为《通知》中对当事人的实施方案明确为'关闭退出'，该行政行为显然是针对越梅公司所作出的具体行政行为，是禁止行政相对人重新准入印染企业的文件。同时，该通知行为的相对方是上诉人，不是绍兴市越城区人民政府，后者只是上述行政行为的实施单位。绍兴市人民政府除了将《通知》送达绍兴市越城区人民政府外，也将《通知》送达其他涉案企业"。[1]笔者认为，该案中被诉行政行为明显突破了其作为一项内部业务指令的相关程序流转和实体内容。一方面，其程序流转不仅仅局限于内部行政领域，而是已经外化为行政主体的独立行为意志，其所具有的行政处罚性质意思表示送达行政相对人所知晓；另一方面，其实体内容明确涉及限制和处分行政相对人的市场主体准入资格，一定程度上减损了行政相对人的合法权益。[2]因此，原告对于该内部指令行为具有行政法上的利害关系，有权提起行政诉讼。

由上述可知，先行政行为除了具备外部的意思表示之外，需得对行政相对人的权利义务内容造成实际影响，这种观点与前述之"多阶段行政行为实际影响论"审查逻辑相吻合，构成了对先行政行为审查救济空间的第二重判断标准。基于先行政行为与后行政行为之间存在的效力关系，所衍生的针对先行政行为法律效果的认定结论，必须依据先行政行为在多阶段行政行为中所占据的法律地位，而这种地位的确定需要取决于先行政行为的作出机关对于整个行政活动是否具有实质意义上的决定作用。[3]因此，先行政行为的可诉性分析需要从不同角度和具体情形考察分析其对于后行政行为的拘束法律

---

〔1〕 浙江省高级人民法院［2018］浙行终 4 号行政裁定书。

〔2〕 一个行政行为是否具有可诉性，唯一的判断标准并非它是内部行为还是外部行为、是抽象行政行为还是具体行政行为，而在于这个行政行为对行政相对人（公民、法人或其他组织）的权益是否产生了实际影响（权利义务的增加或者减少）。如果对相对人的权利义务产生了实际影响，不管是抽象还是具体、内部还是外部，都应当具有可诉性。因为诉讼的目的是救济权利，只要权利受到损害就必须救济。参见王学辉："行政法秩序下行政批示行为研究"，载《政治与法律》2018 年第 5 期，第 84 页。

〔3〕 有学者指出："先行为效力是行政过程中作为阶段性行为的先行为对后行为的约束力，是行政过程性介入行政行为理论的必然结果，是先定力、程序经济、程序信用、禁反言的必然要求，是政府公信力、程序渐进性在行政行为过程中的折射反应。"参见柳砚涛："行政过程中的先行为效力"，载《东方法学》2017 年第 4 期，第 19 页。

效果，断然不能一概而论、片面对待。[1]

第一种情形，先行政行为是行政主体作出后行政行为的前提依据，且前者对于多阶段行政行为过程的整体法律效果发挥着实质性的决定作用。例如，"李某案"的二审法院认为，在先的规划许可合法性问题必然会影响到在后的竣工验收。在实体法层面，只要前置行政程序中的规划许可证符合法定要件，那么处于行政过程末端的竣工验收行为便是在先行政行为的许可范围内作出决定，亦应当认定为具有合法性。在诉讼法层面，规划许可证可以作为竣工验收行政诉讼程序的重要证据，因为被诉行政行为须得以其作为前提条件。因此，对后行政行为进行审查应当在把握证据审查标准的同时，注意作为关联行政行为——规划许可的内容合法性。[2]此外，"立达公司案"二审裁判文书明确表示，建设用地使用权的出让行为构成了一个典型的多阶段行政行为过程，具体包括计划、批准、竞标、签订成交确认书等相关的法定程序，在这些必不可少的行为环节之中，各个环节的行政行为必须是合法有效的。先行政行为是后行政行为的依据，后行政行为的作出主体不得忽略先行政行为的合法性，先行政行为不能出现某些违法情形被撤销甚至无效，否则将会导致后行政行为失去其合法存在的基础前提。由此可见，多阶段行政行为的整体法律效果最终得以实现，必须经历多个不同阶段的行政行为，而后行政行为构成先行政行为的结果确认，或者说是先行政行为意思表示的代转者地位。[3]此时，先行政行为的合法性认定结论，俨然构成了后行政行为被认定为合法有效的基础要件。

第二种情形，先行政行为是行政主体作出后行政行为的先决条件，对于多阶段行政行为的整体法律效果而言，前者仅仅是针对某些特定的事项发挥其独立的决定作用。例如，前述"义某君案"二审判决指出，规划行政主管部门在作出限期腾地决定之前，需要相关的行政主体依法作出一系列征地行

---

〔1〕　阶段性行为的效力内容取决于其是否已获得相对稳定的事实和法律状态，如是，则其内含一种以程序安定性为价值取向的排斥力和阻止力，意在防止有关机关对进行中的行政程序随意改变，维护程序信赖利益、先行为的稳定性和法的安定性；如否，则先行为效力是一种程序前行的推进力，一种后行为及时跟进先行为的要求力，目的在于促进行政过程的渐进性。

〔2〕　参见夏新华、谢广利："论关联行政行为违法性继承的司法审查规则"，载《行政法学研究》2017 年第 6 期，第 111~112 页。

〔3〕　参见李建良："论多阶段行政处分与多阶段行政程序之区辨"，载《中研院法学期刊》2011 年第 9 期，第 68 页。

为，包括拟订征地方案、审批征地方案、批准征地补偿安置方案、签订补偿协议等。那么，处于限期腾地决定作出之前的这些行政行为，均只能对其所调整的特定事项产生法律效果，而非本案的审理范围。此外，"许某案"一审判决书明确提及，住房建设主管部门作出房屋拆迁延期许可决定之前的公告、批复和许可证等先行政行为的合法性问题，与本案的诉讼标的均不存在关联性，并不属于本案需要审查的事项范围。前述这些批复、公告、批文皆是相对独立于本案审查事项范围的其他具体行政行为，能够产生自身应有的法律效力。[1]可见，在审理后行政行为合法性的过程中，法院对于那些能够独立于后行政行为而产生法律效果的先行政行为，往往都会选择采取形式审查的方式以充分尊重行政主体的首次判断权，除非先行政行为具有重大且明显违法的无效情形。[2]此种观点符合事务管辖权的法理意旨，即"管辖规定之绝对性"要求法院和行政主体既不能主动放弃宪法规范赋予自身应有的管辖权，亦不得随意侵犯其他国家机关的管辖权，除非发生某些"紧急管辖权""介入权"等例外情形。[3]

第三种情形，先行政行为仅仅能够为行政主体作出后行政行为提供一些必要的事实认定、理由支撑或者意见阐述等内容，从而不能对多阶段行政行为的整体法律效果产生现实的拘束效果。例如，在"张某案""赵某灵案"中，二审法院均认为，"对被征收房屋的价值进行评估系征收补偿行为的一个程序性环节，不能直接针对外部的行政相对人创设权利义务内容，且不具有独立的法律地位和最终的法律效力，此种所谓的过程性行为不属于行政诉讼的受案范围。估价报告是有关的专业评估机构对涉案房屋的市场价值作出的评估结论，是用于确定涉案房屋市场价值的依据，但是其效力通常为最终的行政行为所吸收和覆盖，被征收人可以通过对最终作出的征收补偿决定或者

---

〔1〕 有学者认为："多阶段行政处分是指行政处分的作成，须两个以上机关本于各自职权共同参与而言，设若先前阶段行为，仍为内部意见之交换或行政内部之表示，此际具有行政处分性质乃属最后阶段之行为，亦即直接对外生效之部分。"参见李震山：《行政法导论》，三民书局2010年版，第340页。

〔2〕 许宗力教授认为："所谓行政处分的构成要件效力，指除非该行政处分有明显、重大的违法瑕疵，否则民事法院必须受该行政处分的拘束，不得自行审查其适法性，换言之，民事法院必须把行政处分当作一个既成事实，承认其存在，并纳为自身判决的一个基础构成要件事实。"参见许宗力："行政法对民、刑法的规范效应"，载葛克昌、林明锵主编：《行政法实务与理论》（一），元照出版有限公司2003年版，第84页。

〔3〕 参见陈敏：《行政法总论》，新学林出版股份有限公司2009年版，第930页。

补偿协议等行政行为诉请至人民法院，从而获得相应的司法救济。人民法院在审理最终的行政处理决定过程中，应当对包括评估程序在内的程序性行为进行审查，程序性行为违法将导致补偿行为的程序不合法，因而无需对评估程序及结果单独提起行政诉讼"。在房屋行政征收补偿活动作出征收补偿决定之前，行政主体必须对涉案房屋的市场价值先行评估。可见，房屋估价报告这一先行政行为仅仅是后行政行为征收补偿决定的一种事实认定意见和咨询报告，对作为后行政行为的行政主体而言并不具备确定的拘束力。[1]因此，这种类型的程序性行政行为之合法性问题，完全可以通过法院在审查后行政行为的行政诉讼程序之中进行一并处理，而无需单独另行起诉。

综上所述，在现代行政活动过程之中，处于不同阶段的行政行为之间可以构成一个完整的多阶段行政行为，它们之间既有内容层面的逻辑联结，亦有效力层面的动态传导。按照传统行政行为理论，一般更为注重对最终行政处理决定的审查救济，而疏于论及行政过程之中的其他行政行为，即便有所提及，亦是将其置于一种附属性评价的片面机制之中。[2]然而，随着现代公共行政行为形式和效力指向的丰富多元，前述狭隘的理论认知亟需得到修正，以强调行政活动连续性、全面性的行政过程论为代表的现代行政法学越发开始正视先行政行为和阶段性行政行为的客观存在，要求法院大方地承认先行政行为应当获得独立的法律评价地位，对于多阶段行政行为的合法性审查须得保持"司法判断的完整性"。[3]当然，我国法院在多阶段行政行为案件的审查过程中明显呈现出不同的实践模式和逻辑立场，尤其是在判断先行政行

---

〔1〕　杨小君教授认为："行政认定行为中有涉权性认定行为，直接或必然地与相对人、相关人的权益发生联系，此外，行政机关依职权认定就是行使法律赋予的职权过程，也是适用法律标准、条件的过程，这些特征、属性都表明行政认定行为是行政行为，是涉权性具体行政行为，符合行政诉讼受案范围的规定，应当将其作为行政诉讼的审查对象。"杨小君："关于行政认定行为的法律思考"，载《行政法学研究》1999年第1期，第62页。

〔2〕　参见江利红：《日本行政法学基础理论》，知识产权出版社2008年版，第396~399页。

〔3〕　法院选择在后行政行为所引发的诉讼程序中一并解决先行政行为的相关争议，而不是由行政相对人分别提起多个相互独立的行政诉讼，此时，司法便能以最低的成本实现对同一法律效果的权利救济，尽管有时这种救济显得并不那么及时。这样的技术处理吻合了行政诉讼共同面临的经济化趋势——"行政司法似乎也被置于一种日益强大的经济性之压力下"。在这种背景下，各国法院都被要求以最低的诉讼成本实现最大的诉讼效益。参见〔德〕弗里德赫尔穆·胡芬：《行政诉讼法》，莫光华译，法律出版社2003年版，第36页。笔者认为，既然各阶段皆具有一定处分性的多阶段行政行为追求的是一个共同的法律效果，那么承认先行政行为的可诉性，在后续行政行为的司法审查中一并审查整体行为，无疑是目前一种最为经济的诉讼模式。

为是否具备外部意思表示而与行政相对人产生特定的行政法律关系，以及由此判断先行政行为能否对行政相对人的合法权益产生实际性的影响，而这种实际性的影响需要借助先行政行为对于后行政行为的作出究竟产生何种程度的拘束效果。总而言之，目前法院针对先行政行为的审查救济空间很难形成较为清晰一致的逻辑理路，皆需要根据个案情况进行具体分析和判断，而这种司法审查强度的现实差异状况，无疑会导致很多行政纠纷案件无法得到圆满解决、行政法律关系始终处于不安定、不顺畅的局面，最终直接影响到行政诉讼制度目的的实现。[1]

二、行政诉讼目的的制度性功能分析

行政诉讼的目的在于：一旦受到伤害，相对人针对每个行政行为都有请求法院提供相关法律保护的权利。[2]由此可见，与行政诉讼永久相伴的就是对权利的救济，而这种权利救济效果的显著表现方式便是某项特定的行政争议案件得以圆满解决。司法或者法院的主要职能在于定纷止争，这种价值观念对于包括我国在内的世界上绝大多数国家的现行法律制度和社会结构产生了非常深远的影响。

长期以来，我国行政法学基础理论研究始终致力于法解释学层面的"应然"性分析，最为明显的便是探讨如何通过具有时代特色的行政审判制度解决行政争议，这个问题亦成为我国行政法解释学的中心课题和终极目标。[3]

---

〔1〕 我们所面临的一个不可否认的境况是，现行行政审判机制未能有效地解决行政纠纷，日趋增多的行政申诉案件和涉诉上访事件迫使我们不得不重新思考和审视现行行政审判制度的司法效能。行政审判并未实现预期中的"案结事了"，因此，如何使行政纠纷得到实质性解决便成了问题的关键；亦成了提高行政司法效能的核心问题。参见王彦、李桂红："行政审判实质性解决行政纠纷的价值与目标"，载《西南政法大学学报》2011 年第 2 期，第 77 页。

〔2〕 此处所援引的观点来自美国法院在解释"马伯里诉麦迪逊案"时所论及的："公民自由的要旨正在于：一旦受到伤害，每个公民都享有请求法律保护的权利。法院的首要职责之一即是提供这种保护。"［美〕布莱斯特等：《宪法决策的过程：案例与材料》，张千帆等译，中国政法大学出版社 2002 年版，第 83 页。

〔3〕 我国主流的行政法学形成了以"行政主体—行政行为—行政违法与救济"为主轴的研究框架，这一研究框架将重心置于属于行政救济方式之一的行政诉讼制度之上，在这个主轴中，"行政主体"的主要功能在于为行政诉讼解决被告问题；在"行政行为"的研究中，亦以能否进入行政诉讼为重要基准；而对各类"行政违法"的探究，也主要是围绕司法审查的角度展开的。这一特征可从主流行政法学教科书的体例安排以及学者大量的研究著述中窥见，如：姜明安主编：《行政法与行政诉讼法》，北京大学出版社、高等教育出版社 1999 年版；胡建淼：《行政法学》，法律出版社 2003 年版；

行政诉讼本身具有相对独特的制度目标和价值取向，需要在充分保障行政相对人合法权益的基础上，亦须有效地监督行政主体依法行使职权，而引导行政诉讼制度确立前述价值目标取向的根本基因则在于它所将要弥息的法律争议的性质。[1]我国现行行政诉讼制度主要围绕行政行为的合法性问题展开，唯有在法院针对被诉行政行为的内容和效力作出最终司法裁判之后，行政主体与行政相对人之间产生的具体行政争议才能得以平息，尔后方可考察行政相对人的合法权益能否得到保障和实现，以及行政主体的职权形式是否得到监督和制约。换言之，没有行政争议也就没有行政诉讼，行政诉讼是为了解决行政争议而产生的程序制度，后者构成了前者赖以生存的制度基础和目的归属。在多阶段行政行为案件中法院针对先行政行为的审查救济空间所体现出来的态度差异，深刻地反映出司法审查强度与行政诉讼目的之间的逻辑张力：强调保持司法机关的谦抑性和尊重行政主体的自主性，难免会造成司法审查强度在某种法律意义上的限缩，由此便会直接关涉具体行政案件的审查范围和审查效果，最终亦必然会影响到行政争议的解决与行政相对人合法权益的保障，严重阻滞行政法律关系的及时有效修复和依法行政原理的贯彻落实，而这些都是行政诉讼制度目的所需要关注的重点对象。

"历史地看，行政法哲学理论不可能是一成不变的。由于哲学必须反映时代特征、回应现实需要，因此有什么样的经济基础、经济体制、政治格局，就会存在着与之对应的哲学精神和哲学反思。"[2]同理，对于行政诉讼目的的哲学思考亦是遵循了这一规律。行政诉讼目的作为一个基本范畴，其展现了国家立法机关在行政诉讼法中直接表达或者间接确定的对于行政诉讼活动的理想结果，具有对现实目标和目的的追求之终极意义。[2]最终确立何种行政诉讼目的，需要立法者仔细考虑和全面衡量一系列具体的影响因素，例如国家政治体制和社会结构、国家法治建设进程以及法律文化传统等，因此，不同国家或者地区对于自身的行政诉讼目的的价值取向，可能都会存在不同的

（接上页）朱新力、金伟峰、唐明良：《行政法学》，北京大学出版社、清华大学出版社2005年版；余军、尹伟琴："对作为行政诉讼'通道'的功能性概念的再认识"，载《政法论坛》2005年第1期；等等。

〔1〕　参见章剑生："论影响实现行政诉讼价值目标的法律机制及其对策"，载《法律科学（西北政法大学学报）》1996年第2期，第25页。

〔2〕　宋功德：《行政法哲学》，法律出版社2000年版，第553页。

〔3〕　参见刘作翔："法律的理想"，载《法学研究》1994年第6期，第39页。

原则和侧重，从而形成不尽相同的行政诉讼目的的模式。〔1〕甚至，同一地域不同时期的行政诉讼目的皆有可能存在明显的差异，毕竟对诉讼制度目的的评价是一种充满主体性色彩的活动，依靠主体以一元或者多元的评价标准对目的价值进行综合判断和理性表述，相关主体的需要以及决定需要的利益形成了评价目的的根本依据。〔2〕故而，关于行政诉讼目的的相关内容表述，我国行政诉讼法的立法沿革与行政法学界的理论认知均存在一些明显的变化差异。

国家立法层面，1989 年制定的《行政诉讼法》第 1 条明确将行政诉讼目的归结为两方面内容：保护公民、法人和其他组织的合法权益，维护和监督行政机关依法行使行政职权"；2014 年修正的《行政诉讼法》在原有规范条文的基础上增加了"解决行政争议"的相关内容；2017 年修正的《行政诉讼法》则继续沿袭前述内容，未作变动。由此可见，我国现行法律规范意义上的行政诉讼目的应当包括三项基本内容："保护行政相对人合法权益""维护和监督行政主体依法行使行政职权"以及"解决行政争议"。以此反观我国学者们对于行政诉讼目的的理论认知，呈现出了观点纷繁、内容丰富的研究态势，主要可以归纳为以下三种主要分析进路：首先，着眼于单一研究视角确定行政诉讼目的，产生了几种具有代表性的学说，如"合法权益保护说"〔3〕、"监督行政说"〔4〕、"维护行政说"〔5〕和"纠纷解决说"〔6〕；其次，借助于

---

〔1〕 参见马怀德、王亦白："行政诉讼目的要论"，载罗豪才主编：《行政法论丛》（第 6 卷），法律出版社 2003 年版，第 291 页。

〔2〕 行政目的的设定和选择，本身浸润着价值理念和价值判断的精髓，目的体现价值。行政诉讼的价值恰恰包含了行政诉讼的价值理念、评价和客观后果。参见刘善春：《行政诉讼价值论》，法律出版社 1998 年版，第 3 页。

〔3〕 较早提出这一观点的有：张树义：《冲突与选择——行政诉讼的理论与实践》，时事出版社 1992 年版，第 6、14 页；张尚鷟主编：《走出低谷的中国行政法学——中国行政法学综述与评价》，中国政法大学出版社 1991 年版，第 387 页。当然，还有其他一些论著成果也有论及，例如崔卓兰："论确立行政法中公民与政府的平等关系"，载《中国法学》1995 年第 4 期；王学辉："行政诉讼目的新论"，载《律师世界》1998 年第 2 期；等等。

〔4〕 参见林莉红："我国行政诉讼法学的研究状况及其发展趋势"，载《法学评论》1998 年第 3 期，第 8 页。

〔5〕 参见张尚鷟主编：《走出低谷的中国行政法学——中国行政法学综述与评价》，中国政法大学出版社 1991 年版，第 387~388 页。

〔6〕 参见宋炉安："行政诉讼程序目的论"，载刘莘、马怀德、杨惠基主编：《中国行政法学新理念》，中国方正出版社 1997 年版，第 366 页；宋炉安、李树忠："行政诉讼的审理对象"，载《行政法学研究》1997 年第 2 期，第 55 页。

双面研究视角确定行政诉讼目的，比较具有影响力的有"合法权益保护与维护监督行政说"[1]、"保障民主与促进行政效率说"[2]；最后，多元研究视角确定行政诉讼目的，其中有"依据行政诉讼法条文确定说"[3]、"保护公民权益和为行政行为提供正当性支持和解决行政纠纷说"[4]以及"依据行政诉讼内涵多维性确定说"[5]等。当然，随着行政诉讼立法和行政审判实践的沿革变化，前述一些观点已经失去了现实意义，但是都反映了当时学界对于行政诉讼制度所寄托的殷切希冀。[6]综合而言，我国行政诉讼目的内容既非简单的等量罗列，亦非松散的线性组合，应当是彼此联系、相辅相成的辩证关系，笔者倾向于赞同胡卫列教授提出的行政诉讼"多元目的观"：解决行政争议是直接目的、维护和监督依法行政是体现其本质特点的目的、保障行政权益是根本目的。[7]

在实务中，行政诉讼的目的更是直接决定了法院在审理行政诉讼案件时所必须遵循的审查原则和具体的审查对象。[8]此处所谓之审查对象选择则是从另外一个角度折射出法院在行政诉讼程序中的地位、作用以及所适用的审

---

〔1〕 参见张尚鷟主编：《走出低谷的中国行政法学——中国行政法学综述与评价》，中国政法大学出版社 1991 年版，第 388 页。

〔2〕 参见袁曙宏："坚持民主与效率的统一——关于行政诉讼法两个基本点的思考"，载袁曙宏：《社会变革中的行政法制》，法律出版社 2001 年版，第 187 页。

〔3〕 这种观点实际上是根据 1989 年《行政诉讼法》第 1 条的相关内容进行归纳，后被立法所采纳，同时也是绝大多数行政法学教材所使用的基本观点。

〔4〕 参见薛刚凌：《行政诉权研究》，华文出版社 1999 年版，第 29~31 页。

〔5〕 参见胡肖华："行政诉讼目的论"，载《中国法学》2001 年第 6 期，第 52~55 页。

〔6〕 谭宗泽教授认为："在当前社会背景下，我国行政诉讼目的应当是通过审理因行政行为产生的行政相对人与行政主体之间的纠纷案件，保护行政相对人的正当权益，化解官民矛盾，促进社会和谐稳定的一种制度设计，期盼我国行政诉讼制度能够实现预期目标的内心期许。"参见谭宗泽：《行政诉讼结构研究：以相对人权益保障为中心》，法律出版社 2009 年版，第 182 页。

〔7〕 胡卫列教授认为："行政诉讼制度首先是一种行政法上的救济制度，也是一种对行政权进行监督和制约的机制，更是一种纠纷解决机制。因此，行政诉讼的目的在于解决行政纠纷，这是行政诉讼作为程序制度的直接目的，监督制约行政权力是体现行政诉讼本质特点的目的，保障行政权益是其根本目的。此三者是相互区别、相互联系的复杂系统。解决行政纠纷是初级目的，处于最低位阶；监督行政是中级目的；保护行政权益是根本目的，处于行政诉讼目的体系中的最高位阶，下一阶目的是促成上一阶目的得以实现的手段。"参见胡卫列：《行政诉讼目的论》，中国检察出版社 2014 年版，第 142~158 页。

〔8〕 参见马怀德：《行政诉讼目的论》（第 2 版），法律出版社 2009 年版，第 79 页。

查强度等实践问题。[1]前节所论之先行政行为的审查救济空间，便可看作是
法院在多阶段行政行为诉讼案件中运用相关的审查逻辑，进而决定是否选择
先行政行为作为审查对象，以及对该审查对象采取何种的审查强度和审查效
果。[2]值得思考的是，法院通过判断先行政行为与后行政行为的关联性，进
而对先行政行为的可诉性和争讼性作出相关认定，必定涉及司法审查强度在
个案裁判中的涵摄适用。但是，这些实践情形又能否直接或者间接反映出司
法审查强度与行政诉讼目的之间产生的内容契合或者说是价值背离，则需要
从行政诉讼目的的不同层面进行制度性功能分析。

一则，将先行政行为与后行政行为置于同一行政诉讼程序之中，并且将
先行政行为作为后行政行为作出的依据前提或者一种证据事实予以附带性审
查，这是我国法院处理多阶段行政行为案件所采取审查强度最高的一种司法
实践模式。从行政诉讼目的来看，此种模式既能够充分考虑行政行为违法性
继承理论的实际运用，真正意义上将先行政行为与后行政行为的性质认定和
效力判断置于一个连续的、全面的多阶段行政行为过程之中进行整体考量，
肯定不同行政行为之间的效力传导，避免先行政行为的一些违法情形被遗漏
或者忽略，实质性地推动行政争议案件在关联行政诉讼程序之中得到及时解
决，有效地纾解当前我国行政诉讼制度运行中时常出现的"案结事未了"等
不利困境；[3]与此同时，法院在审查后行政行为合法性的诉讼程序之中，有
意地将先行政行为作为一种行为依据、证据事实一并纳入审查范围，能够在
无形之中增强了司法机关对于行政系统内、外部兼具的监督效用。[4]无论作
出多阶段行政行为的行政主体是否单一、是否存在相关的行政隶属关系，其
间皆会内生形成一种看似无形却胜有形的治理压力，督促行政主体依法行使

〔1〕 参见章剑生："行政诉讼'解决行政争议'的限定及其规则——基于《行政诉讼法》第1
条展开的分析"，载《华东政法大学学报》2020年第4期，第98页。
〔2〕 参见杨伟东：《行政行为司法审查强度研究——行政审判权纵向范围分析》，中国人民大学
出版社2003年版，第42页。
〔3〕 参见程金华："中国行政纠纷解决的制度选择——以公民需求为视角"，载《中国社会科
学》2009年第6期，第144页。
〔4〕 对此，我国最高人民法院的一位法官指出："我们在强调司法解决行政纠纷的同时，完全不
应忽视行政机关同样有可能有效地解决行政纠纷，不宜过度夸大行政机关在解决行政纠纷方面的缺
陷。"参见耿宝建："行政纠纷解决机制的路径选择——一个多元化的视角"，载汪庆华、应星编：《中
国基层行政争议解决机制的经验研究》，上海三联书店2010年版，第249页。

职权、不得任性而为。[1]毋庸置疑的是，只要多阶段行政行为诉讼程序的前述两种目的得以顺利实现，那么其所追求的保障行政相对人合法权益之根本目的才有可能顺势而为，否则行政诉讼目的的制度功能便会沦为一纸具文，终难以实现。[2]

二则，将多阶段行政行为的整体连续过程拆解为不同阶段的行政行为，先行政行为虽然在逻辑顺序和内容发生等方面被视为后行政行为的先决条件，但是其对于后行政行为的作出机关而言并无实质性的拘束效果，而是仅仅针对其所调整的特定事项产生效力。因此，法院倾向于选择将其排除在后行政行为诉讼程序的"本案"审查范围之外，而划归为"另案"的审查对象，这种思路在规范内容和表现形式上确实符合我国当前行政诉讼制度关于"一案一行为"的受理要求，当事人有权针对内容存在关联的多个行政行为，分别提起数个相对独立的行政诉讼。[3]可见，此种实践模式导致先行政行为与后行政行为之间的逻辑意义关联被"刻意"阻却，无法形成对先行政行为的附带性审查，只能对多阶段行政行为案件进行分案审理，法院不可避免地会针对某一事实要件或者某一行政程序进行反复核查，进而产生一些不必要的司法工作压力，甚至还可能会出现前后案件的司法裁判不一致等乱象，既不利于司法资源与社会资源的合理配置，亦会严重地影响法律秩序的安定和平稳。[4]但是，在由多个存在内容关联的行政行为组合而成的多阶段行政行为过程的实践中，很有可能会出现先行政行为存在某些违法事由，而最终阶段的行政处理决定却可能归于合法的情况。仅仅对后行政行为的合法性进行审查并不能全面纠正整个行政过程的效力瑕疵，从而导致因先行政行为违法而受到利益侵害的行政相对人难以获得及时有效的救济。换言之，如果将基于同一目的而作出的数个行政行为视为一个行为链条，那么法院仅仅以单一行

---

〔1〕 参见顾培东：《社会冲突与诉讼机制》，法律出版社2004年版，第27页以下。

〔2〕 刘东亮教授指出："如果将行政诉讼制度比喻为一辆机动车的话，行政诉讼目的就是这辆机动车的方向盘，它决定着行政诉讼制度运行的轨迹。"参见刘东亮：《行政诉讼目的研究：立法目的和诉讼制度的耦合与差异》，中国法制出版社2011年版，第3页。

〔3〕 形成这一制度的重要原因是，我国现有的司法救济体系的理论基础仍旧是传统的行政行为效力理论，我国行政诉讼制度的理论基础是传统行政行为形式理论，这些理论便要求司法审查仅能从行政活动的某个可诉行政行为人予以实现审查目的。

〔4〕 参见杨晓玲："城市拆迁引发'连环诉讼'之对策研究——以拆迁纠纷为样本的实证分析"，载《北京政法职业学院学报》2011年第3期，第51页。

政行为作为审查对象，必然只能针对某个"点"展开考察，而失去对"面"的整体控制，进而无法形成对行政权运行全过程的监督制约，最终会导致行政诉讼制度无法发现行政过程之中真正的效力瑕疵所在，难以从根本上消解行政争议所引发的紧张关系。[1]因此，一些人民法院在审理多阶段行政行为案件中，倾向于选择将先行政行为的合法性问题予以另案处理，这种审查思路对于全方位的行政诉讼制度目的而言并无实际助益，而是需要继续寻求建构更为适宜的制度手段与程序机制予以改善。

三则，将多阶段行政行为过程中的先行政行为，简单地定性为一种"内部行政行为"或者"阶段性行政行为"，以此一概否定其在行政诉讼程序中的可救济性，彻底隔绝了先行政行为与后行政行为之间的效力传导。但是，内部行政行为亦有可能出现"效力外化"的特殊情形，例如针对适用于行政系统内部的批复、通知、纪要等公函文件，行政主体以此作出具有外部法律效果的后行政行为，并且已经送达行政相对人，此时便完成了内部行政行为的效力转化。[2]在这种情况下，当事人便可在向法院诉请审查后行政行为的同时，将上述内部行政公文作为审查被诉行政行为的事实证据予以使用，而非单纯地认为行政系统内部之间的文书往来不涉及外部当事人的权利义务内容，从而不能对其进行合法性审查。[3]此外，行政主体在作出最终的行政处理决定之前，需要辅以一些阶段性、程序性的行政行为来完成，由于处于行政过程中间阶段的这些行政行为的形式要件并不符合行政行为效力理论所要求的"成熟性、确定性"特征，往往会被法院认定为其不能对行政相对人的合法权益产生最终的、直接的实际影响，而被排除在行政诉讼的审查对象范围之外。由此可得，在多阶段行政行为诉讼程序中对那些具有内部性和阶段性的先行政行为不予司法审查，既不利于行政争议的全面有效解决，也有可能会激化社会矛盾、滋生一些群体性"闹访"事件，从而损耗司法公信力和社会秩序稳定。[4]

---

[1] 参见陈红、徐凤烈："行政诉讼中前置性行政行为之审查探析"，载《浙江社会科学》2008年第5期，第59页。

[2] 参见恽汉明："该'会议纪要'是否具有可诉性——兼评最高人民法院对行政诉讼受案范围的解释"，载《法学》2001年第4期，第81页。

[3] 参见叶必丰："需上级指示行政行为的责任——兼论需合作行政行为的责任"，载《法商研究》2008年第5期，第30~31页。

[4] 参见应松年："构建行政纠纷解决制度体系"，载《国家行政学院学报》2007年第3期，第27页。

同时，过于强调行政行为的"内外有别、阶段差异"，亦会直接限制司法机关对于行政活动过程合法性的监督效用，从而不利于通过行政诉讼制度规范制约行政权力运行的目的初衷。[1]然而，内部行政行为、阶段行政行为亦并非当然地不能对行政相对人的合法权益产生直接的实际性影响，而是需要根据它们在多阶段行政行为过程中的拘束效果，以及"外化"之后对于最终的行政处理结果所产生的影响作用等因素进行综合考量，终而实现对行政法律关系的实质性修复，保障行政相对人权益得到圆满救济。

综上所述，多阶段行政行为司法审查所欲实现的实质正义目标需要从司法审查强度与行政诉讼目的之间的关系问题入手，尤其是我国各级人民法院在审查后行政行为的合法性过程中所采取的逻辑立场存有较大差异，显然会直接影响到先行政行为的审查救济空间，而这种审查救济空间的确定与本书第一章第二节所述之多阶段行政行为的三种审查逻辑有着密切的关联，在行政审判实务中适用不同的审查逻辑恰恰能够反映出法院对于先行政行为可诉性与可救济性的具体分析理据。然而，这些分析理据却又与本章前两节所论及的行政行为效力、行政行为违法性继承以及行政过程的连续全面等相关理论形成内容上的前后呼应，由此造就了多阶段行政行为诉讼案件的不同实践模式，其背后却深刻地蕴藏着对行政诉讼目的的制度性功能分析：将先行政行为视为后行政行为的依据或者事实要件，一并纳入行政诉讼的审查范围，既能够符合行政过程和行政行为违法性继承等理论的相关要求，又能够全面兼顾行政诉讼目的的不同方面内容；将先行政行为与后行政行为的合法性问题进行分案处理，在形式上确实符合行政诉讼原理关于"不告不理"的规范内涵，保证司法权与行政权各司其职、互不干涉，但是却不利于实现行政诉讼的目的；按照传统行政行为形式理论和行政行为效力理论所述，以"内部行政行为"和"阶段性行政行为"为由否定先行政行为的可诉性，完全地阻断了多阶段行政行为过程的内容关联和效力传导，并且对于实现行政诉讼目的而言更是形成了不容小觑的阻滞作用。

---

[1]　章剑生教授针对行政与法院之间的关系进行了生动地描述："行政逐渐意识到借助法院的裁决有时可以让他们轻松地摆脱行政的窘境，并且不会失掉自己的合法性。于是，行政对法院的态度从原来的藐视到现在充满实用主义的适度尊重，并在非司法事务中给予法院尽可能的'关照'。"参见章剑生："我国行政模式与现代行政法的变迁"，载《当代法学》2013 年第 4 期，第 30 页。

第四节　本章小结

经由上述内容阐发和比对分析，基本能够推导出多阶段行政行为的司法审查实践绝非单一向度的理论推演，而是涉及相关基础理论的内容连结和逻辑碰撞，由此所形成的实践张力对于我国行政法学理论研究和行政诉讼制度实践而言，无疑具有非常重大且现实的镜鉴反思作用。

第一节，行政行为效力与行政行为违法性继承是多阶段行政行为司法审查的第一层实践张力。一方面，行政行为公定力确实在一定程度上能够阻碍行政行为违法性继承理论的实际运用，主要体现在先行政行为构成后行政行为的基础事实要件，除非前者具有重大且明显的违法效力瑕疵，皆可被法律推定为合法有效，并且对后行政行为的具体实施产生拘束效力，是维护行政秩序稳定的价值选择和必然要求，同时也是对既有权利义务关系的法律保护。因此，需要正视行政行为公定力与行政行为违法性继承理论在多阶段行政行为司法审查过程中呈现出来的内容张力，与其将此二者在司法实务中所发挥的影响作用完全割裂开来，倒不如合理地改造各自内涵中所存在的明显抵牾之处，使得二者在行政行为法和行政救济法之间实现概念视野和效力指向的体系融贯。另一方面，行政行为的构成要件效力则在很大程度上构成对行政行为违法性继承的适用前提，虽然在理论上明确承认，一旦被诉行政行为构成后续行政程序或者司法裁决程序的事实构成要件，那么其他行政主体或者法院便需受到该行政行为的拘束力，不得随意否定或者作出与之相反的判断。但是，这种学理论述的背后同样隐含了以下命题：法院依照法定职权审查行政行为的合法性问题时，需要将其所依据的事实构成要件或者证据材料，即先行政行为纳入考察范围。只要该先行政行为存在法定的违法情形，便可直接依据先行政行为与后行政行为之间存在"手段—目的"的构成要件效力关系，认定先行政行为的违法性效果可被后行政行为所继承，最终完成了行政行为构成要件效力与行政行为违法性继承的内容配合和效果对接。

第二节，行政过程安定与行政行为违法性继承是多阶段行政行为司法审查的第二层实践张力。一方面，行政过程论强调将行政过程的合法性作为一个连续性整体进行综合考察，不仅需要注意单个的行政行为具备合法性，而且更需要重视行政过程的连续性及法律对其的规范和控制。但是，一些法院在审理多阶段行政行为案件时忽视其行政过程的连续性、完整性等特质，将先行政行为与后行政行为的合法性问题割裂视之，必然会在二者之间的法律效果判断与传导方面形成某种阻却机制，从而无法基于行政行为违法性继承的理论视角审查整个行政过程的性质效果，最终导致行政过程的连续性与多阶段行政行为的违法效果阻却之间产生内容碰撞。另一方面，注重研究行政过程的全面性需要将多阶段行政行为置于一个系统观察的过程之中进行分析，不能片面地将过程中不同阶段的行政行为简单拆分、孤立审查，而应当全面分析先行政行为存在的效力瑕疵对于后行政行为违法性认定的影响作用。然而，一些法院却认为，由于需要考虑行政效率和程序经济，先行政行为的效力瑕疵可被后续行政程序补正治愈，只要其不具有"重大明显违法"的无效情形，该标准本身却是非常模糊、不易操作的。那么，以此一味地放任后行政行为能够治愈先行政行为的违法瑕疵，不仅会导致其所追求的行政效率和程序经济沦为空谈，更遑论行政过程安定性和行政法治目标的最终实现。

第三节，司法审查强度与行政诉讼目的是多阶段行政行为司法审查的第三层实践张力。一方面，我国法院在多阶段行政行为案件中采取的司法审查强度，主要体现为针对先行政行为的审查救济空间。一般而言，法院更为注重对最终行政处理决定的合法性审查，而疏于顾及行政过程之中的其他行政行为，从而导致先行政行为很难得到实质性的关注。目前，我国法院需要根据个案情况判断先行政行为是否具备外部意思表示而与行政相对人产生特定的行政法律关系，以及由此判断先行政行为能否对行政相对人的合法权益产生实际性的影响，而这种实际性的影响需要借助先行政行为对于后行政行为的作出究竟产生何种程度的拘束效果，很难形成较为清晰一致的逻辑理路。而正是这种司法审查强度的现实差异状况，无疑会直接影响行政诉讼制度目的的实现。另一方面，针对先行政行为的审查救济空间不仅与多阶段行政行为的三种审查逻辑有着密切的关联，而且还与行政行为效力、行政行为违法性继承以及行政过程的连续全面等理论内容交相呼应，因此形成的多阶段行政行为诉讼案件的不同实践模式，在不同程度上影响着行政诉讼目的的实现。

第五章
CHAPTER 05
多阶段行政行为司法审查的制度完善

　　前文对多阶段行政行为司法审查的现实样貌、基础内涵及其在司法审查过程中密切关涉的理论基础和实践张力等相关内容进行逐层探讨，最终目的还是回应和解决我国各级人民法院在审理多阶段行政行为案件实践中存在的一些问题。虽然近些年来，我国行政法学界和实务界对于多阶段行政行为的概念界定、审查规则以及责任救济等方面确已取得了一些研究进展，综合而言可归纳为如下特征：首先，理论观点层面凸显出颇为浓重的域外色彩，学者们大多皆是选择借鉴和转引德国、日本等相关论述成果，未能如愿地促成中国行政法学话语情境下的体系化阐述，其中尤以行政行为违法性继承理论为主要介入点。而且大多数研究成果仍旧是沿循着传统行政法教义学的论证思路，即主要借用单一的基础理论针对某一具体的行政管理领域展开粗略简单的逻辑推演，既不利于准确界定和全面概括多阶段行政行为在行政管理活动中的丰富内涵，又难以达到从不同的理论层面客观审视和系统修正传统行政法学的知识局限和狭隘视野。其次，由于既有的学理研究成果尚且不能为实务操作提供足够的理论养分，很大程度上造成了当前我国各级人民法院审理多阶段行政行为案件时所适用的裁判理据出现了较大差异，导致无法根据这些混乱杂糅的司法裁判文书总结出一些行之有效、益于参考的经验遵循。由此可见，多阶段行政行为的司法审查一直陷于理论与实践严重脱节的背反局面，即理论研究的踟蹰不前导致实务操作欠缺必要的学术支撑和意脉辅助，而实务操作的矛盾冲突却又直接阻滞理论研究的精细生成和纵深推进。

有鉴于此，本章拟将有机统合前文阐述的多阶段行政行为司法审查过程中呈现出来的理论张力和逻辑桎梏，并且在此基础上仔细思考如何能够妥善地处理这些理论和实践层面的现实问题。笔者认为，有必要立足于行政行为效力瑕疵的制度审视、行政过程一体导向的制度变革以及行政诉讼主客均衡的结构优化等主要内容，与前文所论及的影响多阶段行政行为司法审查的行政行为效力、行政过程安定以及行政诉讼目的等相关理论形成一一对应，具体分析多阶段行政行为违法和无效等法律效果维度上的判断基准与制度功能，明确行政过程的多阶逻辑关联和实现行政程序内外效能的整合，以及适度扩展现有的行政诉讼受案范围和针对行政诉讼的一些程序要素进行技术化改良，这些内容的直接目的无疑是实质性地化解多阶段行政行为案件背后的行政争议和及时有效地修复行政法律关系，终而服务于多阶段行政行为理论研究和司法实践双重发展的根本目的。

第一节　行政行为效力瑕疵的制度审视

多阶段行政行为的司法审查，归根结底就是法院通过行政诉讼程序具体考察和最终裁判其合法性问题。从理论上来看，行政应当受到立法的约束、行政行为亦应当具备法律规定的构成要件，此乃依法行政原则的基本要求，更是现代法治国家坚决反对行政擅权主义和专制主义的题中应有之义。[1]根据前文对行政行为效力理论的观点阐释：行政主体作出某一行政行为，其内容已经为行政相对人所知晓，在实体法维度便可认为该行政行为已然成立，能够作为一个客观存在的事实要件得以继续讨论行政行为的合法性问题。当然，为了切实维护行政法律关系的安定、促进行政目的能够及时顺利地实现，通常都会承认行政行为一经作出便具有公定力，被推定为合法有效的价值预设作为一种技术性规则，仅仅被视为公定力的形式依据，却并未对实定法规范为何赋予合法性推定等深层次问题进行解答，导致行政行为的法效力与合法性之间的关系问题成了行政法学理论研究的重点和难点。[2]具体在多阶段行政行为的司法

---

[1]　应松年教授认为："行政法是规范行政权的法，是规范行政权的授予、行使和对行政权进行监督的法。"参见应松年："当代行政法发展的特点"，载《中国法学》1999 年第 6 期，第 71 页。

[2]　参见赵宏：《法治国下的目的性创设——德国行政行为理论与制度实践研究》，法律出版社2012 年版，第 319~322 页。

审查过程中对于可能存在效力瑕疵的先行政行为如何进行判断和认定，始终困扰着多阶段行政行为学理探讨和制度实践。因此，有必要重新审视行政行为效力理论关于违法、无效等瑕疵情形的判断基准和制度功能，从而在学理上激活依法行政原则的明确意涵，促使行政行为效力理论与行政行为违法性继承理论相互补充，共同致力于多阶段行政行为司法审查的理论建构与制度完善。

一、行政行为违法判断的基准完善

关于行政行为"合法即有效、违法则无效"的观念认知一直备受我国学者诟病，合法性与效力并不能始终保持某种确定的对应关系，在实践中存在很多"合法的行政行为不一定必然有效，违法的行政行为却并不必然无效"的情况。[1] 然而，不容否认的是"合法与违法""有效与无效"这两组判断结论在理论上和实务中皆具有非常密切的逻辑联系，在本质上，行政行为的合法与否无疑是对行政行为的适法性所作出的法律评价，这种判断结果固然不会直接改变行政行为在作出成立之后的生效状态。此时，只要行政相对人对行政行为的合法性存疑，并将该行政行为诉诸有权机关或者法院，便会使行政行为的效力存续状态陷入不确定的局面，有权机关或者法院可以根据法律规定的合法性要件，对被诉的行政行为进行全面考察：对于具有轻微违法情形的行政行为，通常不会否定其法律效力；对于一般违法的行政行为可作出确认违法或者撤销决定；而对于严重违法的行政行为则可作出确认无效的决定，并使其丧失溯及既往的效力。可见，行政行为的违法性认定必然会影响行政行为之后的效力状态。

但是，从前述内容亦可推导出行政行为存在某些违法情形可能会产生多种不同的效力状态，并不局限于无效认定结论，需要根据行政行为的违法程度和后果等内容进行个案分析。与之相对应的是，行政行为能否产生法律效力，并不取决于行政行为是否符合法律规定的合法要件，而是仅仅针对受其影响的行政相对人或者利害关系人而言，行政行为自被相对人知晓时，始可发生效力，行政行为的生效内容依照其告知或者送达行政相对人而被最终确

---

[1] "合法有效""违法无效"并未涵盖所有的对应关系。一方面，合法性和效力并不始终体现为某种对应关系，也可能出现"对应不能"的状态；另一方面，如果把合法有效、违法无效形象地比作一种"同向对应"的话，实践中尚存在大量的"反向对应"，即"合法无效""违法有效"的情形。参见江必新："行政行为效力判断之基准与规则"，载《法学研究》2009 年第 5 期，第 86 页。

定。当然，若该行政行为具有重大且明显的违法瑕疵，则自始不产生法律效力。换言之，行政行为的生效仅仅需要依赖于行政行为的告知以及行为不存在无效情形等事实要件，而无须受到相关实体法律规范的限制。因此，行政行为的生效是在实体法的规定内容之外，为行政相对人的权利义务作出了一种相对独立的内容安排，这种法律关系的形成不仅是将抽象的法律规定予以具体化和明确化，同时更是对行政法规范秩序进行相对独立的塑造。[1]值得指出的是，此处所称的行政行为生效主要是指其对于行政相对人或者利害关系人产生的拘束作用，这种效力并不依赖具体规制内容，而是一种抽象化或者说是类型化的一般拘束效果。而依据行政行为的具体规制内容所发生的法律效果需要以对行政相对人合法权益或者具体权利受行政行为的影响为前提，事实上可被看作是行政机关意思表示的具体外化。一般而言，这种具体的影响作用是与抽象的拘束效果同时产生，但也有类似于附始期或者停止条件行政行为的例外情形。综合而言，行政行为的有效与行政行为的合法分属于不同的效果判断范畴，绝不可简单等同。

根据上述分析可以归纳：行政行为违法并不必然导致无效结果，而是需要根据国家的实定法规范和相关政策进行判断，而国家的法律政策却又与依法行政原则的内涵形塑密切相关。依法行政原则的价值内核和中心思想是行政权必须依法行使，否则便不具有合法性。[2]自被正式确立为行政法的基本原则开始，我国行政法学理便更为重视对"依法行政"原则的系统阐发和持续锻造。一方面，加强对行政行为合法要件的归纳总结，在行政行为作出之前为行政主体设置一些必要的法定条件，作为行政诉讼和行政监督等程序中评价行政行为合法性的基准；另一方面，进一步明确行政行为违法构成要件和判断基准时等内容，要求行政主体必须按照法律规范的内容行使职权，否则将会受到否定性的法律评价，进而需要承担败诉、国家赔偿等不利后果。需要指出的是，行政行为的合法要件与违法要件并无二致，只是基于相反的评价视角维护行政秩序的统一安定。因此，本节所指的行政行为违法判断基准是在遵循一般行政行为理论的基础上，结合多阶段行政行为的具体实际状

---

　　[1]　按照德国行政法的通说，行政行为的生效是行政行为在法律上的成立，抑或行政行为产生依其内容所期待的法律效果。参见许宗力："行政处分"，载翁岳生：《行政法》（上册），中国法制出版社 2002 年版，第 677 页。

　　[2]　参见罗豪才主编：《现代行政法的平衡理论》，北京大学出版社 1997 年版，第 15 页。

况和司法审查实践，主要围绕判断基准时、构成要件、后果类别三个方面内容展开。

一则，行政行为违法判断基准时的确定，关乎法院应当准确把握针对何种时间节点的法律和事实进行司法审查，这就是所谓之"诉讼法上的判断基准时"问题。[1]对于单阶行政行为而言只需要依照行为作出时的事实状态和法律规范来判断其是否合法，此种认定并不存在太多困难。可是，对于多阶段行政行为而言则需要根据针对不同阶段的行政行为各自作出时所引起的法律事实与法律效果的现实状态进行判断，而这种违法判断基准时与多阶段行政行为自身的内部构造密切相关，这便意味着须得参照先行政行为与后行政行为之间的不同关系类型予以最终确定。例如，在"依据—结果"和"前提—结果"等相应类型的多阶段行政行为活动中，行政主体作出的先行政行为，其所依据的事实要件和法律状态便可决定该行政行为的合法性，同时先行政行为亦被看作是后行政行为得出最终处理结果的基础前提，这便意味着一旦先行政行为所依据的事实认定和法律适用出现某些违法情形，那么后行政行为的处理结果必然会受到违法效果向后传导的影响，从而导致多阶段行政行为整个过程的合法性，皆不可获得实定法律的肯定性评价。但是，在行政审判实务中，以"饭垄堆案"为代表的司法裁判意见很显然都是按照"行政行为是否合法，应当以最后行政主体作出时的事实状态为基准"，即是以后行政行为的合法性来决定司法审查的最终结果。但是，这种判断基准时略显片面，因为先行政行为本身便可作为一个相对独立的行政行为，其所产生的法律效力是不言自明的。可是，并不能单纯地因为行政相对人的权利义务关系主要是受到后行政行为的具体影响，便不予考虑先行政行为的违法判断基准时。相反，而是应当将多阶段行政行为的违法判断基准时进行提前处理，应当充分考察先行政行为作出时所依据的事实和法律状态。[2]

此外，在"事实—结果"类型的多阶段行政行为活动中，原则上先行政行为是后行政行为必须前置履行的程序性事实要件，其对于后行政行为的事实和法律状态并不必然地产生决定性作用。只有出现后行政行为忽略或者跨

---

[1] 参见李泠烨："论不履行法定职责案件中的判断基准时"，载《当代法学》2018年第5期，第50页。

[2] 参见章剑生：《现代行政法总论》，法律出版社2014年版，第281页。

越先行政行为这一事实要件，径直地作出影响行政相对人合法权益的处理结果时，才可判定后行政行为具有法律程序上的违法之虞。否则，法院对于先行政行为的违法判断，完全可以在后行政行为的审查过程中一并得到解决，而无需启动新的行政诉讼程序，浪费司法资源和社会资源。[1]总而言之，多阶段行政行为的违法判断基准时需要根据一般行政行为的判断规则"基于行为作成时的事实和法律状态"，同时还必须具体参酌先行政行为与后行政行为存在的内容关联和效力传导等特质，原则上应当将多阶段行政行为违法判断基准时提前，促使先行政行为的合法性判断一并纳入审查范围。亦要注意一些例外情形，即先行政行为可能仅仅作为一种程序事实要件，其合法性判断会被后行政行为所吸收、覆盖，但不得以此为理由漠视先行政行为的合法性判断，而是应当将其作为后行政行为违法判断基准的重要事实进行慎重考虑。

二则，行政行为违法的构成要件主要涉及主体、事实、依据和程序四个方面的内容，[2]认定某一行政行为构成违法并不要求其同时符合上述四个要件，而是只要其中一个要件成立，行政行为的违法性便可成立。[3]更需要说

---

〔1〕　参见梁君瑜："行政诉讼裁判基准时之考量因素与确定规则——以撤销诉讼为中心的考察"，载《河南财经政法大学学报》2016年第5期，第32~34页。

〔2〕　具体的法律依据可参见《行政诉讼法》第70条规定："行政行为有下列情形之一的，人民法院判决撤销或者部分撤销，并可以判决被告重新作出行政行为：（一）主要证据不足的；（二）适用法律、法规错误的；（三）违反法定程序的；（四）超越职权的；（五）滥用职权的；（六）明显不当的。"《行政复议法》第28条规定："行政复议机关负责法制工作的机构应当对被申请人作出的具体行政行为进行审查，提出意见，经行政复议机关的负责人同意或者集体讨论通过后，按照下列规定作出行政复议决定：（一）具体行政行为认定事实清楚，证据确凿，适用依据正确，程序合法，内容适当的，决定维持；（二）被申请人不履行法定职责的，决定其在一定期限内履行；（三）具体行政行为有下列情形之一的，决定撤销、变更或者确认该具体行政行为违法；决定撤销或者确认该具体行政行为违法的，可以责令被申请人在一定期限内重新作出具体行政行为：1.主要事实不清、证据不足的；2.适用依据错误的；3.违反法定程序的；4.超越或者滥用职权的；5.具体行政行为明显不当的。（四）被申请人不按照本法第二十三条的规定提出书面答复、提交当初作出具体行政行为的证据、依据和其他有关材料的，视为该具体行政行为没有证据、依据，决定撤销该具体行政行为。行政复议机关责令被申请人重新作出具体行政行为的，被申请人不得以同一的事实和理由作出与原具体行政行为相同或者基本相同的具体行政行为。"

〔3〕　对行政行为合法要件的讨论，一直都是我国行政法学界较为关注的研究议题。参见罗豪才主编：《行政法学》，中国政法大学出版社1999年版，第129~130页；叶必丰：《行政法学》，武汉大学出版社2003年版，第184~186页；姜明安主编：《行政法与行政诉讼法》，北京大学出版社、高等教育出版社2005年版，第229~230页；朱新力：《司法审查的基准：探索行政诉讼的裁判技术》，法律出版社2005年版，第250~255页等。但是，这些讨论皆没有展示出应有的理论归纳思维过程，而仅仅是对实定法内容的简单逻辑推演。

明的是，前述关于行行为违法的四个构成要件并非处于同一平面之内的四个点，而应当被看作是处于同一直线之上的先后四个点，即主体、事实、依据和程序因素考量呈现出了递进式的要件顺序，只有在前一个要件不能成立的情况下，才有必要去审查判断后一个要件是否成立；此时，如果后一个要件得以成立，那么前面所有关于行政行为违法不成立的要件须得全部归于初始状态，从而构成行政行为违法。[1]

（1）主体资格违法体现为行政主体不享有对外作出行政行为的权能或者权限，其中权能违法的判断时间先于权限违法的判断时间，前者决定行政主体能否对外作出行政行为，后者则决定具有行政权能的行政主体能够在多大范围内对外作出行政行为。具有行政权能的行政主体未必具有相应的行政权限，但是有行政权限的行政主体必然有行政权能，只有二者皆为齐全，才能被称为适格的行政主体。[2]例如，"饭垄堆案"所涉及的首次行政许可系湖南省国土厅委托郴州市国土局作出，而依据《行政许可法》的相关内容，这种行政委托行为并未获得法律规范的明确授权，完全可以将其认定为行政违法。嗣后，湖南省国土厅通过作出行政许可延续行为意图达到追认先行政行为主体资格的法律效果，笔者认为，虽然本案所涉的所有行政主体皆具有一定的行政权能，可是受委托的行政主体并不具有行政实体法所明确赋予的特定行政权限，导致此种法律效果的事后追认行为实在难以获得有效的学理支撑。

（2）事实认定错误则体现为行政主体作出行政处理决定所依据的各种客观存在情况没有证据或者没有足够的主要证据予以证实，又或者说被用以证明事实情况存在的证据材料系行政主体违法取得。相较而言，前者"没有证据或者主要证据不足"在多阶段行政行为案件中较为常见。例如，"夏某荣案"所涉及的行政主体作出建设工程验收合格证书，是行政主体对涉案住宅小区进行竣工验收后所作出的行政处理决定，而这个结论需要以其他行政主

---

[1] 何海波教授认为：一个行政行为所涉及的职权、事实、程序等方面的问题，我们称之为"合法要素"，或者说"审查要素"。而对该方面是否合法的审查依据和强度，我们称之为"合法标准"，或者说"审查标准"。一个合法要件同时包含合法要素和合法标准，或者说，一个审查根据包含审查要素和审查标准。行行为的合法要件包含若干方面的要素，每个要素又有其合法标准。在区分合法要素的基础上讨论合法要件，避免了合法要素和合法标准的犬牙交错。参见何海波："行政行为的合法要件——兼议行政行为司法审查根据的重构"，载《中国法学》2009年第4期，第65页。
[2] 参见章剑生：《现代行政法总论》，法律出版社2014年版，第284页。

体作出的规划许可证这一事实要件作为根据。但是，行政相对人所提交的规划许可证复印件系虚假证据，导致行政主体颁发的验收合格证存在主要证据不足的违法问题，因此法院应当依法予以撤销。此外，"沈某贤案"中被告核准的工程设计方案所载明的实验室与原告住宅楼之间的距离要求不符合相关规定，尚不足以充分地证明行政审批行为认定事实清楚。由此可见，无论是"主要证据不足"还是"没有证据"，它们都蕴含着证明标准的要求：对案件事实认定只有达到了这两种相关要求，那么被诉行政行为便可认定为可撤销、改变或者确认违法。[1]

（3）依据适用错误则体现为行政主体在了解和查清案件事实之后作出某一行政行为，其所选择适用的法律规范产生某种认知失误或者理解偏差。[2]行政行为的依据要件的满足一般需要参照三个档次：寻找正确的法依据—进行正确的法解释—作出适当裁量。[3]其实，被诉行政行为在某种程度上可被看作是行政主体在进行事实认定、规范适用之后的产物，而行政法领域中最为典型的法律适用便存在于行政主体将抽象的行政法规范进行具体化，并用以调整和裁决案件事实的特定阶段，而这个法律适用过程可以生动地表现为行政主体"眼光流转往返于事实与规范之间"。[4]例如，"叶某案"的被上诉人对于所依据的文件具体内容出现了理解偏差，导致补偿标准错误地以国有土地上房屋征收程序代替了集体土地征收程序，进而影响了补偿方案的法律效力。加之，行政主体在行政相对人所在村集体土地未办理征收手续，所在村委会亦没有收回行政相对人集体土地使用权的情况下，直接作出被诉的行政征收决定，不符合法律的相关规定。故而，法院判决确认该行政行为违法。由此可见，在行政诉讼过程中，法院作为司法机关仅仅是对行政主体选择适用的规范依据进行复审核对，通过审查被诉行政行为所依据的法律规范是否

---

〔1〕　参见陈永革："论主要证据"，载《法学研究》1999 年第 2 期，第 90 页。

〔2〕　正确的法律依据要求行政主体作出行政行为时，不仅要明确所适用的具体依据，而且选择适用的法律依据必须合法。参见杨登峰："行政行为撤销要件的修订"，载《法学研究》2011 年第 3 期，第 30~31 页。

〔3〕　参见董皞："论行政审判对行政规范的审查与适用"，载《中国法学》2000 年第 5 期，第 37~38 页。

〔4〕　参见曾哲、周泽中："反思与重述：行政诉讼的法源规范与依据选择"，载《岭南学刊》2017 年第 3 期，第 86~87 页。

正确，从而对行政行为的合法性作出具体的评判意见。[1]

（4）违反法定程序作出的行政行为，既会阻碍行政实体法的目的得到公正实现，亦会减损行政程序具有的独立法律价值。因此，我国现行有效的《行政复议法》和《行政诉讼法》均明确地将"违反法定程序"列入撤销被诉行政行为的法定事由之一。[2]具体表现为行政主体没有依照法定的时空、顺序、步骤和方式作出行政行为，导致行政行为产生时空错位、顺序混乱、步骤跳跃和方式偏差等情况，又或者行政主体没有遵循最低限度的程序正义作出行政行为。例如，"立达公司案"的受理法院认为，国有建设用地使用权必须通过计划、批准、公告、签订出让合同等相关的法定程序之后，才能作出最终的出让行为。前述这些独立的法定程序必须是符合法律规定的，如果某一个程序出现效力瑕疵，将会导致该行政行为不具有合法性。位于先前阶段的程序是后续阶段程序的前提基础，未能通过先前的程序或者先前的程序因不合法而被撤销，那么必然会导致后续的程序失去合法存在的基础；如果将后续的某一程序仍然认定为一个合法的行为，那么法律规定的必经程序内容将会失去其应有的价值。当然，在司法实务中，违反法定程序的内涵通常会被限缩为"违反主要法定程序"，而对于那些"违反次要法定程序"和"程序瑕疵较为轻微"的行政行为可以通过程序补正的方式进行合法性追补。[3]此种实践观点在德国行政法中表现地尤为明显，即一些特定的程序违法完全可以通过法定手续补正的方式得到治愈，通过"治愈"手段消除程序违法的后果使该行政行为在形式上被视为合法。[4]

按照行政行为违法认定的四个构成要件之内容形式来看，主体、事实和依据皆可归结为行政行为实体违法的判断要件，而程序要件则可以被单列。一般来说，只要行政行为出现某些实体违法情形，那么很有可能招致相应的法定违法后果。但是，行政行为程序违法却并不必然导致违法后果，可以通过必要的方式进行补正，从而保证行政效率和行政目的的充分实现，而这些

---

〔1〕 参见周汉华："论行政诉讼中的法律问题"，载《中国法学》1997年第4期，第39页。

〔2〕 参见于立深："违反行政程序司法审查中的争点问题"，载《中国法学》2010年第5期，第108页。

〔3〕 参见杨登峰："程序违法行政行为的补正"，载《法学研究》2009年第6期，第155页。

〔4〕 德国《联邦行政程序法》第45条、第46条规定了程序违法，第45条规定了对程序违法的补正和治愈，被置于首要地位；第46条只表明了程序违法的重要性。参见〔德〕哈特穆特·毛雷尔：《行政法学总论》，高家伟译，法律出版社2000年版，第255页。

内容与行政行为违法的程度类别有着非常直接的逻辑联系。

三则，行政行为违法的后果类别，能够清晰地反映出行政行为违法状况与行政行为法律效力之间的逻辑关系，需要根据行政行为的违法程度予以甄别确定。但是，"违法程度"确是一个难以被量化的评判标准，为了便于本书讨论，笔者拟将根据不同标准将行政行为违法的后果划分为两大类：

（1）无效行为与其他违法行为的差异，根据一般社会民众的心理预期，行政行为的违法情形需要根据"主体的可接受程度"加以判断。[1]一般而言，对于行政主体作出的一些不足以影响行政相对人合法权益的轻微违法行为，国家实定法规范会给予其相对宽容的判断余地。例如，行政主体在引用规范依据的过程中出现少字、多字或者错字等技术性瑕疵，只要这种卷面错误没有显得过于离谱，以至于超出了其所规制的范围之外，皆不应当将其一概地认定为无效或者可被撤销。当然，一旦这些轻微违法情形伤及了行政行为内容，造成了行政法律关系的变动，此时便需追究其责任后果。[2]当然，备受我国学界和实务界关注的违法情形无疑是无效行政行为，因为这种违法程度足以视行政行为自始不存在。[3]学理层面上关于行政行为无效的判断标准更是众说纷纭，有"不可能理论"[4]"明显性补充要件理论"[5]和"瑕疵理论"[6]等，目前我国的理论通说和实务观点均坚持"重大且明显"标准。[7]

---

〔1〕　"行政机关作成的行为倘违法瑕疵达到无法指望任何人去承认其拘束力的明显程度，由于一般人面对此类的行政行为，理智上都不会认为其有拘束力，进而对其产生信赖，因此采实质正义优先立场，直接令其归于无效，较不会有法安定性的顾虑。"参见翁岳生编：《行政法》，中国法制出版社2002年版，第708页。

〔2〕　参见李烁："行政行为程序轻微违法的司法审查"，载《国家检察官学院学报》2020年第3期，第97~98页。

〔3〕　参见何海波："公民对行政违法行为的藐视"，载《中国法学》2011年第6期，第120~121页。

〔4〕　参见朱新力：《行政违法研究》，杭州大学出版社1999年版，第254页。

〔5〕　参见〔日〕盐野宏：《行政法总论》，杨建顺译，北京大学出版社2008年版，第108页。在文殊核电诉讼中，名古屋高等法院金泽支部2003年1月27日判决表示，"对于核反应堆设置许可处分，核反应堆存在重大潜在危险性的特别情况，其无效要件在具有违法（瑕疵）的重大性即可满足，而无需明显性要件"。但最高法院认为设置许可处分并不违法，遂判决驳回。

〔6〕　参见章志远："行政行为无效若干问题研究"，载《河南省政法管理干部学院学报》2002年第1期，第107~108页。

〔7〕　在《行政诉讼法》于2014年修正施行后，我国法院基本上根据重大且明显说的标准对无效行政行为作出认定。关于2015年之前最高人民法院相关解释、裁判的介绍和评论，参见叶必丰：《行政行为原理》，商务印书馆2014年版，第269页。

我国现行的一些立法更是直接规定了对行政行为无效的判断标准，同时还明确赋予了行政相对人的拒绝履行权。[1]由于在实务中判断行政行为"重大且明显违法"的标准并不那么清晰，一些学者对于行政行为无效的制度功能产生怀疑和反思，后文将详细论述。此外，介于轻微违法和严重违法之间的一般违法是"常态"，通常这类行政行为自作出之日起便具有法律效力，除非有权机关或者法院将其予以撤销或者确认违法，否则它的法效力便始终存在，直到法律规定的行政行为失效情形出现为止。当然，一般违法的行政行为既有可能被撤销，也有可能被确认违法，需要有权主体或者法院根据个案情况以及所涉及的不同利益衡量予以作出。

（2）实体违法与程序违法的区别对待，即行政行为是实体内容违法还是程序形式违法，会导致不同的法律后果。例如，在德国法中，行政行为的作出主体不适格、事实认定不清楚、意思表示不明确、规范依据出差错以及裁量适用有瑕疵，甚至违反了行政法的某些基本原则，但只要不存在重大且明显违法，都只构成可撤销的判断事由。[2]换言之，实体违法的法律后果需要结合个案予以考虑、斟酌其是否属于"重大且明显"的无效瑕疵。但是，对于行政行为的程序形式违法，法院一般会采取比较宽松的判断态度，有可能通过法律的转换使之成为合法行为，又或者通过事后的补救追认使得违法瑕疵得以治愈。[3]这些制度设计和实务操作在很大程度上提升了行政程序经济和诉讼救济效率，却似乎会严重背离程序独立价值和扰乱行政相对人程序权

---

[1]《行政处罚法》（2017年修正）第3条规定："公民、法人或者其他组织违反行政管理秩序的行为，应当给予行政处罚的，依照本法由法律、法规或者规章规定，并由行政机关依照本法规定的程序实施。没有法定依据或者不遵守法定程序的，行政处罚无效。"第56条规定：行政机关对当事人进行处罚不使用罚款、没收财物单据或者使用非法定部门制发的罚款、没收财物单据的，当事人有权拒绝处罚，并有权予以检举。……"

[2] 参见余凌云："行政行为无效与可撤销二元结构质疑"，载《上海政法学院学报》2005年第4期，第68页。

[3] 瑕疵程序的违反程度直接影响行政行为的法律效果，一般认为只有重大瑕疵的程序违反才导致行政行为无效，中度及轻度瑕疵的程序违反才可导致行政行为被撤销，微量瑕疵的程序违反则可以进行补救治愈。以大陆法系为代表的行政程序法，通过补正、更正等程序补救手段赋予瑕疵行政行为以治愈的效果。参见吴庚：《行政法之理论与实用》，中国人民大学出版社2005年版，第250~258页。我国法院已经积极地对待瑕疵行政程序的法律后果问题，透过典型案例可以发现我国法院已经认同了程序补正和轻微瑕疵程序"自愈"的观念。

利保障。[1]但是，随着德国行政法学理的深入影响，我国行政法学界和实务界越发重视对这些域外理论和基础规范的借鉴移植，虽然都是朝着行政法治的目标进发，但是更需防范擅作自以为是的经验总结和未经逻辑检验的主观臆断，可能会不利于我国行政诉讼规范和学理的逻辑检视和系统整饬。

由此可见，认定多阶段行政行为违法的判断基准需要从基准时、构成要件和程度后果进行综合考虑，首先，判断基准时需要进行提前处理，这便意味着法院在考虑和审查后行政行为的合法性问题时，应当将先行政行为的违法判断一并纳入整个行政诉讼程序之中，而不得随意忽视和人为排除；其次，多阶段行政行为违法的构成要件，需要综合全面地考察先行政行为与后行政行为各自的主体、事实、依据以及程序等内容，无论是后行政行为的作出机关还是负责最终司法审查的法院，都应当将这些因素进行全面考量，尤其是对于先行政行为存在实体违法情形，后行政行为是否能够补正治愈，应当审慎为之，否则会导致先行政行为的权力运行沦为一种违法工具且难以获得司法救济；最后，根据违法程度的不同将多阶段行政行为违法的后果类别划分为轻微违法、一般违法与严重违法，对于轻微违法的采取宽容态度、一般违法的予以撤销或者确认违法以及严重违法的无效认定，皆要求法院严格把控行政行为违法"量变与质变"的演进关系，切不可相互替代。

二、行政行为无效制度的功能彰显

经由上述分析可知，一旦行政行为被有权主体或者法院认定为违法，那么便需要解决它的效力瑕疵问题。存在轻微违法情节的行政行为一般不会影响其法律效力，或者通过程序上的补正措施使其恢复合法性；对于具有一般违法性质的行政行为，认定主体会参酌违法程度和违法结果等事实情况，作出确认违法或者撤销决定；可是对于自始无效的行政行为，法院便需要围绕"重大且明显"的违法判定标准进行仔细甄别，除了无效的判断标准比较抽象、模糊之外，还归咎于其所引起的法律效果远比前两者更为显著，以及其

---

〔1〕　程序价值、程序权利并不占据恒定的、绝对的优先保护地位。任何法律价值、法律权利都不享有永恒的、绝对的优先于其他法律价值、法律权利的地位。特定法律价值与法律权利的保护通常需要在斟酌个案情形中加以平衡。根据个案情况加以权衡并对其加以限制也是必要的。对那些不具有独立内在价值的辅助性程序或者程序组成要素而言，就更是如此。参见杨登峰："行政行为程序瑕疵的指正"，载《法学研究》2017 年第 1 期，第 35～36 页。

对行政秩序稳定和行政法治目标所造成的危害结果更为剧烈。正是由于这些特质，行政行为无效的理论建构和制度设置便显得尤为紧迫重要。[1] 而从我国多阶段行政行为案件的司法审查实践来看，将被诉行政行为认定为无效的情形虽并不多见，但是在"饭垄堆案"和"叶某建案"的裁判文书中皆明确提及了"重大且明显"的判断标准，并且行政行为的无效认定往往隐含于"行政行为一经作出便可视为合法有效，除非其具备一些自始无效的情形"等公定力理论的相关内容表述之中。由此可见，行政行为无效是我国行政法学理论研究和行政审判实务所必须重视的一个经典命题，并且具有其得以存在的正当性基础。

无效的汉语词义系指"没有效力、没有效果"，[2] 那么行政行为无效则是指行政行为不具有法律效力或者法律效果，概念内涵的不确定必然会导致概念外延非常广阔，既可表现为自始无效的行政行为，又可表现为行政行为生效之后被撤销、变更或者废止而失去效力，一般与行政行为有效相对应。[3] 但是，本书所意指的行政行为无效特指"自始的完全无效"，正如"一旦法院宣布某一行政行为在法律上无效，那么便如同什么事都没有发生一样"。[4] 通过考察行政行为无效瑕疵理论的历史演变，不难发现对于行政行为存在瑕疵的判断，早期多倾向于"原则无效说"，而随着现代行政国家的崛起，行政权力在社会生活中的地位和作用日趋重要、复杂，"原则撤销说"后来居上，对行政行为无效的判定范围日益限缩。尽管如此，行政行为无效制度仍旧为很多国家和地区的行政法和法院判例所接受，对于我国而言其最为直接的法律渊源便是《行政诉讼法》第 75 条规定：行政行为有实施主体不具有行政主体资格或者没有依据等重大且明显违法情形，原告申请确认行政行为无效的，人民法院判决确认无效。据此，最高人民法院制定相关的司法解

---

〔1〕 有学者指出，"无效行政行为理论制度化是我国学者的普遍诉求，但是这种制度化诉求注定是要失败的。"参见张旭勇："权利保护的法治限度——无效行政行为理论与制度的反思"，载《法学》2010 年第 9 期，第 111 页。

〔2〕 中国社会科学院语言研究所词典编辑室编：《现代汉语词典》，商务印书馆 1996 年版，第1331 页。

〔3〕 参见关保英："无效行政行为的判定标准研究"，载《河南财经政法大学学报》2012 年第 4期，第 45~46 页。

〔4〕 ［英］威廉·韦德：《行政法》，徐炳等译，中国大百科全书出版社 1997 年版，第 45 页。

释为前述规范提供了更为具体的实践指引。[1]由此可知，行政行为存在违法瑕疵，可能会招致应予撤销或者确认无效等不同类型的法律后果。那么，相对于应予撤销的法律结果而言，创设行政行为无效制度的意义究竟是何？笔者拟将从实体和救济两个方面进行分析：

一则，在实体法层面，行政行为无效制度能够切实有效地保障行政相对人的主体权利，从源头上巩固行政法律关系的正当性基础。"无效确认诉讼之立法目的乃在借由法院判决之权威性确认，用以消除行政处分法律效力之外观以及事实上之不利效果，进而创就法律明确和安定之状态。"[2]具体虑及法律效果，设置行政行为无效制度"是在法律上赋予人们直接根据自己对法律的认识和判断，公开无视和抵抗国家行政管理的权利"。[3]但是，任何的社会成员皆不得对合法有效的行政行为进行抵抗和阻挠，即便是行政相对人认为某一行政行为可能存在违法情形，可是该行政行为仍旧具有"推定为合法有效"的公定力。"行政法最重要的特色在于，尽管是有瑕疵的行为，但这种行为也具有公定力，对方仍有服从的义务。"[4]然而，无效的行政行为并不具有天然的公定力，而是自始不产生任何的法律效力。因此，当任何个体或者社会组织在面对某个无效行政行为时，都无需对其给予尊重。[5]在此意义上，无效的行政行为既不能成为行政权力得以强制实现的依据，更不得成为社会民众产生某种信赖关系的作用客体。在外部行政法律关系中，行政相对人对

[1]　最高人民法院《关于适用〈中华人民共和国行政诉讼法〉的解释》第94条规定："公民、法人或者其他组织起诉请求撤销行政行为，人民法院经审查认为行政行为无效的，应当作出确认无效的判决。公民、法人或者其他组织起诉请求确认行政行为无效，人民法院审查认为行政行为不属于无效情形，经释明，原告请求撤销行政行为的，应当继续审理并依法作出相应判决；原告请求撤销行政行为但超过法定起诉期限的，裁定驳回起诉；原告拒绝变更诉讼请求的，判决驳回其诉讼请求。"

[2]　刘淑范："论确认诉讼之备位功能：行政诉讼法第六条第三项之意涵与本质"，载《人文及社会科学集刊》2003年第1期，第87页。

[3]　于安编著：《德国行政法》，清华大学出版社1999年版，第127页。

[4]　[日]田中二郎：《新版行政法》，转引自中国政法大学编：《行政法研究资料》，内部资料，第552页。另一位日本行政法学者杉村敏政认为："行政处分之公定力，即令行政处分本身应具备之法律要件是否齐全尚成疑问，在有权限制机关或法院于以法令所定之程序确定其为不生效之前，要求任何人均应认其为具有约束力。行政行为因具有这样的公定力，任何人均不得以自己的判断而否认其拘束力。"参见[日]杉村敏正："论行政处分之公定力"，载城仲模：《行政法之基础理论》，三民书局1988年版，第176页。

[5]　"在任何情况下，一个自始无效的行政行为都不可以通过期限被延误，而获得一种'确定力'。"参见[德]弗里德赫尔穆·胡芬：《行政诉讼法》，莫光华译，法律出版社2003年版，第326页。

于无效的行政行为并无法律上的履行义务，可以直接拒绝，亦不得因此遭受不利后果。鉴于此，我国一些学者认为，"行政相对人对无效行政行为享有抵抗权，可以通过请求宣告无效之诉的制度保障行政相对人的权利"。〔1〕行政行为无效制度能够为抵抗权的行使预留一定的生存空间，进而促使行政相对人对于那些具有严重且明显违法的行政行为直接行使抵抗权，确实能够激活社会民众对行政权进行监督控制的新路径，更为充分且生动地体现行政过程中权力与权利对立且统一的关系局面，能够更为全面地建构一整套制约权力滥用、纠正权力恣意的法律机制。〔2〕

然而，我国现行的相关立法并未明确抵抗权的概念，转而采取行政相对人对于无效行政行为享有拒绝权的规范思路。〔3〕毕竟，在行政管理实践过程中，无效的行政行为在其权力外观上仍旧表现为一个客观存在的行政行为，行政相对人一旦对其直接选择无视或者暴力抵抗等方式，很有可能会导致行政相对人需要承担更多的利益风险。〔4〕加之，行政主体和行政相对人对于行政行为的效果或者性质可能存在一些认识差异，为了确保秩序稳定和利益安全，由行政相对人请求确认行政行为无效的制度设计显然更为妥当。〔5〕可是，对于无效情形之外的其他违法行政行为，行政相对人有权提出质疑，但是由于这类行政行为仍然具有公定力，在向有权主体或者法院诉请权利救济之前，行政相对人需要继续履行行政行为对其所设定的法律义务。〔6〕由此可知，无论是抵抗权的理论建构还是拒绝权的规范表达，无疑都反映出了无效行政行为制度对于抑制行政权力专横霸蛮的震慑效用，更是行政行为无效制度得以

---

〔1〕 参见王锡锌："行政行为无效理论与相对人抵抗权问题探讨"，载《法学》2001年第10期，第19页。
〔2〕 参见章志远："行政行为效力论"，苏州大学2002年博士学位论文，第77页。
〔3〕 我国现行的多部法律明确赋予行政相对人以拒绝权，具有特定情形的行政行为已被我国法律认定为无效。这些法律主要包括两类，第一类是针对乱罚款、乱收费、乱摊派等现象的。例如，《治安管理处罚法》第106条规定，不出具财政部门统一制发的罚款收据的，当事人有权拒绝缴纳罚款。第二类是针对违反调查程序要求的。例如，《保险法》第154条第3款规定了监督检查、调查的人员少于二人或者未出示合法证件和监督检查、调查通知书的，被检查、调查的单位和个人有权拒绝。拒绝配合这些行为，相对人并不会因此而遭受不利，更不会构成妨碍公务。
〔4〕 参见黄全："无效行政行为理论之批判"，载《法学杂志》2010年第6期，第135页。
〔5〕 参见王太高："无效行政行为制度研究"，载《河北法学》2002年第2期，第72页。
〔6〕 参见朱雁："论建立我国无效行政行为制度"，载《行政法学研究》2004年第1期，第37页。

历久弥新的原因所在。[1]

二则，行政行为无效制度能够在救济法上弥补传统行政救济途径的固有缺陷，从根本上督促行政主体审慎行使权力。"无救济则无权利"的法治圭臬和人权理念早已深入人心，对于现代行政法而言，行政救济法是其最为基础的组成部分。[2]传统的救济手段主要表现为行政复议、行政诉讼以及行政赔偿等手段。这些救济途径存在非常明显的"先天不足"：首先，皆表现出被动性，行政诉讼和行政赔偿属于典型的司法活动，没有原告或者申请人的诉请，法院不得主动介入，而行政复议在性质上虽非司法活动，但是其亦坚持"不告不理"原则，上级行政主体不得直接启动复议程序；其次，皆表现出事后性，行政诉讼和行政赔偿等司法救济通常被认为是现代社会公平正义的最后一道屏障，而行政复议作为一种类似于司法活动的监督救济手段，亦是只能在行政相对人的合法权益遭到不法侵犯之后才能寻求救济；最后，皆表现出低效性，由于行政诉讼和行政赔偿等司法救济手段所具有的程序繁琐、时间冗长以及成本高昂等缺陷，容易造成当事人产生畏难情绪、望而却步，行政复议则是典型的行政系统内部纠错机制，权力之间的同质监督必然还是难以克服潜在的自我保护意识，从而使得救济效果的公正性大打折扣。

鉴于这些现实问题和实践需要，行政行为无效制度应运而生。"抵制违法、越权的行政行为是公民的宪法权利，将公民的宪法权利交付司法自由裁量是等于将公民自由的基础由磐石变换成沙滩，会使之失去稳固的保障。"[3]前文已述，对于那些具有严重且明显违法瑕疵的行政行为，社会民众享有合法的拒绝权或者说是抵抗权，在本质上而言应当将其归为一种自我救济手段，旨在为特定情形下留存一条狭窄的权利救济之路。虽然行政行为被判断为无效属于实体法范畴，但是其根本目的却使程序法的样貌得以呈现：

---

〔1〕　无效行政行为因缺乏底线意识，脱离了一般理性人的判断，达到了"匪夷所思"的地步，其根本不具有任何效力，任何机关和个人都可以无视它的存在。因此，确立无效行政行为标准，能够强化对无底线行政行为的监管。参见梁凤云："不断迈向类型化的行政诉讼判决"，载《中国法律评论》2014年第4期，第155页。

〔2〕　参见应松年："中国行政法发展的创新之路"，载《行政法学研究》2017年第3期，第45页。一般而言，行政救济系指行政相对人认为行政主体作出的行政行为已经侵犯了自身的合法权益，便可有权请求国家机关提供相应帮助或者其他救济途径的法律制度。参见林莉红："行政救济基本理论问题研究"，载《中国法学》1999年第1期，第42页。

〔3〕　姜明安主编：《外国行政法教程》，法律出版社1993年版，第181页。

即便法定的起诉期限已经届满，行政相对人仍可要求有权主体或者法院撤销此项无效的行政行为。即便是行政主体依靠强力执行，行政相对人完全有权随时对这些自始无效的强制执行措施诉诸法律。[1]换言之，在救济程序方面，对行政行为无效的认定主体不存在特别限定，任一有权国家机关均可对其作出无效的认定结论。而对于一般违法的行政行为应当予以撤销，则需要服从撤销程序的排他性管辖内容，通常只能由行政复议机关或者法院依法作出正式的撤销决定。此外，在任何的程序之中，行政相对人均可随时主张行政行为无效，而对于应当被撤销的行政行为，便须服从行政复议的申请期限或者行政诉讼的起诉期限等具体的制度安排。综上，行政行为无效具有非常鲜明的制度优势，既能够保证行政相对人能够及时地行使抵抗拒绝权，避免其合法权益遭受不必要的侵害，亦能够帮助行政相对人以自力救济的方式获得法律保护，同时也能有效督促和警醒行政主体合法合理行使权力，为其增加自我纠错的机会。[2]

由前述可知，行政行为无效制度在实体法和救济法层面皆具有不可替代的现实意义，而这种现实意义需要经由确认无效的诉讼裁判予以最终实现。我国现行的行政诉讼制度将确认无效判决与撤销判决进行并列设置，用以区分严重违法和一般违法。但是，如果仅仅以不同判决类型的发生原因予以区分，而忽略了应该按照违法瑕疵的程度差别采取不同的救济方式，容易导致行政行为无效制度的实体法功能沦为行政诉讼程序的附庸，从而丧失其原初的法律救济效果。[3]加之，本书所搜集的关于多阶段行政行为案件司法裁判文书中，尚未出现行政相对人向人民法院请求确认被诉行政行为无效的个案情形，基本皆是以撤销之诉的形式存在。但是，法院却主动地在撤销之诉程序中对被诉行政行为是否符合撤销要件进行审查，然后作出其他类型的裁判结果，是否显然超出了原告载明的诉讼请求？法院在撤销诉讼程序之中审查被诉行政行为是否具有无效事由，那么同一诉讼程序中如何看待确认无效判决与撤销判决之间的实体法效果差别？以上问题无疑都涉及行政无效的制度

〔1〕参见曹淑伟："确认行政行为无效诉讼的期限研究"，载《行政法学研究》2017年第4期，第67页。
〔2〕参见赵宏：《法治国下的行政行为存续力》，法律出版社2007年版，第118页。
〔3〕参见张浪："行政诉讼中确认无效之诉的问题探讨"，载《法学论坛》2017年第2期，第127~128页。

功能能否得到应有的彰显。

一则，法院在多阶段行政行为案件中，能否超出原告提请撤销行政行为的诉讼请求之外，作出其他类型的裁判结果？答案是肯定的。根据诉讼原理，原告的诉讼请求、法院的审理过程以及裁判结果之间存在必然联系，诉讼请求的内容范围是诉权在诉讼程序中的表现，对于案件审理和后续裁判具有拘束作用，换言之，行政诉讼的审理过程和判决类型需要紧紧围绕诉讼请求展开，既关乎当事人诉权的保障与实现，又彰显司法权的谦抑性和法律程序的正当性。[1]我国行政诉讼制度的根本目的是保障和救济权利，属于一种典型的主观诉讼。[2]法院在行政诉讼过程中始终发挥着监督政府依法行政的重要作用，但是司法权的行使必须恪守"不告不理"原则，只能通过合法性审查、职权调查、证据排查和责任分配等正常诉讼机制实现，其所发挥的监督功能需要镶嵌于诉讼救济过程之中，救济功能的自我约束充分体现了诉判一致的基本原理。[3]

然而，法院在具体案件审理过程中并非简单地按照原告的诉讼请求作出裁判结论，而是出现了一些例外情形：在既有诉讼请求的范围之内，直接改作其他类型的判决结果。例如，"许某案"中原告的诉讼请求是撤销行政主体作出的房屋拆迁许可证的延期许可，而法院通过审理确认被诉行政行为在程序上确实存在一些轻微违法的情形，但是这些违法瑕疵并不能对原告的权利

---

〔1〕　法院判决是对原告诉讼请求肯定或否定的回应，这是法院解决纠纷的题中应有之义，更是司法权被动性特征的内在要求。法院之所以成为法院的特征之一便是其处理纠纷方式的被动性，被动性特征要求法院只能在当事人诉求的范围内作出裁判。参见贺卫方：《司法的理念与制度》，中国政法大学出版社 1998 年版，第 108~109 页。

〔2〕　王贵松教授认为："所谓行政诉讼目的，是指国家设立行政诉讼制度所希望达到的理想目标"。参见王贵松："行政诉讼目的论解释"，载罗豪才主编：《行政法论丛》（第 9 卷），法律出版社 2006 年版，第 148~177 页。对此，薛刚凌教授等人则认为："行政目的是决定行政诉讼是主观诉讼还是客观诉讼的起点与基础。"参见薛刚凌、杨欣："论我国行政诉讼构造：'主观诉讼'抑或'客观诉讼'？"，载《行政法学研究》2013 年第 4 期，第 32 页。

〔3〕　"判与诉是相对应的，判决是对诉讼请求的回应。任何超出诉讼请求的问题，法院都不应主动去裁判，否则便超出了司法权的范围。"参见马怀德主编：《行政诉讼原理》，法律出版社 2003 年版，第 430 页。张旭勇博士也认为，诉判一致也是一项行政诉讼的基本原则，参见张旭勇："行政诉讼维持判决制度之检讨"，载《法学》2004 年第 1 期，第 50 页。"诉判一致"的基本含义是指法院作出的判决种类应当与当事人的诉讼请求相互对应，而不应当超出当事人的诉讼请求。在我国的行政诉讼法律和司法实践中，诉判一致原则并没有得到严格贯彻。参见田勇军："中国行政诉讼之诉判关系及其发展趋势探讨——诉判关系不一致的一个分析框架"，载《甘肃行政学院学报》2010 年第 2 期，第 118 页。

产生实际的影响，故而作出确认被诉行政行为违法的判决。可见，对于原告诉请撤销被诉行政行为，法院可以主动审查被诉行政行为是否符合撤销条件，如果未达到相关条件，法院有权仅作确认违法判决，这种裁判思路在形式上违反了诉判一致原则的要求，但是在实质上却符合权利救济的诉讼目的。撤销判决和确认违法判决在功能上具有同一性，皆是对被诉行政行为合法性的否定，并且依旧是针对原告的诉讼请求作出判决。[1]此外，法院还可以通过职权调查之后认为原告应当提出何种诉讼请求，依法向原告作出相关的释明意见，待原告自主调整变换诉讼请求之后，法院根据新的诉讼请求再行作出裁判。[2]因此，在多阶段行政行为案件中，法院针对个案情况和相关利益衡量，可以通过释明转换的方式对原告的诉讼请求进行适当修正，或者是在原告现有诉讼请求的范围之内，依法作出与撤销判决具有同样实体救济功能的确认违法判决。

二则，在多阶段行政行为案件中原告诉请法院撤销被诉行政行为，但是法院却"额外"地针对被诉行政行为是否存在无效事由进行审查分析，似乎已经违背了我国《行政诉讼法》第 75 条规定的启动确认行政行为无效程序。[3]法院审查行政行为无效的前提条件，是原告先行提请确认被诉行政行为无效，进而对此作出相应的裁判意见。但是，2018 年最高人民法院《关于适用〈中华人民共和国行政诉讼法〉的解释》第 94 条第 1 款明确规定："公民、法人或者其他组织起诉请求撤销行政行为，人民法院经审查认为行政行为无效的，应当作出确认无效的判决。"这意味着在撤销之诉中，法院若认为被诉行政行为的违法程度远远超过行政行为的撤销条件，应当按照行为违法程度与司法裁判结果相对应的具体工作原则，将本应作出的撤销判决改换为确认无效判决。

在实务中，我国一些法院甚至明确提及，审查重大且明显违法的无效行

---

〔1〕 参见王贵松："行政行为无效的认定"，载《法学研究》2018 年第 6 期，第 172 页。

〔2〕 在民事诉讼领域，如果当事人对该特定事实和法律行为性质的认识存在误解时，当事人的诉讼请求就有可能不正确，在这种情况下，法院可以通过释明，使当事人正确了解特定事实和法律行为的性质，以便正确地提出自己的诉讼请求。参见张卫平："民事诉讼'释明'概念的展开"，载《中外法学》2006 年第 2 期，第 138~139 页。

〔3〕 我国现行《行政诉讼法》第 75 条规定："行政行为有实施主体不具有行政主体资格或者没有依据等重大且明显违法情形，原告申请确认行政行为无效的，人民法院判决确认无效。"

政行为是法院自身的职责，而不以原告的诉讼请求为限。[1]从学理角度而言，撤销判决与确认无效判决皆属于同一类型的形成判决，此种类型的判决一经作出，便可造成既有的行政法律关系变更或者消灭，撤销判决与确认无效判决的法律效果对于申请撤销的原告而言其实并无二致，均是旨在消灭被诉行政行为课以原告的不利法律后果。[2]但是，二者对于法秩序的冲击力度显然是有差异的。撤销判决是将行政行为所欲创设的法律关系，重新恢复到其成立之前的状态，并非能够彻底地消灭该行政行为存在的客观事实，并可能根据具体的利害关系作出相应的不同调整。[3]而确认无效判决则是直接宣布行政行为的法律效果自始没有出现，对于行政相对人需要保护的信赖利益亦不予承认，在此意义上确认无效判决对于当事人的利益冲击更为巨大，需要法院进行仔细权衡之后，认为确有必要时方可作出。由此可知，法院在撤销诉讼程序之中选择作出确认无效判决，仍可理解为在原告的诉讼请求之内。[4]但是，这种结果并非符合正当程序原则，因为其完全忽视了被告享有针对被诉行政行为"无效"进行辩解反驳的程序权利。

鉴于此，在"饭垄堆案""叶某建案"中，原告所提出的诉讼请求皆为撤销被诉行政许可行为，可是受理法院却在这两起撤销之诉过程中对被诉行政行为是否具有"重大且明显"违法情形进行细致考量。其中，"饭垄堆案"是针对被诉行政许可延续行为的先行政行为——首次行政许可行为所存在的越权颁证事实进行合法性审查。最高人民法院认为，虽然 2006 年行政主体作出的首次行政许可系越权行为，嗣后经 2011 年上级行政主体作出的许可延续

---

〔1〕 例如，在"金某兰、崔某诉汪清县人民政府履行行政协议案"中，"人民法院在审理行政案件中，对被诉行政行为的审查不以当事人的诉讼请求范围为限。在行政诉讼中，对无效行政行为的确认应属人民法院的法定职责。故本院对汪清县政府超越法定职权对本案被征收人即原告所作的行政行为依法确认为无效"。参见吉林省延边朝鲜族自治州中级人民法院 ［2016］吉 24 行初 25 号行政判决书。

〔2〕 参见金伟峰："建立我国行政诉讼中的确认无效诉讼制度"，载《政法论坛》2005 年第 3 期，第 147 页。

〔3〕 参见王贵松："行政诉讼判决对行政机关的拘束力——以撤销判决为中心"，载《清华法学》2017 年第 4 期，第 103 页。

〔4〕 也有学者从被诉行政行为违法程度来理解"诉判不一致"时的转换缘由："诉请撤销的被告违法程度比原告诉讼请求所指还要严重，故有法安定性因严重违法而被例外打破；在被告违法程度较原告的诉讼请求所指更轻，基于法安定性的维持，并不作出诉外裁判的余地。"参见梁君瑜："论行政诉讼中的确认无效判决"，载《清华法学》2016 年第 4 期，第 142 页。

行为治愈，先行政行为的违法后果因此被消除。但是，根据最高人民法院《关于审理行政许可案件若干问题的规定》第7条规定，该案中的先行政行为违法系超越职权情形，按照前述规定不应被人民法院所认可，先行政行为的违法性便不能如此轻易地被治愈。与前案形成鲜明对比的是"叶某建案"的司法裁判意见，杭州市中级人民法院认为"作为被诉行政行为的基础性行政行为存在超越职权的情形，本院不予认可"。可见，在该案中，被诉行政行为所依据的先行政行为确实存在超越职权的"明显"违法情形，但是法院仅仅采取的是"不予认可"，却并未将其认定为"无效"。[1]

由此可见，我国《行政诉讼法》确立的"重大且明显"违法认定标准，实质性地体现了法秩序安定和实质正义观的目标要求。然而，我国司法审查实践却表明，这一标准并非能够圆满地适用于所有的行政行为无效案件，尤其是对于多阶段行政行为案件中先行政行为存在一些无效情形的准确认定似乎显得不够顺畅。从现行法律规范实施的角度来看，行政行为无效与行政行为可撤销之间所形成的二元分立格局，确实能够彰显行政行为无效制度独立的功能价值。但是，一些法院在实际运用过程中，却并未将此二者清晰界分，而是通过在撤销之诉中"附带性"地考察被诉行政行为是否具备法定无效情形，这种实践逻辑在理论层面确实能够自圆其说。不过，需要指出的是，此种情境下司法者的主观判断空间和裁量作用必然会有所扩大，因此应当继续坚持适用"重大且明显"的违法认定标准，同时通过建立必要的诉讼释明制度强化对司法裁量权的有效约束，进而实质性地促进法院在一些特定情况下根据重大且明显的违法标准展开行政行为的无效认定。唯有如此方可促进行政行为无效制度的适度彰显，亦能避免其遭到不受限制的司法滥用。

---

[1] 叶必丰教授认为："最高人民法院对无效行政行为制度的探索，由司法审查引发，先从强制执行效力再到公定力和确定力，先否定行政行为的效力再对作为原因的重大明显瑕疵进行类型化，先使用'明显违法'、'严重违反'等术语然后再形成'重大明显违法'概念。它只使用了'不予认可'、'没有法律效力'、'裁定不准予执行'等术语，而没有使用'自始没有任何法律效力'和'无效'等。有关实践，即使是司法解释，也仍是分散和局部性的。比如，《最高人民法院行政许可法解释》第7条有关公定力的规定，无法适用于行政许可案件以外的案件审理。具有重大明显瑕疵行政行为不具有强制执行力，也仅限于司法强制执行而不适用于行政机关的强制执行。"参见叶必丰："最高人民法院关于无效行政行为的探索"，载《法学研究》2013年第6期，第59页。

第二节　行政过程一体导向的制度变革

前节针对多阶段行政行为司法审查中最为本质的问题——法院如何认定被诉行政行为的合法性与效力瑕疵，笔者通过梳理和分析行政行为违法判断基准时、构成要件以及程度类别等相关内容，将行政行为效力瑕疵与行政行为违法性判断进行衔接，能够有助于准确理解和廓清行政行为违法判断与行政行为无效制度的内在逻辑，从而更好地运用相关理论分析多阶段行政行为案件背后的理论脉络和实践指向。然而，无论是讨论多阶段行政行为的合法性审查，还是研究多阶段行政行为的效力传导，皆需要着眼于先行政行为与后行政行为所构成的行政过程，探寻其在司法审查背景之下产生的制度变革。因此，本节拟将着眼于多阶段行政行为的过程性特质，通过梳理和对比具有代表性的一些行政实体法规范，进一步明确先行政行为与后行政行为之间的内容关联和效力传导，尤其是在当前我国行政程序法缺位的背景下显得尤为紧迫，有助于为多阶段行政行为的司法审查提供更为直接的规范依据和适用基础。[1]此外，鉴于多阶段行政行为案件审理过程中所凸显的"内外有别"问题，需要从行政程序的类型功能入手，权衡和整合内外行政行为程序的法律效能，正视和考量"内部行政程序的效力外化、外部行政程序的效果内化"，以期能够助力于多阶段行政行为过程的全方位审查。

一、明确行政过程的多阶逻辑关联

20 世纪以来，行政法的发展越发重视对行政程序的制度构建，并且出现大量的行政程序规范内容并进而催生行政程序法典化的重要趋势，行政程序理论的快速崛起、行政程序制度的严密布控业已成为各国行政法学研究的教义学核心基础。[2]行政程序作为一种新兴的规制工具，不仅需要接受实体法

---

〔1〕　参见姜明安："行政的现代化与行政程序制度"，载《中外法学》1998 年第 1 期，第 34 页。

〔2〕　现代行政法治理论的成熟与高扬，使人们对行政程序的法律价值逐渐形成了一个全面的共识，即行政实体法几乎都是赋予行政主体自由裁量权的法律规范，仅靠其自身的约束力不足以保障行政权的合法运作与行政相对人合法享有的权益；必须建立起一套公平、公正和科学的行政程序法律规范体系从法律程序上规范行政主体的自由裁量权，才能构筑起行政法治这一大厦的法制基础。参见章剑生："论行政程序违法及其司法审查"，载《行政法学研究》1996 年第 1 期，第 11 页。

规范的严密规制，而且须得服从程序法规范的系统调整。此外，值得注意的是程序法规范在行政法体系框架中占据着日益显著的地位，以至于有学者很早便认为"行政法的内容主要是程序法"。[1]由前述可知，多阶段行政行为作为一种典型的复合行政程序类型，系指先后不同的行政行为组合而成发生作用，共同追求某种法律效果的行政过程。而传统的行政法学往往从静态视角考察和审视行政过程的法律效果，过分偏重处于行政过程末端的行政行为，而忽略了行政过程中各个行为要素之间的有机联系。[2]然而，在公共行政的现实情境下，无论是实体法规范还是程序法规范皆无法避开将各种不同的行政行为组合起来连续使用，从而组成一个整体的动态化行政过程。法院在审查多阶段行政行为案件的过程中，对于先行政行为与后行政行为之间存在的关系类型认定并非总是整齐划一，而是表现出不同的裁判观点和审查逻辑，进而在最终的裁判结果上产生了较为明显的分歧差异。[3]

通过逐一对比和深入分析相关的司法案例，以及深层次地挖掘其背后所隐藏的理论基础，不难发现多阶段行政行为司法审查必须面对理据立场出现矛盾和基础理论产生张力的双重困境，而这些困境的产生在很大程度上皆可归因于我国目前尚未制定专门的行政程序法，加之既有的一些行政实体法规范未能明确多阶段行政行为之间的逻辑关系，从而容易在效力认定和违法性判断等问题层面陷入认知混乱。故而，为了能够有效地纾解多阶段行政行为过程性特质的前述困境，必须经由对相关的行政实体法规范进行统一整理和系统解释，方可更有助于明确先行政行为与后行政行为之间究竟属于何种类型的逻辑关系，否则司法审查的前提条件便会始终陷于模糊不清的混沌状态。当然，由于多阶段行政行为可能涉及的实体法规范数量过于庞杂，无法做到全盘纳入本书的阐发范围之内，而是通过提取公因式的方法将一些最具代表

---

[1] 参见[美]伯纳德·施瓦茨：《行政法》，徐炳译，群众出版社1986年版，第3页。

[2] 参见周佑勇："作为过程的行政调查——在一种新研究范式下的考察"，载《法商研究》2006年第1期，第129页。

[3] 有学者针对行政强制立法所蕴含的过程价值与结果价值进行分析后指出："行政强制的过程价值恰恰体现在行政强制权运行过程中对滥用权力的预防和制约。如此防患于未然或遏止在其中比事后补救将节省更多的行政或司法资源。同时，行政强制的合法性构成，其过程价值所体现的'过程'也处于比结果先行、先在的位置。没有'过程'，结果的合法性将因缺乏来源和依据而有凭空而来之嫌。"参见崔卓兰、张婧飞："追求过程与结果的双重价值——围绕我国行政强制立法的探索"，载《华南师范大学学报（社会科学版）》2008年第3期，第5页。

性且常见的部门领域和法规范进行解释，从而为多阶段行政行为过程性的审查控制提供更为完整有效的规范诠释。

　　根据本书第一章的相关内容可知，多阶段行政行为案件多出现于行政许可、行政规划、行政征收等相关的部门法领域，其中的先行政行为或者后行政行为所依据的法规范文件，是否已经足够明确这些不同阶段行政行为之间的逻辑关联，而这必然会直接影响到法院在审理相关诉讼案件过程中如何认定相关的事实要件和效力判断。因此，有必要针对前述部门领域内涉及多阶段行政行为的行政法规范进行梳理解释，能够为行政主体依法作出多阶段行政行为，以及法院审理多阶段行政行为案件提供充分明确的依据遵循和规范指引。

　　首先，行政许可领域内多阶段行政行为的法规范诠释，主要表现为我国《行政许可法》及相应的司法解释《关于审理行政许可案件若干问题的规定》（以下简称《行政许可规定》）等规范文件所涉及的集中行使行政许可权[1]、上下级行政主体的许可权分配等情形。[2]《行政许可法》第26条明确规定了集中行使行政许可制度，此项制度非常类似于德国行政法中非常著名的许可加速程序，[3]即在多阶段行政程序中不同的行政主体分别参与至该行政过程之中，它们各自对于完成整体许可程序而言所发挥的功能作用难分轩轾，在法律授予的职权范围内独立作出相关的规制决定，彼此的相关关系体现为先

---

　　〔1〕《行政许可法》第25条规定："经国务院批准，省、自治区、直辖市人民政府根据精简、统一、效能的原则，可以决定一个行政机关行使有关行政机关的行政许可权。"第26条规定："行政许可需要行政机关内设的多个机构办理的，该行政机关应当确定一个机构统一受理行政许可申请，统一送达行政许可决定。行政许可依法由地方人民政府两个以上部门分别实施的、本级人民政府可以确定一个部门受理行政许可申请并转告有关部门分别提出意见后统一办理，或者组织有关部门联合办理、集中办理。"

　　〔2〕最高人民法院《关于审理行政许可案件若干问题的规定》第4条规定："当事人不服行政许可决定提起诉讼的，以作出行政许可决定的机关为被告；行政许可依法须经上级行政机关批准，当事人对批准或者不批准行为不服一并提起诉讼的，以上级行政机关为共同被告；行政许可依法须经下级行政机关或者管理公共事务的组织初步审查并上报，当事人对不予初步审查或者不予上报不服提起诉讼的，以下级行政机关或者管理公共事务的组织为被告。"第5条规定："行政机关依据行政许可法第二十六条第二款规定统一办理行政许可的，当事人对行政许可行为不服提起诉讼，以对当事人作出具有实质影响的不利行为的机关为被告。"

　　〔3〕参见赵宏："欧洲整合背景下的德国行政程序变革"，载《行政法学研究》2012年第3期，第104～105页。

行政行为对于后行政行为所产生的构成要件效力。[1]多阶段行政许可程序的产生无疑是基于行政管理事务的日趋复杂多元和行政系统分工的日益专业精细，但是，仅仅依靠多个行政主体的参与协力，从而形成多层级或者多阶段的许可程序，难免会造成行政许可程序冗长复杂、缺乏必要的透明度以及行政主体与行政相对人逐渐失去平等沟通、良性对话的可能性，从而弱化行政许可程序的公正性和可接受性。[2]故而，需要借助相关的行政实体法规范将需要多个行政主体参与的行政许可，纳入统一、联合的行政许可决定程序之中，减少许可程序的制度桎梏和组织障碍，适当加速行政许可的审查、决定过程，使之变得更为灵活、富于弹性。集中行使行政许可权，是对多阶段行政许可程序的功能再造，能够很大程度上减轻先行政行为与后行政行为之间的程序负累，增强行政主体在解决行政许可事项问题中的协力合作。[3]当然，更为重要的是充分保障和便宜行政相对人在多阶段行政许可程序中行使相关的参与权和救济权，既能够有效地缓解行政相对人"不厌其烦"地履行繁琐的审批登记步骤手续，减少相关的时间、人力成本，同时又能够在行政诉讼程序中更为明确应当以哪个行政主体作为适格被告，从而能够及时有效地解决行政争议与实现行政法律关系的平衡稳定。[4]

当然，《行政许可法》第 35 条、第 43 条进一步明确了上下级行政主体在实施行政许可程序中的权力分配，以及《行政许可规定》第 4 条明确了经上级行政主体批准和需下级行政主体审查的行政许可诉讼案件中的适格被告。其实，这些规范内容已经非常明确多阶段行政许可行为的程序运行和实体效力，但是在实务中对于上级行政主体的批准行为或者下级行政主体的审查行为很容易陷入割裂视之的片面思路之中，要么认为它们仅仅是一种预备性的程序性行政行为，要么认为它们是一种不可诉的内部性行政行为，简单地对其合法性问题予以否定，从而忽视了多阶段行政许可程序的形式过程性和内

---

〔1〕 参见陈春生："行政法学的未来发展与行政程序法——月旦法学杂志发行百期志庆"，载《月旦法学杂志》2003 年第 100 期，第 187 页。

〔2〕 参见章剑生："面向司法审查的行政行为说明理由——郴州饭垄堆矿业有限公司与国土资源部等国土资源行政复议决定再审案评析"，载《交大法学》2020 年第 2 期，第 189~190 页。

〔3〕 参见江利红："论宏观行政程序法与我国行政程序法立法模式的选择"，载《浙江学刊》2009 年第 5 期，第 140 页。

〔4〕 参见郑春燕："现代行政过程中的行政法律关系"，载《法学研究》2008 年第 1 期，第 62 页。

容关联性。[1]因此，笔者认为，现行有效的法规范皆应该更为明确行政许可过程中可能存在的"多阶段"逻辑关联。例如，对于集中行使行政许可的行政诉讼案件，以具有实质权利影响的行政主体作为适格被告，确实能够解决多阶段行政许可程序中究竟是先行政行为还是后行政行为具备可诉性的问题，但是仍需将参与处理的其他行政主体作出的行政行为一并纳入审查范围，避免遗漏和忽视一些重要的细节问题；又如，对于经上级行政主体批准的行政许可程序，行政相对人根据"谁签名，谁负责"的处理规则，对相关的行政处理决定提起诉讼，以上级行政主体作为适格被告的实践做法并无异议，确实能够符合多阶段行政行为监督救济的制度因应。[2]但是，对于需要经下级行政主体初步审查、上报审批的行政许可程序，目前的规制审查思路比较单一：仅仅针对下级行政主体的不予审查或者不予上报的先行政行为进行审查，而不能对上级行政主体的行政许可不作为提起行政诉讼。[3]笔者认为，前述实践做法确实有待商榷，毕竟无论是上级行政主体的许可不作为，还是下级行政主体的拒绝行为，皆会造成对行政相对人合法权益的实际性影响，应当将它们一并纳入行政诉讼的审查范围之内。而不是仅仅考虑先行政行为与后行政行为在内容和效力层面的吸附关系，否则不足以完全有效地诠释和阐明多阶段行政许可程序的逻辑关联，而是需要通过必要的规范诠释和效力连贯予以促成。

其次，行政规划领域内多阶段行政行为的法规范诠释，主要体现为我国《城乡规划法》以及相关的地方性法规、政府规章。当然，效力位阶最高、最具代表性的法规范文件便是《城乡规划法》第 37 条、第 38 条等相关内容，此亦构成了我国各级人民法院在审理多阶段行政规划案件过程中的重要依据。其中，第 37 条明确规定了以划拨方式取得国有土地使用权，必须经历规划、核定、许可、审批等具体程序。由此可见，行政规划过程是一个典型的多阶段行政行为过程，一个特定的建设工程项目所需要经历的前述审批步骤，最终的目标都是该建设项目的实施，在后的一个步骤得以成立需要以在先的一

---

〔1〕　参见温恒国："行政责任过程说——一种对行政责任性质的新认识"，载《北方法学》2008年第 1 期，第 117 页。

〔2〕　参见姜明安主编：《行政法与行政诉讼法》，法律出版社 2003 年版，第 97~103 页。

〔3〕　参见赵大光、杨临萍、王振宇："《关于审理行政许可案件若干问题的规定》的理解与适用"，载《人民法院报》2010 年 1 月 6 日。

个步骤已经完成为前提，亦即先行政行为的结果是后行政行为的基础要件，二者构成了"手段与目的"的逻辑关系。第38条明确规定了以出让方式取得国有土地使用权，建设单位在向相关部门申领建设用地规划许可证之前，必须先行完成批准、核准、备案文件和签订国有土地使用权出让合同等相关程序步骤。可见，无论是以划拨方式还是以出让方式取得国有土地使用权，皆必须以《建设工程规划许可证》为程序节点，向前履行相关的项目设计、土地规整、项目批准以及文件备案等手续，向后需要其他相关的行政主管部门履行土地交付程序。因此，行政规划决定的最终作出实际上包含着一系列的行为过程，先行政行为与后行政行为之间的逻辑联系构成一个完整有效的程序机制。

目前我国法院在审理涉及行政征收的多阶段行政行为案件时，大多数的行政相对人会以处于最终阶段的规划处理决定作为本案的行政诉讼标的，通常都能够获得有效的法律救济。但是，对于行政规划过程中不同阶段的行政行为而言，《建设工程规划许可证》的颁发主体属于规划行政主管部门，其与土地行政主管部门之间并不存在行政系统的内部隶属关系，后行政行为的作出主体无权针对先行政行为的合法性问题展开细致审查。[1]那么，法院在对后行政行为引发的诉讼程序中，若发现先行政行为存在违法情形，要么遵循行政行为违法性继承的理论观点承认法效的后续传导，要么借助行政行为的公定力理论否定先行政行为的可诉性。[2]值得思考的是，这些截然相反的审判思路皆可归咎于行政规划领域内的实体法规范未能明确不同阶段行政行为之间的多阶段逻辑关系，使得后行政行为的作出主体在某些情况下"有意或者无意地"割裂自身与先行政行为之间的因果联系，进而影响法院在处理多阶段行政行为效力传导问题所适用的判断理据。由于行政行为违法性继承理论在我国目前的行政审判实践中仍是以"个案例外"的形式出现，并未具备较为有利的适用条件和生长土壤。故而，不能单纯地从程序先后的角度判断可诉性，而是应当直接将具有处分性的行政规划一并纳入行政诉讼的受案范围，既是对行政规划领域内涉及多阶段行政行为的实体法规范进行系统

---

〔1〕 参见郑春燕："论城乡规划的司法审查路径——以涉及城乡规划案件的司法裁判文书为例"，载《中外法学》2013年第4期，第810页。

〔2〕 参见王天华：《行政诉讼的构造：日本行政诉讼法研究》，法律出版社2010年版，第90页。

解释的题中应有之义，也是符合现代行政程序追求效率和公正价值的理性定位。

　　最后，行政征收领域内多阶段行政行为的法规范诠释，主要体现在我国《土地管理法》《国有土地上房屋征收与补偿条例》以及相关司法解释等规范文件。最具代表性的是《土地管理法》第45、46、47、53、55、56条的内容，和《国有土地上房屋征收与补偿条例》第9条至15条等相关内容。我国行政法学界对于行政征收程序的专题研究较为成熟系统，尤以集体土地征收程序为重点。[1]笔者通过对相关规范内容的仔细梳理，不难发现集体土地行政征收程序基本围绕着"征收审批—公告与登记—批准与裁决"的步骤顺序予以展开，其中最容易且最为频繁地产生行政争议纠纷案件的环节当属行政征收裁决。这一环节主要涉及征地补偿安置方案的确定以及后续的执行落实等相关内容，能够直接影响行政相对人的权益增减变化，故而成为行政征收案件的高发区和敏感区。[2]笔者认为，对于土地行政征收行为的性质判断可以遵循对多阶段行政行为概念的限定条件判断。一方面，土地行政征收行为基本能够涵盖"向地方人民政府申请征收—政府相关工作部门报批交付土地"整个流程，在不同的阶段由不同的行政主体参与或介入，最终的行政处理决定是由上级行政部门以自己的名义作出，符合所谓的"多个行政主体参与、一个对外意义上的行政程序、一个产生法律效果的行政行为"的要素构造；另一方面，土地行政征收行为作为一个典型的多阶段行政行为，需要相关的行政主体达成协同、合作，此时便会增加后续行政法律责任认定和行政相对人权利救济的难度，需要借鉴德国法上的"显名主义"原则及其例外的基本

---

　　〔1〕　其中较具代表性的成果有：章剑生："行政征收程序论——以集体土地征收为例"，载《东方法学》2009年第2期；参见刘国乾："土地征收审批的正当程序改革"，载《法学研究》2012年第4期；欧阳君君："土地征收审批行为的性质认定及其意义——基于多阶段行政行为理论的分析"，载《中国农业大学学报（社会科学版）》2013年第4期；等等。
　　〔2〕　根据《土地管理法》及其他相关规范性文件的规定，我国现行的土地征收流程主要包括：申请征收的地方政府报批—农用地转建设用地审批—土地征收审批—土地征收公告—办理补偿登记—补偿公告—听取被征收人意见—补偿—交付土地。其中土地征收审批与补偿最为重要的两个环节，保护被征收人利益是土地征收法制的宗旨之一，补偿的标准与多寡直接关涉被征地人利益受保护的程度；而土地征收审批决定了申请征地的地方政府能否获得所需土地，以及拟被征收人是否将失去其土地所有权与使用权。

原理。[1]根据法律和司法解释的相关规定,先行政行为的作出主体是县级以上人民政府,而后行政行为的作出主体是国务院或者省级人民政府。那么,根据"显名主义"原则,土地征收决定具有可诉性是毋庸置疑的,而征收审批行为却被认为是一种内部性的程序行政行为,不具有可诉性。但是,"显名主义"亦有例外情形,即征收审批行为对于作出公告的行政主体而言具有构成要件效力,并且直接影响了被征收人或者其他相关主体的合法权益,即便其未直接对外作出,亦断然不可将其排除在司法审查的范围之外。

综观本书所列举涉及行政征收的多阶段行政行为案件,法院对于土地或者房屋的性质范围认定、行政征收决定与征收补偿方案等关联行政行为之间的阶段性关系认定,既有肯定先行政行为的合法性会直接影响后行政行为的裁判意见,亦有将先行政行为与后行政行为的合法性判断采取各自独立的审判思路。在行政征收案件中,由于征收审批行为的性质认定并无国家实定法的明确指示,从而导致这一问题始终困扰着我国行政法学研究和审判实务。既往的审判经验和理论观点均倾向于将其认定为一种内部行政行为,从根本上否认其外部效力。[2]笔者通过梳理多阶段行政行为的相关司法案例之后,发现绝大多数的行政征收程序皆需要以上级行政主体的审批行为作为重要的程序启动条件或者衔接要件,上级行政主体实施了行政征收决定的内部批准行为,必然会导致涉案土地的权属关系产生深刻变化:使农村集体所有变为国家所有。土地征收审批行为在本质上已经面向外部产生效力,直接造成行政相对人合法权益的实际减损,从而具有外部行政行为的属性。[3]但是,在实务中一些法院对于征地批复行为的作出主体和性质认定容易陷入随意反复之中。[4]还有法院明确表示:"征地批复是上级行政机关对下级行政机关的批复,属于内部行政行为,不属于人民法院行政案件受案范围。"[5]行政征收

---

〔1〕 参见〔德〕汉斯·J.沃尔夫、奥托·巴霍夫、罗尔夫·施托贝尔:《行政法》(第2卷),高家伟译,商务印书馆2002年版,第31~32页。

〔2〕 参见章剑生:"行政征收程序论——以集体土地征收为例",载《东方法学》2009年第2期,第27页。

〔3〕 参见刘国乾:"土地征收审批的正当程序改革",载《法学研究》2012年第4期,第131~133页。

〔4〕 "菏泽市辛集镇三里河村第二村民小组的26户农民起诉菏泽市政府土地",载http://china.findlaw.cn/falvchangshi/huanjingbaohu/zxhjbhf/anli/159795.html,2020年8月12日访问。

〔5〕 重庆市第五中级人民法院〔2007〕渝五中行初字41号行政裁定书。

领域内多阶段行政行为之间的逻辑联系并不是非常确定和紧密，甚至有时候会导致行政主体和法院陷入迷茫错乱之中，影响行政征收法治进程的稳步推进。[1]可喜的是，我国行政法学人日益重视将多阶段行政行为、正当法律程序等理论内容引入行政征收领域之中，确实能够从实体和程序两个方面有效弥补规范供给不足、程序制约阙如等明显弊端。当然，笔者仍旧需要重申对于行政征收领域内的不同阶段行政行为应当从行政过程完整且全面的研究视角予以连结，避免人为地将一些具有外部指向性、实质影响性的行政行为排除在行政诉讼的受案范围之外。

综上所述，多阶段行政行为的司法审查之所以会出现裁判结果差异明显的问题，除了审判者的主观认知偏差和司法裁量空间之外，更多的是因为当前我国行政法规范体系中程序内容明显缺位和实体内容不够明确，进而导致相同或者类似案件发生时，行政主体或者人民法院对于先行政行为与后行政行为各自的角色定位以及它们之间的逻辑关联产生了较为明显的认知差异，从而直接影响多阶段行政行为的行政法律效果和司法责任救济。因此，前述内容通过梳理其中较为典型的行政许可、行政规划和行政征收等部门领域内的相关实体法规范，以期能够对一些重点问题和执法细节进行规范诠释，从而有助于准确理解和全面考量行政过程中各个不同阶段行政行为的内容关联和效力传导。

二、实现行政程序的内外效能整合

面对我国统一行政程序法缺位的现实情势，多阶段行政行为的司法审查必须从行政实体法规范层面进一步明确先行政行为与后行政行为之间的多阶逻辑关系，采取兼容并蓄的开放态度肯认不同阶段行政行为的内容关联和效力传导，对于落实依法行政原则和保障司法权威稳定而言具有非常重要的促进意义。此外，前文通过梳理考察多阶段行政行为案件的裁判文书，发现很多案例都会牵扯如下问题：被诉行政行为或者其所依据的先行政行为，究竟是外部行政行为还是内部行政行为，而这种区分内外部行政行为的直接结果便是法院能否对其展开合法性审查和监督救济。因此，多阶段行政行为司法

---

〔1〕　参见邹爱华：“被征收人土地征收救济难困境及其对策——以国务院土地征收决定权为视角”，载《国家行政学院学报》2012 年第 1 期，第 103 页。

审查的相关研究必须持续关注和认真审视内部行政法与外部行政法之间的效能整合，而不是单纯地坚持传统行政法学的理论观点，将内部行政法或者内部行政程序排除在司法审查的射程范围之外。从这个意义上说，多阶段行政行为司法审查的研究视角双重性，必须正面打破行政法内、外部法律关系的二元思考模式，必须从仅仅偏重行政过程外部、最终的规制效果，转向同时关注行政过程内部中间的运行轨迹，无疑是现代行政法学对公共行政这一复杂真实世界的有效回应。

传统行政法所描绘的秩序蓝图与理念体系是一整套基于行政行为的教义学，客观的行政法秩序亦因此被锻造为一种型式化、具体化的行为秩序，尤以类型化的行政行为作为行政法秩序整体的固定构成，能够有效地促进行政法秩序的稳定明确、可预测性和可计算性，同时还能很大程度地提升行政活动的可接受性和可理解性。[1]传统的行政法学理论体系始终以"行政行为—司法审查"作为基石圭臬，构建起体系均衡、逻辑完整、制度严密的学理框架，其所调整的全部内容和规范对象仅仅限于行政主体面对外部作出的行政行为。[2]而与行政主体组织设置、人员配备、物资保障以及关系运行等相关的内部行为，却因不涉及行政相对人的权益，亦不与行政法的目标功能即控制行政权合法运行有关，而果决地将其从行政法的调整范围之中予以剔除。[3]正如经典论断所述："行政法是特别用于调整作为管理者的国家与作为被管理者的臣民之间的关系的法律部门。"[4]此言可谓是传统行政法学的精髓所在，基本廓定了其固有的调整范围：基于"行政主体—行政相对人"的外部法律关

---

[1] 参见赵宏："行政行为作为行政法教义学核心的困境与革新——兼论我国行政行为学理的进化"，载《北大法律评论》2014年第2期，第509~513页。

[2] 参见章志远："新时代我国行政行为法研究的新进展"，载《安徽大学学报（哲学社会科学版）》2020年第3期，第79~80页。

[3] 内部行为不是行政行为，也不是内部行政行为。参见江必新、梁凤云：《行政诉讼法理论与实务》，法律出版社2016年版，第421~422页。但本书所讨论的内部行为，并不限于《行政诉讼法》第13条第3项意义上的"内部行为"。

[4] ［德］奥托·迈耶：《德国行政法》，刘飞译，商务印书馆2002年版，第15页。"在以德国行政法之父奥托·迈耶所形塑之体系为根基的传统行政法学，因特别关注法律以及行政在国家对其臣属之不平等权力关系中，所能扮演之角色与能发挥之功能，从而长久以来，造成仅重视以外部法律关系为课题之行政行为法，而轻忽被定性为'内部法'之行政组织法的研究失衡现象。此待偏废行政组织法研究之现象，迟至二十世纪后叶，始产生了根本性之变化。"参见詹镇荣：《行政法总论之变迁与续造》，元照出版公司2016年版，第1页。

系所构成的法规范秩序。但是，当前我国法治政府建设进入攻坚克难的关键时期，过分注重对外部行政行为的规制调整，并不足以实现行政法律关系的平衡发展以及协调解决不同利益主体的矛盾。此时，内部行政法或者内部行政程序的重要性和法治意义逐渐受到关注，"内部行政法作为行政法的一个基本范畴，与外部行政法相对应"〔1〕、"内部行政法与外部行政法应当并重，是行政法学体系必不可少的部分"。〔2〕当然，我国学界的这些观点仅仅停留在抽象的理论定位，并未投入应有的学术关注。

　　无独有偶，根据我国多阶段行政行为司法审查的现状和经验来看，不少法院仍旧坚持"内外有别"的审查原则，将行政系统内部的程序运行和文书流转等行为形式排除在行政诉讼的受案范围之外。〔3〕但是，恰恰是所谓的内部行政行为或者程序行政行为被认为是实现"公共行政目的的主要手段"，而应被纳入现代行政法学的研究视域之中，逐渐成为行政法规范体系中不可或缺的重要组成部分。〔4〕章剑生教授更是深刻地指出，"研究内部行政法的意义在于其能够担保行政机关对外作出行政行为的合法性，并且这是一个关涉现代政府治理结构如何适应法治国家建设的基本问题"。〔5〕毕竟，无论是传统行政法还是现代行政法，其根本目标和价值取向皆是通过立法、司法控制行政机关合法地行使行政权。具体在多阶段行政行为的现实情境中，行政主体不可避免地会牵涉或者适用内部行政程序来完成既定的行政管理目标。如果一味地对内部行政行为与外部行政行为的可诉性采取严格对立的态势，只不过是一种立足于行政系统外部来控制行政权的方式，却将内部行政程序"让渡"给了行政管理，完全轻忽和背离了近40余年我国行政法学理论研究和实践操作重点塑造的"面向行政的行政法理论体系"。〔6〕针对这一问题，有学者敏

　　〔1〕　李洪雷："德国行政法学中行政主体概念的探讨"，载《行政法学研究》2000年第1期，第90页。
　　〔2〕　湛中乐："首次行政法学体系与基本内容研讨会综述"，载《中国法学》1991年第5期，第124页。
　　〔3〕　2018年2月8日开始施行的最高人民法院《关于适用〈中华人民共和国行政诉讼法〉的解释》中明确强调了"不产生外部效力的行为不可诉""过程性行为不可诉"。
　　〔4〕　参见[日]盐野宏：《行政组织法》，杨建顺译，北京大学出版社2008年版，第2页。
　　〔5〕　章剑生："作为担保行政行为合法性的内部行政法"，载《法学家》2018年第6期，第67页。
　　〔6〕　参见毕洪海："作为规制决策程序的成本收益分析"，载《行政法学研究》2016年第3期，第89~107页；朱芒："中国行政法学的体系化困境及其突破方向"，载《清华法学》2015年第1期，第6~18页。

锐地指出：“外部行政法对行政权力的控制具有至关重要的意义，但是这种‘意义’是被动性质的，经常无法到达行政机关的内部、行政职权的细节、行政行为的末端、行政执法者的内心，如果外部行政法对行政权力施加的外部压力不能通过内部行政法转化为行政主体主动的自我克制和约束行为，控制行政权力的效果仍然不可能良好。”[1]换言之，任一时代的行政法学理论皆无法全面地探求行政法或者行政法学的基本精神与价值内核，而是趋向于从各自不同的研究视角观察其独特的规范体系和规制功能，以及对于行政法治目标所可能产生的特殊影响，[2]并由此反思内外部行政程序的独立价值，丰富内外部行政法的共同作用。[3]既然内部行政程序与外部行政程序在事实上均具备其特有的调整范围和意义指向，那么，对于多阶段行政行为的司法审查便是更为迫切地需要重新审视和深度整合此二者的规范效用和救济功能。

一则，必须理性正视内部行政程序的效力外化。前文已述，多阶段行政行为案件在审查过程中会出现以被诉行政行为与关联的其他行政行为之间，系同级行政主体或者上下级行政主体的协力合作，因此法院对后者的合法性问题不予审查。其主要理由无外乎是：内部行政行为或者阶段行政行为不具备外部效力，同时亦不能对行政相对人的合法权益产生实际性影响。但是，内部行政程序的效力外化早已为我国学界和实务界普遍接受，只不过是一些法院对于内部行政程序效力外化的判断标准存在差异。内部行政程序往往是最终处理决定得以作出的重要基础，具有行政法意义上行政行为的构成要素和规范地位，应当被确立为行政法治秩序的基础研究范畴，毕竟行政主体内部处理程序的完备能够为最终的司法审查提供基础和前提。[4]

当我们把目光放在多阶段行政行为的司法审查视野之中，会发现很多法院在审查后行政行为合法性的过程中，对于先行政行为是否产生效力外化通常基于以下两个角度进行判定：第一种情形，先行政行为形成于行政主体内

---

[1] 于立深：“现代行政法的行政自制理论——以内部行政法为视角”，载《当代法学》2009 年第 6 期，第 7~8 页。

[2] 参见王锡锌：“行政程序法价值的定位——兼论行政过程效率与公正的平衡”，载《政法论坛》1995 年第 3 期，第 62 页。

[3] 参见于立深：“现代行政法的行政自制理论——以内部行政法为视角”，载《当代法学》2009 年第 6 期，第 15 页。

[4] McCubbins M. D, Noll R. G., Weingast B. R. Weingast Process. 1985, *Politics Policy: Administrative and the Political Control Arrangement*, pp. 169~176.

部，能够直接地外化影响行政相对人的权益，此处的"直接"应当理解为先行政行为的效力外化不需要其他的转接中介。例如，在"吉某仁等诉盐城市人民政府行政决定案"（以下简称"吉某仁案"）中，行政主体负责组织召开的专题会议，是一种典型的内部行政程序，并不归属于外部行政法的调整范围。但是，此次专题会议形成的纪要文件直接影响了行政相对人的公平竞争权。[1]第二种情形，先行政行为作为一种内部行政程序，必须间接地通过行政主体行使职权的后行政行为，才能对行政相对人的权益产生现实的影响，此种情形可被称为"内部行政程序效力的间接外化"。根据最高人民法院指导案例的裁判思路，我国实务界对于内部行政程序效力间接外化的前提，仅仅停留在承认行政主体的职权行使行为，[2]这一问题在学理上存在争议暂无定论。内部行政程序的效力外化之"因"产生于行政系统内部，而"果"却表现为影响外部权益，在此背景下，应当以审查产生外部效力的后行政行为为常态，辅以附带性审查先行政行为为例外，并非对所有的内部行政程序都要进行附带性审查，唯有那些内容明确、指向清晰且能够为行政相对人所知晓的先行政行为，方可在对后行政行为提起诉讼的同时进行附带性审查。

内部行政程序的效力外化是我国多阶段行政行为司法审查研究所不容忽视的一个重要的理论与实践问题，相关的学理探讨和司法裁判对此尚未形成普遍共识。但是，问题的存在并不会阻滞理论和实践的深入发展，而是应当保持理性态度予以正视。即便是面对当前内部层级监督依然乏力[3]、内部行政程序效力外溢频繁发生等情况，行政主体和法院皆应当积极关注现实，采

---

〔1〕 参见"吉德仁等诉盐城市人民政府行政决定案"，载《最高人民法院公报》2003年第4期，第34页。

〔2〕 参见最高人民法院指导案例第22号"魏某高等诉来安县人民政府收回土地使用权批复案"。此外，还可参见"内部行政行为在什么情况下可诉——延安宏盛建筑工程有限责任公司诉陕西省延安市安全生产监督管理局生产责任事故批复案"，载最高人民法院行政审判庭编：《中国行政审判指导案例》（第1卷），中国法制出版社2010年版，第1页。在地方法院中，这样的司法案例亦并不少见。在"李某光诉东莞市城建规划局行政确认案"中，法院认为：被上诉人东莞市城建规划局依职权作出的《关于李某光私房的意见》，对上诉人李某光所建的房屋进行了行政确认，该意见虽然是对其属下职能部门的答复，由于被案外人东城办事处作为认定上诉人房屋系违章建筑的依据，对上诉人李某光的财产权产生了实际影响，一审法院对该具体行政行为依法进行司法审查是正确的。被上诉人认为其行为是对下级行政机关就工作事宜提出的咨询或请示作出的回复，属于不可诉的内部行政行为，理由不成立，不予支持。

〔3〕 中国政法大学法治政府研究院编：《中国法治政府评估报告（2016）》，社会科学文献出版社2016年版，第170页。

取更为妥当的方式控制和规范内部行政程序的合法性运行。

二则，必须审慎考量外部行政程序的效果内化。一般来说，外部行政程序是行政法为行政主体设定的一种由行为模式和法律后果所组成的条件机制，即行为模式一旦被满足便会产生相应的法律后果。[1]同时，外部行政程序的此种特质直接造就了其作为整合社会的一种基本方式，对于外部行政法律关系而言，有助于提升行政行为的社会可接受程度，并且保留随时反思行政权力运行的合理性。[2]由此可知，外部行政程序对于行政管理和行政法治目标的重要影响作用自不待言，然而其能否在行政主体之间发生法律效果的内化，从而影响对多阶段行政行为的司法审查？答案显然是肯定的。从目前我国的司法审判实践来看，一项能够产生外部法律效力的先行政行为，对于行政相对人权益造成的现实影响自然是最为直接和备受关注的。但是，基于行政行为的效力理论可以推导出先行政行为对于后行政行为的作出机关以及法院而言，具有不容忽视的构成要件效力影响，此种实体法的效果辐射被置于行政程序的视野中亦同样可以适用。质言之，先行政行为与后行政行为构成一个完整的行政过程，其中可能包括内部行政程序和外部行政程序，前文已经针对内部行政程序的效力外化展开论述。那么，外部行政程序对于行政主体内部亦可产生效果内化，此项议题讨论对于促进行政组织法治化和整合行政程序内外效能而言具有非常显著的现实意义。[3]

其实，我国已有相关的行政法规范正面地体现了将外部行政程序的影响效果进行相应改造，使之化约为一种"内部行政程序"，从而实现外部行政程序与内部行政程序的导向一体。[4]例如，我国《行政许可法》第26条规定的内容，[5]便是将涉及行政许可的多个外部行政程序，有机地整合为一个统一

---

〔1〕 参见章志远："迈向公私合作型行政法"，载《法学研究》2019年第2期，第150页。

〔2〕 参见章剑生："现代行政程序的成因和功能分析"，载《中国法学》2001年第1期，第79~80页。

〔3〕 参见袁文峰："论行政形式自由选择权"，载《财经法学》2018年第1期，第84页。

〔4〕 参见张运昊："行政一体原则的功能主义重塑及其限度"，载《财经法学》2020年第1期，第117页。

〔5〕《行政许可法》第26条规定："行政许可需要行政机关内设的多个机构办理的，该行政机关应当确定一个机构统一受理行政许可申请，统一送达行政许可决定。行政许可依法由地方人民政府两个以上部门分别实施的，本级人民政府可以确定一个部门受理行政许可申请并转告有关部门分别提出意见后统一办理，或者组织有关部门联合办理、集中办理。"

实施的内部行政程序，能够实质性地减少行政相对人在不同阶段的相关行政主体之间的程序流转，避免产生不必要的人力、物力和时间方面的成本支出，对于建设便民高效的法治政府而言无疑是大有裨益的。[1]同时，外部行政程序之所以能够产生效果内化，其所仰赖的制度性基础是行政系统内部的层级制和行政主体内部的职位制。[2]可是无论是层级制还是职位制，连结多阶段行政行为过程中不同行政主体的关系媒介和规范载体是它们之间的"命令—服从"或者"指示—协同"等行为模式，而正是这些内部行政法律关系的客观存在，才会使得外部行政程序与内部行政程序在法律效果层面获得交融转化。[3]

　　质言之，在多阶段行政行为的实际运作和司法审查过程中重视对外部行政程序的效果内化，确实能够有效地纾解各级人民政府工作部门之间的职权交叉和职能冲突等困境，将行政管理的全过程纳入现代行政法的调整范围，能够从根本上提升行政的整体效能。[4]行政法作为"动态意义上的宪法"，与社会变迁之间的联系极为紧密，强调严格地区分内外行政程序的传统公法理论与狭隘诉讼实践早已备受我国行政法学人诟病，而对于行政程序一体导向的制度需求倡导行政法理论研究和司法实践必须主动关注和回归现实情境，并且随着社会情势的不断变迁而得到更为有利的发展。否则，行政法便难以顺利地发挥其应有的秩序调控功能和现实镜鉴意义。正如有学者所言，"行政任务的多样化、社会利益纷争复杂化和国民价值观的多元化，必然要求法治主义原理和制度设计转向复合型、纵深化与精致性，单纯依靠立法与司法'外科手术式'的监控机制就想做到'药到病除'是不现实的"。[5]

---

　　[1]　参见刘恒、彭簫剑："相对集中行政许可权的正当性判断标准研究"，载《中南大学学报（社会科学版）》2019年第2期，第41~42页。

　　[2]　参见陈爱娥："行政任务取向的行政组织法——重新律构行政组织法的考量观点"，载《月旦法学教室》2003年第5期，第64页。

　　[3]　参见胡建淼、章剑生："论行政程序立法与行政程序法的基本原则"，载《浙江社会科学》1999年第6期，第68页。

　　[4]　有学者倡导将行政效能原则纳入行政法的一般原则之列，指出"行政效能原则若能进入行政法一般原则之列，将弥补以往原则体系偏于消极约束、限制行政权以保护公民个体权益倾向之不足。通过注重行政权的高效行使，可以在制度建构上作出更有利于公民集体权益的抉择，在个案处理上也可以使高效行政对处于利益冲突或竞争态势中的一方公民个体权益提供更好的保护，也可以使行政资源得到更有效配置、促进其背后隐含的公民集体权益"。参见沈岿："论行政法上的效能原则"，载《清华法学》2019年第4期，第25页。

　　[5]　鲁鹏宇："法治主义与行政自制——以立法、行政、司法的功能分担为视角"，载《当代法学》2014年第1期，第25页。

综上所述，多阶段行政行为的司法审查应当重点关注相关行政实体法规范的梳理与诠释，明确不同阶段行政行为之间的逻辑关联和效力影响，符合现代行政过程理论关于多阶复合行政程序的内涵展开和意义探寻，更能够为行政管理和司法审查提供更为明晰化、精细化的行为前提和裁判理据。同时，对于多阶段行政行为所密切关涉的内外部行政程序进行效能层面的整合再造，从理论和实践的双重层面审视考量内部行政程序外部化、外部行政程序内部化的功能效用，能够有助于全面地审视多阶段行政行为过程的法效关联，进而消解当前我国学界和实务界对于多阶段行政行为及其司法审查的认知偏见和判断误区。

第三节　行政诉讼主客均衡的结构优化

前文针对多阶段行政行为司法审查过程中所涉及的效力认定和程序联结等内容进行阐发，基本能够从实体效果和程序价值的不同维度提供更为详尽、全面的审查思路和判断理据。然而，前述内容在本质上仍旧是停留在较为抽象的理论诠释层面，而并未直接深层次地触及多阶段行政行为在具体行政诉讼程序中的"问题症结"，即被诉行政行为或者与之关联的行政行为能否被纳入行政诉讼的受案范围，以及被诉行政行为与关联行政行为能否置于通过诉讼合并等方式纳入同一诉讼程序之中？前述问题在本质上属于对我国现行行政诉讼制度的相关要素调适，但是，此种客观意义上的具体整合却与行政诉讼的制度目的密切相关，充分体现出了多阶段行政行为司法审查过程中需要重视主客均衡的结构优化。[1]

由前述可知，我国行政诉讼法确立了三重目的：解决行政争议、监督依法行政和保护行政权益。笔者透过多阶段行政行为案件的司法审查实践，能够大致地窥见在不同诉讼目的主导下，法院采取的审判理据所展现出来的观点差异被不断地显性放大，并且逐步形成了以司法权监督行政权合法运行的客观诉讼模式和以保障行政相对人合法权益为核心的主观诉讼模式，二者之

---

〔1〕　参见马怀德主编：《行政诉讼原理》，法律出版社 2003 年版，第 66 页。

间产生的观点分歧进而直接影响到个案审查的裁决结论。[1]因此，在面对多阶段行政行为司法审查过程中所适用的裁判理据出现明显差异或者相互冲突的实践情形时，便需要从行政诉讼制度目的（主观意志）和行政诉讼具体要素（客观结构）两个不同层面的内容进行关联考察。主要理由有二：一方面，行政诉讼目的的设定，源自行政诉讼的性质定位；另一方面，行政诉讼的性质却又由行政诉讼的结构所决定。[2]由此可见，行政诉讼目的的实现与行政诉讼结构要素之间的联系极为密切，而对于多阶段行政行为的司法审查而言，如何准确地廓定受案范围和完善相关诉讼程序便显得非常具有现实意义。

一、行政诉讼受案范围的适度扩展

众所周知，行政诉讼的受案范围是现代行政诉讼法学理论研究和行政审判实践均不容忽视和必须重点关注的基础范畴之一。[3]其实，每每谈及受案范围问题，似乎仅仅代表着行政诉讼的规范特色和独有传统，毕竟民事诉讼和刑事诉讼领域并无"受案范围"一说，而行政诉讼制度具有的此种独特意蕴便决定了其在实践过程中容易陷入性质和目的多元化的争论分歧之中。[4]从历史渊源来看，我国的行政诉讼可谓是脱胎于民事诉讼，在《行政诉讼法》制定出台之前，行政诉讼案件的审判和裁决均适用民事诉讼程序，即采取"诉讼程序同一制"。[5]但是，随着我国行政诉讼制度成为一项独立的诉讼种类，逐渐从民事诉讼的规范内容中被分离出来，其最初所肩负的核心任务是监督行政主体依法行政。[6]但是，2014年修正后的《行政诉讼法》在目的条款中进一步强调了这一核心任务，并且明确了行政诉讼的目的还需包括"解决行政争议和保护合法权益"这两项重要内容。由此可见，行政诉讼的性质、

〔1〕参见霍振宇："不同诉讼目的主导之行政审判模式间的整合与调适——面相司法实践的法解释论进路"，载《法律适用》2020年第4期，第121页。
〔2〕参见谭宗泽："行政诉讼目的新论——以行政诉讼结构转换为维度"，载《现代法学》2010年第4期，第50~51页。
〔3〕参见姜明安："扩大受案范围是行政诉讼法修改的重头戏"，载《广东社会科学》2013年第1期，第20页。
〔4〕参见邓刚宏、马立群："对行政诉讼之特质的梳理与反思——以与民事诉讼比较为视角"，载《政治与法律》2011年第6期，第93页。
〔5〕于安："我国行政诉讼特点刍议"，载《现代法学》1986年第3期，第87页。
〔6〕参见郭修江："监督权力　保护权利　实质化解行政争议——以行政诉讼法立法目的为导向的行政案件审判思路"，载《法律适用》2017年第23期，第8页。

目的确实能够呈现出分层化的特征，解决行政争议越发成为我国各级人民法院行政审判工作的重中之重。[1]不可否认的是，"解决行政争议"的立法目的更多的是体现了"行政诉讼应当作为一种私益诉讼"的规范内涵。但是，在当前我国公私益相混合的行政诉讼模式中，"监督依法行政"的立法目的亦可推导出"行政诉讼具备公益诉讼的功能"，而法院却只能通过合法性的维度审查被诉行政行为，进而确立"诉判分离"的行政诉讼结构。[2]由此可见，行政诉讼的目的在很大程度上能够直接决定行政诉讼基本的制度结构，并且深刻地影响行政诉讼基本的程序运行样态。

一方面，行政诉讼之所以能够区别于民事诉讼和刑事诉讼，最重要的标志之一便是其所坚持的"合法性审查"态度，以及秉承的"监督依法行政"的目的，而这些内容恰恰与行政法系属于一种"控权法"的传统理念，可谓是一脉相承。合法性审查原则的确立对于人民法院而言，意味着其所受理的案件类型只能由法律明确规定，对于那些法律没有明确规定的行政争议事项，人民法院应当不予受理，这也是行政审判工作的逻辑起点。[3]基于此目的，章剑生教授很早便已指出："行政诉讼的基本原则应当是司法审查有限原则，其中最重要的基本内容便是受案范围的列举性、可诉行为的有限性以及审查行政的合法性。"[4]而另一方面，随着2014年我国修正《行政诉讼法》，通过增设"解决行政争议"这一目的，能够进一步地强化行政诉讼解决行政纠纷的作用，强调必须借助法治的方式和手段，实质性地解决不同的行政案件，在社会的整体层面形成依法维权、依法办事的法治思维，避免"信访不信法"的现象重演。[5]换言之，行政诉讼必须确立解决行政争议的制度目的，即"无争议无诉讼"。对此，最高人民法院亦作出充分说明："我国行政诉讼多年来即存在'上诉率高、申诉率高、服判息诉率低'的现象，其中一个重要的

---

〔1〕 参见程琥："解决行政争议的制度逻辑与理性构建——从大数据看行政诉讼解决行政争议的制度创新"，载《法律适用》2017年第23期，第19页。

〔2〕 参见章剑生："行政诉讼'解决行政争议'的限定及其规则——基于《行政诉讼法》第1条展开的分析"，载《华东政法大学学报》2020年第4期，第97页。

〔3〕 参见郭修江："行政诉讼法目的之回顾与展望——合法性审查与解决行政争议的对立统一"，载中国法学会行政法学研究会编：《中国行政法之回顾与展望——"中国行政法二十年"博鳌论坛暨中国法学会行政法学研究会2005年年会论文集》，中国政法大学出版社2006年版，第803页。

〔4〕 章剑生："论司法审查有限原则"，载《行政法学研究》1998年第2期，第69~73页。

〔5〕 参见袁杰主编：《中华人民共和国行政诉讼法解读》，中国法制出版社2014年版，第4页。

原因，就是未能充分地发挥行政诉讼解决纠纷的功能。因此，在行政诉讼法立法宗旨中应当明确行政诉讼'解决行政纠纷'的功能。"[1]不难看出，如果行政诉讼不能秉持以解决行政争议为目的，不能以法律规范的形式和内容明确人民法院需要承担解决行政争议的主要职能，那么行政诉讼的受案范围问题便会一直随着现实情势的不断变化而变得难以厘清。

因此，行政诉讼的受案范围与行政诉讼目的的多层次性密切相关，且更为直接地体现出行政诉讼结构所蕴含的"原告、被告、裁判者三方的法律地位和相互关系"。[2]在多阶段行政行为案件的司法审查过程中，关于被诉行政行为与相关联的其他行政行为是否应当全部纳入行政诉讼的受案范围，始终牵扯着理论研究和实务探讨的双重目光，或者说是关涉司法权与行政权各自的权力边界，是当前研究我国行政诉讼目的和结构所必须理顺的基本问题。虽然，行政诉讼的受案范围在性质上是一种需要经规范化、制度化的法定事实，但是其更多的是直接或者间接地反映出国家在特定时间内所欲实施的司法政策和法治方略。1989 年《行政诉讼法》将行政诉讼制度的唯一目的确立为合法性审查原则，反映出当时国家重视将行政诉讼制度独立化、类型化，并且极为注重行政诉讼法作为"监督法"的性质面向；[3]而 2014 年《行政诉讼法》的修改则是出于对社会现实需要和行政审判实践所共同面对的问题——"案结事未了"的立法回应，毕竟"正确的判决—争议的平息"仅仅是一个理想的法治愿景和诉讼目标，而在现实情境中一些法院正确作出裁判，也很难"实质性地化解争议"。因此，一些学者开始密切关注："实质解决行政争议要求法院的审理和裁判围绕行政争议展开，而非机械地围绕行政行为合法性展开审查，这一命题的提出，要求行政判决的内容除传统考量因素，即国家权力结构及行政权与司法权各自的特性外，还应当将为公民提供有效司法救济和诉讼能够产生定纷止争社会效果等因素纳入制度建构考量。"[4]可

---

〔1〕 江必新主编：《中华人民共和国行政诉讼法及司法解释条文理解与适用》，人民法院出版社 2015 年版，第 30 页。关于这个问题，梁凤云列出了七大理由。参见梁凤云：《新行政诉讼法讲义》，人民法院出版社 2015 年版，第 6~7 页。

〔2〕 宋炉安："评我国行政诉讼结构"，载《中央政法干部管理学院学报》1997 年第 2 期，第 30~31 页。

〔3〕 参见郭修江："行政诉讼法立法目的的修改与完善"，载《中国审判》2013 年第 9 期，第 24 页。

〔4〕 刘群："实质解决行政争议视角下的行政履行判决适用研究"，载《行政法学研究》2019 年第 2 期，第 128 页。

见，当前关于我国行政诉讼制度目的以及结构的逻辑前提和基本方向皆并非是单一向度的，而是基于多层次的、多元化的内涵要求，断然不能为了"解决行政争议"而漠视"监督依法行政"。[1]

正本清源，行政诉讼受案范围的设置初衷便是给行政主体保留一些必要的自主空间，保证现代行政国家和行政权力的高效运转，从而适应行政法调整日益复杂社会关系的迫切需要。同时，更是为了避免司法权过分地干预行政权，近代司法审查制度的兴起繁荣并不能完全有力地说明法院对于事实和法律的辨别能力比行政官员要高明许多。[2]尤其是对于一些技术性、专业性较为明显的行政行为进行合法性审查，法官并不能做到"游刃有余"。因此，意欲通过司法审查制度解决现有的全部行政争议，非但在主观上可能容易陷入"司法万能主义"的漩涡之中，而且在客观上亦存在着不容小觑的制度障碍。而上述思虑往往借助行政诉讼受案范围予以体现，并且预示着司法权只能在相对有限的范围内对行政权的合法性问题展开审查。

正如有学者所言："行政诉讼的受案范围实质上是对公民权利范围的一种界定。"[3]这就意味着对于行政行为造成行政相对人权益损害的情形，只有那些被载明于行政诉讼受案范围的事项类别，当事人才能诉请司法机关提供相应的救济保护，否则行政权便可以当然地获得司法审查的"豁免特权"。因此，可以推导出行政诉讼的受案范围是处于行政相对人合法权益能否得到充分救济，以及行政权能否获得司法审查"豁免特权"的重要临界点。[4]然而，此道"分水岭"并非形式上的一成不变，而是应当随着社会发展的现实需要而不断发生变化，从 1989 年到 2014 年，法律明确规定的受案范围不断扩大，并且呈现出需要继续扩大的总体趋势。[5]无论是选择弃用"具体行政

---

〔1〕 参见陈希国、刘连义："论行政诉讼监督功能的实然弱化和应然改进——以《最高人民法院工作报告》和全国行政诉讼数据为考察样本"，载最高人民法院行政庭编：《行政执法与行政审判》（总第 73 集），中国法制出版社 2019 年版，第 239 页。

〔2〕 "只是相对于议会控制政府而言，司法控制的必要性显得更为突出而已。"载龚祥瑞：《比较宪法与行政法》，法律出版社 1985 年版，第 323 页。

〔3〕 章剑生："有关行政诉讼受案范围的几个理论问题探析"，载《中国法学》1998 年第 2 期，第 46 页。

〔4〕 参见马怀德："行政诉讼法的时代价值——行政诉讼三十年：回首与前行"，载《中国法律评论》2019 年第 2 期，第 24 页。

〔5〕 对此，也有学者持相反意见。参见张淑芳："我国行政诉讼受案范围不宜扩大"，载《法学》1999 年第 8 期，第 11~13 页。

行为"的局限表述而确立"行政行为"作为行政诉讼案件的受理基准，还是通过列举方式增加受案范围和扩大权利保护范围，皆表明对行政诉讼受案范围的确定不仅仅是法律意义上的立改废问题，更是生动地展现出司法政策与立法目的之间处于相对均衡的依存状态。[1]当然，对于多阶段行政行为案件的司法审查而言，具体个案的裁判意见呈现出了比较明显的差异，主要原因在于受理法院对于被诉行政行为是否属于行政诉讼的受案范围这一问题存在一定的意见分歧，以及法院在审查被诉行政行为的过程中能否一并审查与之相关联的其他行政行为，无疑都关乎行政诉讼受案范围的确定问题。

根据前文对于涉及多阶段行政行为典型案例的审查模式和判断理据进行剖析之后，能够窥见行政诉讼受案范围对于多阶段行政行为司法审查具有非常深远的决定作用。法院审查被诉行政行为的合法性，其前提要件必须先行判断该行政行为是否已经被纳入行政诉讼的受案范围之内，否则无需启动后续的行政审判工作。[2]因此，在具体案件中法院通常皆会借助诉讼成熟原则、"权利义务实际影响条款"等内容进行综合考量。[3]例如，"王某炳案"的受理法院均将被告审查下级行政主体呈报的行政行为认定为"阶段性行政行为"，而不是多阶段行政行为过程之中处于最终阶段的行政处理决定，其对于当事人的权利义务未能产生实际的影响，因此不具有法定的可诉性；"夏某峰案"的一审法院将被告对未登记建筑的认定和处理行为，判断为国有土地上房屋征收与补偿过程中的阶段性行为，对于当事人而言并未直接设定行政法上的权利义务关系，故而被排除在行政诉讼受案范围之外；"李某英案"的一审法院将处于多阶段行政行为之中的前阶段行政行为视为一种行政协作行为，其所产生的法律效果未能得以外化，且对于当事人的权利义务不能产生实际的影响，不具有法定的可诉性；"越梅公司案"的一审法院明确将内部业务指令、多阶段行政行为等划归为内部行政领域，并且运用行政首次判断权原则以保证司法权不至于过早介入行政权的行使。毋庸置疑的是，前述这些司法

---

〔1〕　参见闫尔宝："行政诉讼受案范围的发展与问题"，载《国家检察官学院学报》2015 年第 4 期，第 21 页。

〔2〕　参见邓刚宏："行政诉讼受案范围的基本逻辑与制度构想——以行政诉讼功能模式为分析框架"，载《东方法学》2017 年第 5 期，第 21 页。

〔3〕　参见于立深、刘东霞："行政诉讼受案范围的权利义务实际影响条款研究"，载《当代法学》2013 年第 6 期，第 51~62 页。

案例确实难以尽数地囊括当前我国各级人民法院在判断多阶段行政行为诉讼案件受案范围的具体实践情形，但是，却出乎意料地一致凸显了多阶段行政行为案件受案范围过于狭窄、标准泛化等现实矛盾。[1]

归根结底，多阶段行政行为的司法审查之所以会经常陷入行政诉讼受案范围的现实困境之中，很大程度上皆可归因于多阶段行政行为系属于一种未予型式化的行政行为类型，其外在表现形式和内在效力意涵均处于不确定的认知状态，尤其是对于不同阶段和环节的行政行为，司法实务工作所采取的态度呈现出较为复杂的判断认识和处理结论，这也是行政诉讼受案范围涉及的"权利义务实际影响条款"最值得关注和重视的研究领域。[2]毕竟，处于多阶段行政行为过程中的不同阶段行政行为，无论是否构成外部性或者到达最终阶段，都会面临着权利义务实际影响条款在个案适用过程之中的规范合理性和程序正当性，行政诉讼制度所设置的受案范围是以该条款作为轴心内核，辐射至行政诉讼制度的整体构成。对此，杨小君教授很早便颇有见解地指出，"将行政诉讼的受案范围条款修改为对公民、法人或者其他组织权利义务不产生法律上或者实际影响的行为，不属于行政诉讼的受案范围"。[3]笔者认为，此种见解能够基于概括主义的视角为我国行政诉讼受案范围的适度扩展提供非常有利的观点支撑，打破了既往司法实务对于"权利义务实际影响"的单一判断标准——被诉行政行为的效力影响，进而增加了事实状态下的实际影响和法律拟制基础上的实际影响。例如，内部行政行为之所以被排除在受案范围之外，其主要依据是"特别权力关系"理论，[4]其所产生的外部法律效果确实具有泛政治化的色彩倾向。但是，其对于行政相对人所产生事实状态下的实际影响无疑是非常现实且直接的。同理，阶段性行政行为或者过程性行政行为虽然尚未产生最终的行政法律效果，但是其对于行政过程末端的行政处理决定确已形成非常明显的拘束力和促进力，而这种对于行政相对人权利义务的实际影响却又往往通过既有的一些行政实体法规范的法律拟制

〔1〕 参见方世荣："对行政诉讼受案范围中设定排除事项的反思"，载《法商研究》2014 年第 6 期，第 12 页。

〔2〕 参见杨小军："行政诉讼受案范围之反思"，载《法商研究》2009 年第 4 期，第 90 页。

〔3〕 参见杨小君：《行政诉讼问题研究及制度改革》，中国人民公安大学出版社 2007 年版，第 725 页。

〔4〕 胡建淼："'特别权力关系'理论与中国的行政立法——以《行政诉讼法》、《国家公务员法》为例"，载《中国法学》2005 年第 5 期，第 57~65 页。

得以实现。

本书认为，对于多阶段行政行为司法审查实践所遭遇的受案范围问题，确实需要借助"权利义务实际影响条款"的概括主义解释进路，[1]不能笼统地提出"将内部行政行为或者过程性行政行为全盘纳入司法审查范围之中"的片面结论，而是应当结合我国当前行政诉讼制度的多重目的，在具体个案中进行理性权衡，综合考量行政诉讼结构中各方利益的分配关系，从中选取更为适宜的判断标准。毕竟，"权利义务""实际影响"或者"合法权益"均属于典型的不确定法律概念，不能仅仅依靠传统的行政行为类型、效力理论以及司法审查有限原则对其进行界定，而是应当相对灵活地将目光反复流转于案件事实、规范双重要件，[2]避免多阶段行政行为的司法审查实践陷入两种极端的错误境地：过于关注事实要件而偏重解决行政争议之立法目的（规范虚无主义）、过于重视规范要件而漠视解决行政争议之立法目的（事实虚无主义）。

二、行政诉讼程序合并的要素改良

"目的是全部法律的创造者，每条法律规则的产生都源于一种目的，即一种事实上的动机。"[3]那么，行政诉讼目的作为一种事实上的动机，亦不例外，其以相对抽象意义上的理念形式，理性地表达国家设置行政诉讼制度所欲达到的目标追求，更是直接影响和制约行政诉讼制度的整体构造以及审判工作的模式选择，具有非常鲜明的实践格调。[4]前文业已明确阐述行政诉讼目的与结构之间的逻辑关系，分析多阶段行政行为司法审查过程中所遭遇的

---

〔1〕 朱芒教授认为："行政诉讼法律制度中的受案范围规定，涉及司法权限的两个方面。一是在宪法规定的制度架构中，法院的司法权与其他国家机构所拥有权限的边界，即司法权的边界。二是在此司法权的范围之内，实定行政诉讼法中，现实的制度安排允许司法权行使的范围及其边界。对后者的判断方面，目前就集中在如何理解或解释行政诉讼法上关于"受案范围"的规定。因此，需要借助概括主义的解释路径对行政诉讼的受案范围进行适度扩展。"，参见朱芒："概括主义的行政诉讼'受案范围'——一种法解释路径的备忘录"，载《华东政法大学学报》2015年第6期，第63~71页。

〔2〕 参见叶必丰："法院在行政诉讼个案中对法律的解释——以行政诉讼的受案范围为视角"，载《华东政法学院学报》2007年第2期，第4~8页。

〔3〕 参见［美］博登海默：《法理学：法律哲学与法律方法》，邓正来译，中国政法大学出版社2004年版，第115页。

〔4〕 参见刘善春："论行政诉讼价值及其结构"，载《政法论坛（中国政法大学学报）》1998年第2期，第95~96页。

受案范围问题，以及借助概括主义的视角立场适度扩展受案范围，能够有助于全方位地实现行政诉讼制度的多重目的，从而维持行政诉讼目的与行政诉讼结构之间的均衡状态。[1]但是，行政诉讼受案范围的适度扩展仅仅是实现多阶段行政行为司法审查的行政诉讼目的与结构之间均衡状态的前提条件，其更多的是需要通过行政诉讼程序要素的技术改良予以达成。例如，在现有规范基础上进一步完善行政诉讼程序中的诉讼合并制度，将先行政行为与后行政行为置于一个全面系统的行政诉讼程序之中予以审查，而不是将具有内容和效力关联的不同阶段行政行为进行割裂抽离，从而忽视和破坏多阶段行政行为所具有的过程性特质。

鉴于此，前文通过较为翔实的典型案例分析，基本能够窥见在当前我国的多阶段行政行为司法审查实践过程中，不少法院坚持将先行政行为与后行政行为进行拆分审理，或者选择将先行政行为视为后行政行为所需要依据的事实要件、证据要件予以审查，甚至直接将先行政行为认定为行政系统内部的程序流转和文书传送，从而剔除在司法审查的视野之外。由此可见，我国法院关于多阶段行政行为案件展开的行政诉讼程序并未形成具有普遍适用意义的审理规则，而是需要在具体个案中依据相关的事实要件进行裁判，进而导致一些相同或者类似案件出现截然相反、差异显著的审理结果。究其缘由，很大程度上可归因于多阶段行政行为内部构造呈现出多样化的特征，先行政行为与后行政行为之间的内容关联和效力传导并非一成不变，这就导致了法院对于先行政行为与后行政行为之间的逻辑关联产生了某些认知分歧，从而在后续的行政诉讼程序安排方面存在不同的处理方式。其中，最为常见且最具代表性的实践做法是法院在受理后行政行为的诉讼程序中，明确拒绝对先行政行为展开合法性审查，将后者排除在本案的审查范围之外，要么"直接宣布"先行政行为不属于行政诉讼的受案范围，要么将先行政行为"间接搁置"，划归另案处理。前述做法在形式上确实符合我国《行政诉讼法》的规范内容，但是，将本属于具有内容效力关联性的不同阶段行政行为进行剥离，很有可能会迟滞我国行政诉讼制度明确指向的"实质性化解行政争议"这一立法目的的实现。同时，将先行政行为与后行政行为分别置于不同的诉讼程

---

[1] 参见谭宗泽："行政诉讼结构研究——一种结构主义的考察维度"，载《南京大学法律评论》2009 年第 2 期，第 339~340 页。

序之中，必然会大幅地增加当事人不必要的诉讼成本和法院的程序负累，违背了现代诉讼经济原则的核心要义——"化繁为简、节约成本，实现诉讼效益的最大化"。[1]

其实，我国《行政诉讼法》效仿民事诉讼制度明确了共同诉讼的规范内容，[2]但是，此项行政诉讼制度的适用对象却是仅仅局限于"同一行政行为"或者"同类行政行为"，并未包含本书所意指的多阶段行政行为。[3]因此，对多阶段行政行为的司法审查断然不能顺理成章地适用共同诉讼制度进行审理，这也是很多法院倾向于将先行政行为与后行政行为置于不同诉讼程序的主要规范依据和操作缘由。但是，在多阶段行政行为案件中，不同阶段行政行为之间的内容和效力皆具有逻辑关联，能否通过诉讼程序合并的方式进行审查，从而减少不必要的程序负担和诉讼成本，从而促进行政争议的实质性化解与行政诉讼程序的结构优化？

答案显然是肯定的。主要理由在于：先行政行为与后行政行为作为既相互独立又彼此关联的不同阶段行政行为，按照传统诉讼模式强调的"诉判一致"原则，先行政行为的合法性并非后行政行为诉讼程序所需要解决的问题，而是应当在其他的诉讼程序中予以认定。但是，根据行政诉讼标的理论以及诉的合并制度可知，在本质上而言，诉的合并即是诉讼标的的合并，行政诉讼程序是否发生诉的合并，取决于诉讼标的是否存在多数且相异。[4]然而，德国、日本以及我国的行政法学界，对于如何界定行政诉讼标的存在诸多争议，主要围绕"行政处分违法性"[5]"当事人权利

---

〔1〕　顾培东："诉讼经济简论"，载《现代法学》1987年第3期，第39~42页。

〔2〕　《行政诉讼法》第27条规定："当事人一方或者双方为二人以上，因同一行政行为发生的行政案件，或者因同类行政行为发生的行政案件、人民法院认为可以合并审理并经当事人同意的，为共同诉讼。"

〔3〕　由前述可知，先行政行为与后行政行为不可能是"同一行政行为"，但有可能是"同类行政行为"。但是，笔者根据现有的司法案例来看，共同诉讼制度在多阶段行政行为司法审查实践中的生存空间极为微弱，基本没有得到适用。

〔4〕　李仕春："诉之合并制度研究"，载陈光中、江伟主编：《诉讼法论丛》（第5卷），法律出版社2000年版，第339页。

〔5〕　这种观点是日本行政诉讼法学界的通说，认为："撤销诉讼是以撤销违法行政行为为目的的诉讼，而行政行为的违法性全体（抽象的违法性）则为诉讼标的，并构成审理对象。"参见［日］兼子仁：《行政法学》，岩波书店1997年版，第186页；［日］宇贺克也：《行政法概说Ⅱ行政救济法》，有斐阁2009年版，第123页。

主张"〔1〕以及"裁判要求与事实关系"〔2〕等不同学说进行展开。虽然，我国的公法学者对行政诉讼标的问题研究不是非常深入，但是逐渐形成了"行政行为"〔3〕、"法律关系"〔4〕和"行政行为违法性"〔5〕等代表性观点。针对此问题，马立群博士从实体和程序两个维度专门研究行政诉讼标的的理论建构，客观理性地反思学界对于行政诉讼标的的学说分歧和认知混乱，认为作为连接实体法与诉讼法的桥梁，实体法上的权利范围与行政行为的违法性要件，共同构成了行政诉讼标的的内涵。〔6〕笔者基本赞同这一认识，行政诉讼程序的展开是基于原告的权利主张得以启动，而行政诉讼程序的实体内容是审查被诉行政行为的违法性。因此，行政诉讼标的无疑皆得关照实体内容审查和程序内容推动两个方面内涵，最终推动行政诉讼制度得以有效运转。

既然，行政诉讼标的包含当事人权利主张和行政行为违法性两个方面内容，那么多阶段行政行为案件的诉讼标的也应当包括当事人对于不同阶段行政行为的权利主张和不同阶段行政行为的违法性等相关内容，这些内容共同构成了行政诉讼的客观要素，即诉讼标的。通常意义上，一个完整的诉讼应当由诉讼双方当事人和诉讼标的所组成，如果当事人和诉讼标的数量均为单一，便被称为单一之诉；如果当事人或者诉讼标的其一为复数时，那么便会引发诉的合并。〔7〕而本书所意指的诉的合并，主要系指民事诉讼学理所谓之

---

〔1〕 这种观点是德国理论与实务界的通说，认为："行政诉讼标的的决定判决的拘束力，行政行为违法必然会侵害原告的权利，此时撤销行政行为的法律效果主张包括行政行为违法和侵害原告的权利，两者皆为诉讼标的。"参见［德］弗里德赫尔穆·胡芬：《行政诉讼法》，莫光华译，法律出版社 2003 年版，第 139 页。

〔2〕 这种观点认为："行政诉讼标的是指原告根据特定的事实关系，请求法院进行裁判的要求，即诉讼标的是由诉之要求及构成诉之理由的特定事实关系所构成。"参见陈清秀：《行政诉讼法》，元照出版公司 2009 年版，第 367~369 页。

〔3〕 参见应松年：《行政诉讼法学》，中国政法大学出版社 2002 年版，第 150~151 页；薛刚凌：《行政诉权研究》，华文出版社 1999 年版，第 197~203 页。

〔4〕 范德浩："浅论我国司法审查的对象"，载《法学评论》1993 年第 4 期，第 69 页。

〔5〕 参见林莉红：《行政诉讼法学》，武汉大学出版社 2001 年版，第 40 页；于绍元："论行政诉讼中的举证责任"，载《政法论坛》1991 年第 4 期，第 38~39 页；黄启辉："行政救济构造论"，武汉大学 2007 年博士学位论文，第 53 页。

〔6〕 马立群："行政诉讼标的的理论研究——以实体与程序连接为中心"，武汉大学 2011 年博士学位论文，第 81 页。

〔7〕 参见田平安主编：《民事诉讼法学》，中国检察出版社 2002 年版，第 149 页。

"诉的客观合并"，即在一个诉讼程序中，原告可以主张两个以上的诉讼标的。[1]此处探讨多阶段行政行为司法审查过程中诉的客观合并，是针对当前我国行政诉讼程序的一些制度要素进行改良，使之更为符合诉讼程序的经济考量以及有效避免法院在面对相同或者类似案件作出矛盾裁判的不利情形。[2]是故，更为重要且更为急迫的现实需求是对行政争议的实质性化解，防止先行政行为的违法性问题遁形于司法审查范围之外，促进行政诉讼目的的全面实现。

　　但是，根据前文梳理剖析的多阶段行政行为典型案例，不难发现我国行政诉讼程序中的"诉的客观合并"未能引起法院的普遍重视，反倒是将先行政行为与后行政行为之间的合法性问题进行拆分考察。例如，"江某喜案"的一审法院认为，原告对于被诉行政行为所依据的先行政行为提出异议，不能得到有效的支持，因为本案的审查范围不包括先行政行为在内，当事人可以通过另行起诉的方式主张权利；"马某根案"的二审法院认为，当事人在诉讼程序中提出的《审批意见书》等先行政行为不具有合法性的诉讼请求，并不属于本案的审查范围；"许某案"的一审法院认为，本案的审查对象是涉案房屋拆迁延期许可的合法性，而对于原告所主张的拆迁许可证及其前置文件不合法等请求，并非本案需要审查的对象范围。这些案例在形式上确实不符合我国《行政诉讼法》明确规定的"共同诉讼"的规范要求，可是却能够充分考虑"诉的客观合并"的个案适用。令笔者感到欣喜的是，在"徐某寿与武夷山人民政府房屋征收纠纷上诉案"（以下简称"徐某寿案"）中，受理法院认为，"被诉行政行为包含主文件与附件两个部分，此二者构成了一个完整的征收决定，但彼此之间又是相对独立的。通过审查主文件《征收决定》符合法律规定之后，判决驳回当事人的诉讼请求。同时，另行查明附件的合法性问题，以此作出相应的分项判决"。[3]由此可知，主文件与附件共同构成一个典型的多阶段行政行为，后者《补偿方案》对于原告合法权益的影响作用更为直接且敏感，而原告的诉讼请求虽为撤销主文件《征收决定》，然而其实质上是不服附件的某些具体内容。在司法实践中，一些法院可能会倾向于只

---

〔1〕　李龙：《民事诉讼标的理论研究》，法律出版社 2003 年版，第 178 页。

〔2〕　参见胡震远："美国共同诉讼制度及其启示"，载《东方法学》2008 年第 4 期，第 132 页。

〔3〕　福建省南平市中级人民法院〔2015〕南行初字第 1 号行政判决书。

审查主文件的合法性，而对附件的合法性问题采取置之不理的态度。但是，"徐某寿案"的受理法院能够灵活地结合具体案情，追求实现兼顾社会公共利益和当事人合法权益的目标，从而能够更加有效地纾解社会矛盾和平衡利益冲突。[1]将本属于两个相对独立的行政诉讼程序进行并案处理，所得出的裁判结论在某种意义上能够体现"将当事人权利主张和行政行为违法性合并审查"的司法智慧。[2]然而，需要正视的是，这类个案的出现在很大程度上需要倚重承办法官的主观决断和个人偏好，在客观层面无法获得实定法规范的有力支撑，同时亦很难形成一种具有普遍适用意义的审查规则。但是，此种理论和实践的缺憾却能够从"诉的客观合并"的要素优化之中得到助益解决。

借鉴民事诉讼制度关于"诉的客观合并"相关内容[3]，并且结合多阶段行政行为的司法审查实践，笔者总结如下要点作为诉讼程序合并的适用条件予以考虑：首先，处于不同阶段的先行政行为与后行政行为必须存在内容和效力层面的关联性，而非两个或者数个毫无关联的行政行为；其次，原告在诉讼请求或者诉讼理由之中，应当明确提出请求法院针对先行政行为的合法性问题进行审查，且截止期限为一审行政诉讼程序的法庭辩论环节终结之前；再次，受理法院针对先行政行为的审理不得违反现行法律规范关于原告资格、受案范围、管辖权限以及起诉期限等制度安排；最后，将先后行政行为纳入同一诉讼程序之中，不得过分影响或者恶意损害其他诉讼参与人的权利义务。当然，最为值得注意的事项无疑是：如果审查过程中发现先行政行为与后行政行为之间确实存在违法性继承理论的适用空间，那么便可直接根据该理论的法教义学原理一并予以处理。

---

〔1〕 类似的观点，可参见梁君瑜："行政诉讼阶段化构造改良论——基于程序正义与诉讼经济之双重价值诉求"，载《广西社会科学》2017年第3期，第83~85页。

〔2〕 其实，在处理多阶段行政行为案件时，还需要重点区分诉的合并与诉讼请求的合并，相关论述，可参见朱兴有、郑斌锋："诉的合并与诉讼请求的合并之界定"，载《西南民族学院学报（哲学社会科学版）》2002年第8期，第79~82页。

〔3〕 参见肖建华："论共同诉讼分类理论及其实践意义"，载陈光中、江伟主编：《诉讼法论丛》（第6卷），法律出版社2001年版，第386~402页；李龙："论民事诉讼客观的诉的合并"，载陈光中、江伟主编：《诉讼法论丛》（第5卷），法律出版社2000年版，第408~413页。

第四节　本章小结

多阶段行政行为的司法审查必然离不开理论联系实践的思考过程，基础理论之间的交织张力、审查实践之间的模式更迭无疑构成推动这一思考过程的重要动力。本章主要围绕行政行为效力瑕疵的制度检视、行政过程一体导向的制度变革以及行政诉讼主客均衡的结构优化三个方面内容阐发了多阶段行政行为司法审查的相关制度完善，这些内容既反映行政行为效力、违法性继承以及行政过程安定等基础理论的具体运用，亦关涉行政行为性质界定、行政诉讼程序推进等实践操作的认知提升。经由前述理论反思和实践优化，以期能够为我国当下以及未来的多阶段行政行为司法审查提供一些不可或缺的重要启示。

第一节，重新审视行政行为效力理论关于违法、无效等瑕疵情形的判断基准和制度功能，从而在学理上激活依法行政原则的明确意涵，促使行政行为效力理论与行政行为违法性继承理论相互补充，共同致力于多阶段行政行为司法审查的理论建构与制度完善。认定多阶段行政行为违法的判断基准需要从基准时、构成要件和程度后果进行综合考虑，法院在审查被诉行政行为的合法性问题之前，应当将涉及先行政行为的违法判断问题，一并纳入当前的行政诉讼程序之中，综合考察先行政行为与后行政行为的主体、事实、依据以及程序等内容。根据违法程度的不同，能够将多阶段行政行为违法的后果类别划分为轻微违法、一般违法与严重违法，对于轻微违法的行政行为采取迁就宽容的态度，而对于一般违法的行政行为予以撤销或者确认违法，以及对于严重违法的行政行为作出无效认定，皆要求法院严格把控行政行为违法"量变与质变"的演进关系，切不可相互替代。对于先行政行为可能作出无效认定时，应当继续坚持适用"重大且明显"的违法认定标准，同时通过建立必要的诉讼释明制度强化对司法裁量权的有效约束，进而实质性地促进法院在一些特定情况下根据重大且明显的违法标准展开行政行为的无效认定。唯有如此方可促进行政行为无效制度的适度彰显，亦能避免其遭到不受限制的司法滥用。

第二节，多阶段行政行为作为一种典型的复合行政程序类型，将各种不同的行政行为组合起来连续使用，从而组成一个作为整体的动态化行政过程。法院在审查多阶段行政行为案件过程中，对于先行政行为与后行政行为之间存在的关系类型认定并非总是整齐划一，而是表现出不同的裁判观点和审查逻辑。因此，需要着眼于多阶段行政行为的过程性特质，梳理和对比具有代表性的一些行政实体法规范，明确先行政行为与后行政行为之间的内容关联和效力传导，尤其是在当前我国行政程序法缺位的背景下显得尤为紧迫，有助于为多阶段行政行为的司法审查提供更为直接的规范依据和适用基础。从行政程序的类型功能入手，剖析多阶段行政行为案件审理过程中所凸显的"内外有别"问题，权衡和整合内外行政行为程序的法律效能，正视和考量"内部行政程序的效力外化、外部行政程序的效果内化"，从而实现多阶段行政行为过程的全面审查和利益均衡。

第三节，多阶段行政行为司法审查需要解决的紧迫现实问题，必然是对行政诉讼目的和结构展开进一步的完善，其中受案范围和程序优化是最为直接的影响因素。对于受案范围问题，需要借助概括主义的解释进路，对"权利义务实际影响条款"进行适度扩展，对于"权利义务""实际影响"或者"合法权益"等不确定法律概念需要从规范和事实层面进行解释，而不能仅仅依靠传统的行政行为类型、效力理论以及司法审查有限原则对其进行界定。在现有规范基础上参照民事诉讼理论的"诉的客观合并"制度，进一步完善行政诉讼程序中的诉讼合并内容，将先行政行为与后行政行为置于一个全面系统的行政诉讼程序之中予以审查，而不是将具有内容和效力关联的多阶段行政行为进行割裂、分离，导致多阶段行政行为的过程性特质被人为忽视，从而阻滞行政争议的及时有效化解和行政诉讼结构的程序脱节。

结　语

　　行文至此，基本算是迎来了本书的正式结语。按照常理，此时应当长舒一口气，暗自地叹服自己竟然能够完成眼前这 20 余万字的"巨作"。然而，笔者内心的惶恐与纠结却深切地涌上心头，惶恐的是学术能力尚浅，不能圆满地呈现多阶段行政行为的整体概貌及其在司法审查过程中所关涉的理论基础与制度实践，生怕陷入线索模糊、自说自话的"语言迷雾"之中；纠结的是本书的研究主题究竟是"多阶段行政行为的司法审查"还是"司法审查中的多阶段行政行为"，此项"元论题之争"看似一场文字游戏，但却如同绕梁琴声一般，在笔者写作过程中始终萦绕脑海、挥之不去，在经历数月思虑之后，最终还是决定以前者作为全文的意旨统领。于此，暂时需要抛开这些主观感受，而应当理性地选择按下无尽担忧和思维跳跃的"中止符"，细细回想、默默品味这一年多以来对于"多阶段行政行为的司法审查"这一研究课题的连续思考和艰苦探索。

　　多阶段行政行为，系一项未予型式化和类型化的行政行为概念，目前关于其基础内涵、内在构造以及诉讼救济等方面的理论阐述和实务探讨，尚且处在基础相对比较薄弱和分析缺乏必要深度的现实情境，无法与行政许可、行政处罚等传统行政行为类型相提并论。但是，多阶段行政行为对于现代公共行政体系和行政法律规范制度建构所产生的影响作用，丝毫不逊于任一类型化了的行政行为，又或者说其所代表的复合行政已然成为行政管理模式的"新常态"，能够有机地连接"执法金字塔"的不同行为表现形式。当然，面对纷繁复杂、变化万千的行政管理实践，笔者深感无力与迷茫，思索良久之后转而聚焦于多阶段行政行为在司法审查过程中的现实面向，并且基于这类案件的裁判结果进行剖析，归纳不同法院的理据立场，结合既有的相关基础理论探寻其背后所隐藏的审查逻辑和学理意脉。其实，多阶段行政行为很早便被德国、日本的公法学界所密切关注，尤其是肇始于德国、集大成于日本的行政行为违法性继承理论，一直以来都被看作是研究多阶段行政行为最为常用的理论范式，尔后逐渐受到我国学者的引介重视。但是，仅仅关注行政行为违法性继承显然不足以全然揭开多阶段行政行为司法审查实践的"神秘面纱"，而是应当将研究视野进一步拓宽发散，例如关注行政行为效力、行政过程安定以及司法审查强度等相关理论，以及它们在多阶段行政行为司法审查过程中可能会形成的交叉张力。

不容质疑的是，基础理论研究确实能够从不同的分析角度勾勒出多阶段行政行为司法审查的大致轮廓，但终究是非常抽象、不易察觉的。笔者通过借鉴考察我国和域外关于多阶段行政行为司法审查的实践经验，不难发现先行政行为与后行政行为在具体的行政诉讼程序中所扮演的角色作用存在明显的差异，这也与多阶段行政行为自身的类型构造形成鲜明呼应：二者在行为内容和行为效力层面形成何种关联，很大程度上会直接影响司法审查的裁判结论。尽管目前个案裁判所采取的理据立场表现出差异性显著、稳定性不足等忧人现状，并且难以简单地判定何为正确、何为错误。但是，这些裁判文书反映出来的反复不定无疑是在敲响警钟：实体法规范不尽完善统一、程序法规范明显缺位失准、司法审查裁量空间宽泛以及诉讼程序结构不够均衡。故而，本书第五章试图从实体法效果、程序法意涵以及诉讼法功能三个方面，对于我国多阶段行政行为司法审查的理论与实践提出一些相对比较宽松的解决方案。毕竟，对于目前尚未定型的多阶段行政行为及其司法审查而言，一味地强调廓清限定基础意涵、类型构造以及适用规则，很有可能会导致其研究视域遭到"善意压缩"，从而失去继续延伸扩展的成长空间。

面对多阶段行政行为司法审查理论与实践的繁芜复杂，笔者在论述过程中经常会感到分身乏术、力不从心。然而，笔者仍旧坚信，涉及多阶段行政行为的司法审查问题必然会随着我国行政法学理论研究的纵深发展和行政诉讼审判实践工作的不断推进，而受到学术界、实务界的共同重视。毕竟，"一种从最深的基础理论土壤中长出来的制度实践，应当继续向上生长"。

REFERENCES

参考文献

一、中文著作

1. 陈新民：《公法学札记》，中国政法大学出版社 2001 年版。

2. 赖恒盈：《行政法律关系论之研究》，元照出版公司 2002 年版。

3. 应松年：《行政行为法》，人民出版社 1993 年版。

4. 吴庚：《行政法之理论与实用》，三民书局 2015 年版。

5. 叶俊荣：《行政法案例分析与研究方法》，三民书局 2003 年版。

6. 章志远：《行政法学总论》，北京大学出版社 2014 年版。

7. 蔡志方：《行政救济与行政法》（二），三民书局 1993 年版。

8. 江必新：《行政法制的基本类型》，北京大学出版社 2005 年版。

9. 翁岳生：《法治国家之行政法与司法》，月旦出版社 1994 年版。

10. 赵宏：《法治国下的目的性创设——德国行政行为理论与制度实践研究》，法律出版社 2012 年版。

11. 翁岳生：《行政法》（上册），中国法制出版社 2009 年版。

12. 方世荣：《论具体行政行为》，武汉大学出版社 1996 年版。

13. 胡建淼：《行政行为基本范畴研究》，浙江大学出版社 2005 年版。

14. 应松年、杨伟东编：《中国行政法学 20 年研究报告》，中国政法大学出版社 2008 年版。

15. 杨建顺：《日本行政法通论》，中国法制出版社 1998 年版。

16. 陈春生：《行政法之学理与体系》（一），三民书局 1996 年版。

17. 章剑生：《现代行政法总论》，法律出版社 2014 年版。

18. 何海波：《法学论文写作》，北京大学出版社 2014 年版。

19. 王名扬：《美国行政法》（上册），北京大学出版社 2016 年版。

20. 王名扬：《美国行政法》（下册），北京大学出版社 2016 年版。

21. 王名扬：《法国行政法》，北京大学出版社 2016 年版。

22. 王名扬：《英国行政法、比较行政法》，北京大学出版社 2016 年版。

23. 龚祥瑞：《比较宪法与行政法》，法律出版社 1985 年版。

24. 付子堂主编：《法理学初阶》，法律出版社 2013 年版。

25. 王学辉主编：《行政法与行政诉讼法学》，法律出版社 2011 年版。

26. 邹瑜、顾明总主编：《法学大辞典》，中国政法大学出版社 1991 年版。

27. 杨伟东：《行政行为司法审查强度研究——行政审判权纵向范围分析》，中国人民大学出版社 2003 年版。

28. 江必新编著：《行政诉讼法修改资料汇纂》，中国法制出版社 2015 年版。

29. 应松年、姜明安主编：《行政法与行政诉讼法辞典》，人民中国出版社 1993 年版。

30. 刘茂林、王广辉主编：《社会公正与法治国家》，武汉大学出版社 2008 年版。

31. 黄先雄：《司法谦抑论——以美国司法审查为视角》，法律出版社 2008 年版。

32. 应松年主编：《英美法德日五国行政法》，中国政法大学出版社 2015 年版。

33. 翁岳生：《行政法与现代法治国家》，祥新印刷有限公司 1990 年版。

34. 林纪东：《行政法》，三民书局 1990 年版。

35. 许宗力：《法与国家权力》，月旦出版社 1993 年版。

36. 陈新民：《行政法学总论》，三民书局 1995 年版。

37. 法学教材编辑部《行政法概要》编写组：《行政法概要》，法律出版社 1983 年版。

38. 罗豪才主编：《行政法论》，光明日报出版社 1988 年版。

39. 张尚鷟主编：《走出低谷的中国行政法学——中国行政法学综述与评价》，中国政法大学出版社 1991 年版。

40. 王连昌主编：《行政法学》，中国政法大学出版社 1994 年版。

41. 黄舒芃：《框架秩序下的国家权力——公法学术论文集》，新学林出版股份有限公司 2013 年版。

42. 黄卉：《法学通说与法学方法——基于法条主义的立场》，中国法制出版社 2015 年版。

43. 罗豪才主编：《行政法学》，北京大学出版社 1996 年版。

44. 叶必丰：《行政法学》，武汉大学出版社 1996 年版。

45. 应松年主编：《行政法学新论》，中国方正出版社 1999 年版。

46. 姜明安主编：《行政法与行政诉讼法》，北京大学出版社、高等教育出版社 1999 年版。

47. 周佑勇：《行政法原论》，中国方正出版社 2000 年版。

48. 杨小君：《行政法基础理论研究》，西安交通大学出版社 1998 年版。

49. 应松年主编：《行政程序法立法研究》，中国法制出版社 2001 年版。

50. 叶必丰：《行政行为的效力研究》，中国人民大学出版社 2002 年版。

51. 胡建淼主编：《行政违法问题探究》，法律出版社 2000 年版。

52. 罗豪才主编：《现代行政法的平衡理论》，北京大学出版社 1997 年版。

53. 周永坤：《法理学——全球视野》，法律出版社 2000 年版。

54. 陈秀美：《行政诉讼上有关行政处分之研究》，司法周刊社印行 1994 年版。

55. 张树义：《冲突与选择——行政诉讼的理论与实践》，时事出版社 1992 年版。

56. 叶必丰：《应申请行政行为判解》，武汉大学出版社 2000 年版。

57. 城仲模：《行政法之基础理论》，三民书局 1998 年版。

58. 翁岳生：《法治国家之行政法与司法》，月旦出版社 1994 年版。

59. 杨海坤主编：《跨入 21 世纪的中国行政法学》，中国人事出版社 2000 年版。

60. 胡锦光、杨建顺、李元起：《行政法专题研究》，中国人民大学出版社 1998 年版。

61. 王天华：《行政诉讼的构造：日本行政诉讼法研究》，法律出版社 2010 年版。

62. 叶必丰：《行政行为原理》，商务印书馆 2014 年版。

63. 章剑生：《现代行政法基本理论》（上卷），法律出版社 2014 年版。

64. 胡建淼主编：《行政法教程》，法律出版社 1996 年版。

65. 许育典：《法治国与教育行政》，高等教育出版社 2002 年版。

66. 城仲模主编：《行政法之一般法律原则》，三民书局 1997 年版。

67. 郑永流：《法治四章：英德渊源、国际标准和中国问题》，中国政法大学出版社 2002 年版。

68. 翁岳生教授祝寿文集编辑委员会编：《当代公法理论：翁岳生六轶诞辰祝寿论文集》，月旦出版社 1993 年版。

69. 李光、任定成主编：《交叉科学导论》，湖北人民出版社 1989 年版。

70. 熊文钊：《现代行政法原理》，法律出版社 2000 年版。

71. 湛中乐：《现代行政过程论——法治理念、原则与制度》，北京大学出版社 2005 年版。

72. 关保英：《行政法模式转换研究》，法律出版社 2006 年版。

73. 杨海坤：《中国行政程序法典化——从比较法的角度研究》，法律出版社 1999 年版。

74. 王锡锌：《公众参与和行政过程——一个理念和制度分析的框架》，中国民主法制出版社 2007 年版。

75. 最高人民法院行政审判庭编：《行政执法与行政审判》（第 3 集），中国法制出版社 2010 年版。

76. 应松年、马怀德主编：《当代中国行政法的源流：王名扬教授九十华诞贺寿文集》，中国法制出版社 2006 年版。

77. 最高人民法院行政审判庭编：《行政执法与行政审判》，法律出版社 2004 年版。

78. 最高人民法院行政审判庭编：《中国行政审判指导案例》（第 1 卷），中国法制出版社 2010 年版。

79. 陈敏：《行政法总论》，新学林出版股份有限公司 2009 年版。

80. 李震山：《行政法导论》，三民书局 2010 年版。

81. 葛克昌、林明锵主编：《行政法实务与理论》（一），元照出版有限公司 2003 年版。

82. 朱新力、金伟峰、唐明良：《行政法学》，清华大学出版社 2005 年版。

83. 宋功德：《行政法哲学》，法律出版社 2000 年版。

84. 刘善春：《行政诉讼价值论》，法律出版社 1998 年版。

85. 刘莘、马怀德、杨惠基主编：《中国行政法学新理念》，中国方正出版社 1997 年版。

86. 袁曙宏：《社会变革中的行政法制》，法律出版社 2001 年版。

87. 薛刚凌：《行政诉权研究》，华文出版社 1999 年版。

88. 谭宗泽：《行政诉讼结构研究：以相对人权益保障为中心》，法律出版社 2009 年版。

89. 胡卫列：《行政诉讼目的论》，中国检察出版社 2014 年版。

90. 马怀德：《行政诉讼目的论》，法律出版社 2009 年版。

91. 汪庆华、应星编：《中国基层行政争议解决机制的经验研究》，上海三联书店 2010 年版。

92. 顾培东：《社会冲突与诉讼机制》，法律出版社 2004 年版。

93. 刘东亮：《行政诉讼目的研究：立法目的和诉讼制度的耦合与差异》，中国法制出版社 2011 年版。

94. 罗豪才主编：《行政法学》，中国政法大学出版社 1999 年版。

95. 叶必丰：《行政法学》，武汉大学出版社 2003 年版。

96. 朱新力：《司法审查的基准：探索行政诉讼的裁判技术》，法律出版社 2005 年版。

97. 沈岿：《风险规制与行政法新发展》，法律出版社 2013 年版。

98. 朱新力：《行政违法研究》，杭州大学出版社 1999 年版。

99. 中国社会科学院语言研究所词典编辑室编：《现代汉语词典》，商务印书馆 1996 年版。

100. 姜明安主编：《外国行政法教程》，法律出版社 1993 年版。

101. 贺卫方：《司法的理念与制度》，中国政法大学出版社 1998 年版。

102. 马怀德主编：《行政诉讼原理》，法律出版社 2003 年版。

103. 于安编著：《德国行政法》，清华大学出版社 1999 年版。

104. 赵宏：《法治国下的行政行为存续力》，法律出版社 2007 年版。

105. 江必新、梁凤云：《行政诉讼法理论与实务》，法律出版社 2016 年版。

106. 詹镇荣：《行政法总论之变迁与续造》，元照出版公司 2016 年版。

107. 中国政法大学法治政府研究院编：《中国法治政府评估报告（2016）》，社会科学文献出版社 2016 年版。

108. 袁杰主编：《中华人民共和国行政诉讼法解读》，中国法制出版社 2014 年版。

109. 江必新主编：《中华人民共和国行政诉讼法及司法解释条文理解与适用》，人民法院出版社 2015 年版。

110. 梁凤云：《新行政诉讼法讲义》，人民法院出版社 2015 年版。

111. 最高人民法院行政庭编：《行政执法与行政审判》，中国法制出版社 2019 年版。

112. 杨小君：《行政诉讼问题研究及制度改革》，中国人民公安大学出版社 2007 年版。

113. 陈清秀：《行政诉讼法》，元照出版公司 2009 年版。

114. 应松年：《行政诉讼法学》，中国政法大学出版社 2002 年版。

115. 林莉红：《行政诉讼法学》，武汉大学出版社 2001 年版。

116. 田平安主编：《民事诉讼法学》，中国检察出版社 2002 年版。

117. 李龙：《民事诉讼标的理论研究》，法律出版社 2003 年版。

118. 林腾鹞：《行政法总论》，三民书局 1999 年版。

119. 高家伟：《行政行为合法性审查类型化研究》，中国政法大学出版社 2019 年版。

二、国外译著

1. ［德］奥托·迈耶：《德国行政法》，刘飞译，商务印书馆 2013 年版。

2. ［德］汉斯·J. 沃尔夫·奥托·巴霍夫·罗尔夫·施托贝尔：《行政法》（第 1、2、3 卷），高家伟译，商务印书馆 2002 年版。

3. ［德］弗里德赫尔穆·胡芬：《行政诉讼法》，莫光华译，法律出版社 2003 年版。

4. ［德］哈特穆特·毛雷尔：《行政法学总论》，高家伟译，法律出版社 2000 年版。

5. ［德］埃贝哈德·施密特－阿斯曼等：《德国行政法读本》，于安等译，法律出版社 2005 年版。

6. ［德］拉德布鲁赫：《法哲学》，王朴译，法律出版社 2005 年版。

7. ［日］铃木义男等：《行政法学方法论之变迁》，陈汝德等译，中国政法大学出版社 2004 年版。

8. ［日］盐野宏：《行政法》，杨建顺译，法律出版社 1999 年版。

9. ［日］盐野宏：《行政法总论》，杨建顺译，北京大学出版社 2008 年版。

10. ［日］盐野宏：《行政组织法》，杨建顺译，北京大学出版社 2008 年版。

11. ［日］盐野宏：《行政救济法》，杨建顺译，北京大学出版社 2008 年版。

12. ［日］大桥洋一：《行政法学的结构性变革》，吕艳滨译，中国人民大学出版社 2008 年版。

13. ［日］南博方：《日本行政法》，杨建顺译，中国人民大学出版社 1988 年版。

14. ［日］室井 力主编：《日本现代行政法》，吴微译，中国政法大学出版社 1995 年版。

15. ［日］兼子 一·竹下守夫：《民事诉讼法》，白绿铉译，法律出版社 1995 年版。

16. ［法］狄骥：《公法的变迁》，郑戈译，商务印书馆 2013 年版。

17. ［法］莱昂·狄骥：《宪法学教程》，王文利等译，春风文艺出版社 1999 年版。

18. ［法］莫里斯·奥里乌：《行政法与公法精要》（上、下册），春风文艺出版社1999年版。

19. ［英］威廉·韦德：《行政法》，徐炳等译，中国大百科全书出版社1997年版。

20. ［英］A.W.布拉德利、K.D.尤因：《宪法与行政法》（下册），刘刚等译，商务印书馆2008年版。

21. ［英］戴雪：《英宪精义》，雷宾南译，中国法制出版社2001年版。

22. ［英］彼得·斯坦等：《西方社会的法律价值》，王献平译，中国人民公安大学出版社1990年版。

23. ［英］卡罗尔·哈洛、理查德·罗林斯：《法律与行政》，杨伟东等译，商务印书馆2005年版。

24. ［英］梅特兰：《普通法的诉讼形式》，王云霞等译，商务印书馆2009年版。

25. ［美］罗斯科·庞德：《通过法律的社会控制、法律的任务》，沈宗灵等译，商务印书馆1984年版。

26. ［美］博登海默：《法理学：法律哲学与法律方法》，邓正来译，中国政法大学出版社1998年版。

27. ［美］理查德·J.皮尔斯：《行政法》（第1、2、3卷），苏苗罕译，中国人民大学出版社2016年版。

28. ［美］伯纳德·施瓦茨：《行政法》，徐炳译，群众出版社1986年版。

29. ［美］奥尔森：《集体行动的逻辑》，陈郁等译，上海人民出版社1995年版。

30. ［美］博登海默：《博登海默法理学》，潘汉典译，法律出版社2016年版。

31. ［美］布莱斯特等：《宪法决策的过程：案例与材料》，张千帆等译，中国政法大学出版社2002年版。

32. ［美］理查德·B.斯图尔特：《美国行政法的重构》，沈岿译，商务印书馆2002年版。

33. ［美］约翰·哈特·伊利：《民主与不信任——关于司法审查的理论》，朱中一、顾运译，法律出版社2003年版。

34. ［美］米尔伊安·R.达玛什卡：《司法和国家权力的多种面孔——比较视野中的法律程序》，郑戈译，中国政法大学出版社2004年版。

35. ［美］沃尔夫：《司法能动主义：自由的保障还是安全的威胁》，黄金荣译，中国政法大学出版社2004年版。

36. ［印］赛夫：《德国行政法》，周伟译，五南图书出版有限公司1991年版。

三、期刊论文

1. 朱新力、唐明良："现代行政活动方式的开发性研究"，载《中国法学》2007年第2期。

2. 江利红："行政过程的阶段性法律构造分析——从行政过程论的视角出发"，载《政治与法律》2013 年第 1 期。

3. 朱新力、宋华琳："现代行政法学的建构与政府规制研究的兴起"，载《法律科学（西北政法学院学报）》2005 年第 5 期。

4. 江利红："论行政法学中'行政过程'概念的导入"，载《政治与法律》2012 年第 3 期。

5. 陈爱娥："行政行为形式——行政任务——行政调控：德国行政法总论改革的轨迹"，载《月旦法学杂志》2005 年第 5 期。

6. 方世荣："具体行政行为的组合现象简析"，载《法商研究（中南政法学院学报）》1996 年第 1 期。

7. 朱芒："'行政行为违法性继承'的表现及其范围——从个案判决与成文法规范关系角度的探讨"，载《中国法学》2010 年第 3 期。

8. 肖泽晟："多阶段行政许可中的违法性继承——以一起不予工商登记案为例"，载《国家行政学院学报》2010 年第 3 期。

9. 程明修："论行政行为之公定力——日本法上公定力理论之演进"，载《军法专刊》第 41 卷第 1 期。

10. 王贵松："论行政行为的违法性继承"，载《中国法学》2015 年第 3 期。

11. 成协中："行政行为违法性继承的中国图景"，载《中国法学》2016 年第 3 期。

12. 章志远："行政法案例研究方法之反思"，载《法学研究》2012 年第 4 期。

13. 章剑生："行政许可审查标准：形式抑或实质——以工商企业登记为例"，载《法商研究》2009 年第 1 期。

14. 章剑生："论行政程序违法及其司法审查"，载《行政法学研究》1996 年第 1 期。

15. 章文英："国有土地上房屋征收范围确定行为的可诉性"，载《人民司法·应用》2015 年第 23 期。

16. 蒋德海："内部行政行为不应长期排斥在法治之外"，载《学术月刊》2016 年第 12 期。

17. 邓志："有限可诉性：司法监督内部行政行为的一种路径"，载《南京大学法律评论》2009 年第 2 期。

18. 郭殊："试论内部行政处分行为的可诉性"，载《中国青年政治学院学报》2004 年第 1 期。

19. 曾哲、周泽中："现实检视和理论反思：行政不作为概念重述"，载《浙江工业大学学报（社会科学版）》2018 年第 3 期。

20. 李建良："论多阶段行政处分与多阶段行政程序之区辨"，载《中研院法学期刊》2011 年第 9 期。

21. 刘飞、谭达宗："内部行为的外部化及其判断标准"，载《行政法学研究》2017 年第 2 期。

22. 李永超："揭穿内部行政行为之面纱——基于司法实践中'外化'之表达的一种解释框架"，载《行政法学研究》2012 年第 4 期。

23. 于立深、刘东霞："行政诉讼受案范围的权利义务实际影响条款研究"，载《当代法学》2013 年第 6 期。

24. 江利红："以行政过程为中心重构行政法学理论体系"，载《法学》2012 年第 3 期。

25. 王世杰："论行政行为的构成要件效力"，载《政治与法律》2019 年第 9 期。

26. 傅郁林："先决问题与中间裁判"，载《中国法学》2008 年第 6 期。

27. 杜焕芳、杨珮茹："涉外民事审判中先决问题的裁判逻辑与法律适用"，载《中国高校社会科学》2020 年第 3 期。

28. 宗珊珊："法国合宪性先决程序中的最高行政法院和最高司法法院"，载《公法研究》2017 年第 2 期。

29. 汪栋、王本利："行政案件司法审查适时性问题研究"，载《烟台大学学报（哲学社会科学版）》2005 年第 1 期。

30. 江必新："行政行为效力判断之基准与规则"，载《法学研究》2009 年第 5 期。

31. 赵宏："行政行为作为行政法教义学核心的困境与革新——兼论我国行政行为学理的进化"，载《北大法律评论》2014 年第 2 期。

32. 周佑勇："行政行为的效力研究"，载《法学评论》1998 年第 3 期。

33. 江必新："法律行为效力制度的重构"，载《法学》2013 年第 4 期。

34. 于安："德国法上行政行为的构成"，载《中国法学》1999 年第 5 期。

35. 刘莘："具体行政行为效力初探"，载《中国法学》1998 年第 5 期。

36. 吴婧萍："行政行为公定力研究"，载《行政法学研究》1997 年第 3 期。

37. 叶必丰："论行政行为的公定力"，载《法学研究》1997 年第 5 期。

37. 江必新、罗英："论行政决定公定力之起点"，载《湘潭大学学报（哲学社会科学版）》2011 年第 1 期。

39. 沈岿："法治和良知自由：行政行为无效理论及其实践之探索"，载《中外法学》2001 年第 4 期。

40. 吴婧萍："行政行为公定力研究"，载《行政法学研究》1997 年第 3 期。

41. 刘东亮："行政行为公定力理论之检讨"，载《行政法学研究》2001 年第 2 期。

42. 柳砚涛："行政行为公定力质疑"，载《山东大学学报（哲学社会科学版）》2003 年第 5 期。

43. 沈岿："行政行为公定力与妨害公务——兼论公定力理论研究之发展进路"，载《中国法学》2006 年第 5 期。

44. 王天华："行政行为公定力概念的源流——兼议我国公定力理论的发展进路"，载《当代法学》2010 年第 3 期。

45. 沈军："论具体行政行为之构成要件效力"，载《浙江社会科学》2001 年第 6 期。

46. 叶必丰："行政行为确定力研究"，载《中国法学》1996 年第 3 期。

47. 江必新："行政行为效力体系理论的回顾与反思"，载《江苏社会科学》2008 年第 5 期。

48. 王贵松："法治主义在日本的继受与展开"，载《交大法学》2014 年第 4 期。

49. 田文利、张艳丽："'行政行为'论"，载《中国社会科学院研究生院学报》2010 年第 4 期。

50. 朱维究、阎尔宝："程序行政行为初论"，载《政法论坛》1997 年第 3 期。

51. 江利红："日本行政过程论断主要观点探析"，载《国家检察官学院学报》2012 年第 3 期。

52. 江利红："行政过程论在中国行政法学中的导入及其课题"，载《政治与法律》2014 年第 2 期。

53. 江利红："论行政法实施过程的全面动态考察"，载《当代法学》2013 年第 3 期。

54. 叶必丰："法学思潮与行政行为"，载《浙江社会科学》2000 年第 3 期。

55. 王贵松："依法律行政原理的移植与嬗变"，载《法学研究》2015 年第 2 期。

56. 江利红："行政过程的阶段性法律构造分析——从行政过程论的视角出发"，载《政治与法律》2013 年第 1 期。

57. 张念强："行政过程中各行政行为逻辑顺序分析——以拆迁过程为研究对象"，载《研究生法学》2010 年第 5 期。

58. 江利红："论日本行政法学中的行政过程方法论"，载《法律方法》2015 年第 2 期。

59. 吴万得："德国法律保留原则的适用范围及其学说"，载《苏州大学学报（哲学社会科学版）》2001 年第 5 期。

60. 刘飞："论行政法上比例原则的引进"，载《行政与法（吉林省行政学院学报）》2004 年第 1 期。

61. 章志远："民营化规制改革与新行政法的兴起——从公交民营化的受挫入手"，载《中国法学》2009 年第 2 期。

62. 于立深："概念法学和政府管制背景下的新行政法"，载《法学家》2009 年第 3 期。

63. 张峰振："论违法行政行为的治愈"，载《政治与法律》2007 年第 6 期。

64. 何兵："行政行为的违法性继承——最高法院'饭垄堆案'判决释评"，载《行政法学研究》2019 年第 6 期。

65. 林莉红："法治国家视野下多元化行政纠纷解决机制论纲"，载《湖北社会科学》2015 年第 1 期。

66. 孔令滔："论行政诉讼中前置行政行为的审查模式——以日本行政过程论为方法论的视角"，载《公法研究》2011 年第 2 期。

67. 黄润秋："征地补偿安置争议解决机制的体系化阐释——以多阶段行政行为为中心"，载《法治研究》2019年第2期。

68. 徐键："论多阶段行政行为中前阶段行为的可诉性——基于典型案例的研究"，载《行政法学研究》2017年第3期。

69. 章剑生："行政行为对法院的拘束效力——基于民事、行政诉讼的交叉视角"，载姜明安主编：《行政法论丛》（第14卷）法律出版社2012年版。

70. 李玉柱、耿宝建："经上级机关批准的行政行为的被告确定问题再研究——也谈《若干问题解释》第19条规定的适用"，载《行政法学研究》2004年第2期。

71. 王学辉："行政法意思表示理论的建构"，载《当代法学》2018年第5期。

72. 王学辉："行政批示的行为法意蕴"，载《行政法学研究》2018年第3期。

73. 王学辉："行政法秩序下行政批示行为研究"，载《政治与法律》2018年第5期。

74. 柳砚涛："行政过程中的先行为效力"，载《东方法学》2017年第4期。

75. 夏新华、谢广利："论关联行政行为违法性继承的司法审查规则"，载《行政法学研究》2017年第6期。

76. 杨小君："关于行政认定行为的法律思考"，载《行政法学研究》1999年第1期。

77. 王彦、李桂红："行政审判实质性解决行政纠纷的价值与目标"，载《西南政法大学学报》2011年第2期。

78. 余军、尹伟琴："对作为行政诉讼'通道'的功能性概念的再认识"，载《政法论坛》2005年第1期。

79. 章剑生：《论影响实现行政诉讼价值目标的法律机制及其对策》载《法律科学》1996年第2期。

80. 刘作翔："法律的理想"，载《法学研究》1994年第6期。

81. 马怀德、王亦白："行政诉讼目的要论"，陈光中、江伟主编：《行政法论丛》（第6卷）法律出版社2001年版。

82. 崔卓兰："论确立行政法中公民与政府的平等关系"，载《中国法学》1995年第4期。

83. 王学辉："行政诉讼目的新论"，载《律师世界》1998年第2期。

84. 林莉红："我国行政诉讼法学的研究状况及其发展趋势"，载《法学评论》1998年第3期。

85. 宋炉安、李树忠："行政诉讼的审理对象"，载《行政法学研究》1997年第2期。

86. 李冷烨："论不履行法定职责案件中的判断基准时"，载《当代法学》2018年第5期。

87. 胡肖华："行政诉讼目的论"，载《中国法学》2001年第6期。

88. 章剑生："行政诉讼'解决行政争议'的限定及其规则——基于《行政诉讼法》第1条展开的分析"，载《华东政法大学学报》2020年第4期。

89. 程金华："中国行政纠纷解决的制度选择——以公民需求为视角"，载《中国社会科学》2009 年第 6 期。

90. 杨晓玲："城市拆迁引发'连环诉讼'之对策研究——以拆迁纠纷为样本的实证分析"，载《北京政法职业学院学报》2011 年第 3 期。

91. 陈红、徐凤烈："行政诉讼中前置性行政行为之审查探析"，载《浙江社会科学》2008 年第 5 期。

92. 恽汉明："该'会议纪要'是否具有可诉性——兼评最高人民法院对行政诉讼受案范围的解释"，载《法学》2001 年第 4 期。

93. 叶必丰："需上级指示行政行为的责任——兼论需合作行政行为的责任"，载《法商研究》2008 年第 5 期。

94. 应松年："构建行政纠纷解决制度体系"，载《国家行政学院学报》2007 年第 3 期。

95. 章剑生："我国行政模式与现代行政法的变迁"，载《当代法学》2013 年第 4 期。

96. 应松年："当代行政法发展的特点"，载《中国法学》1999 年第 6 期。

97. 梁君瑜："行政诉讼裁判基准时之考量因素与确定规则——以撤销诉讼为中心的考察"，载《河南财经政法大学学报》2016 年第 5 期。

98. 何海波："行政行为的合法要件——兼议行政行为司法审查根据的重构"，载《中国法学》2009 年第 4 期。

99. 陈永革："论主要证据"，载《法学研究》1999 年第 2 期。

100. 杨登峰："行政行为撤销要件的修订"，载《法学研究》2011 年第 3 期。

101. 董皞："论行政审判对行政规范的审查与适用"，载《中国法学》2000 年第 5 期。

102. 曾哲、周泽中："反思与重述：行政诉讼的法源规范与依据选择"，载《岭南学刊》2017 年第 3 期。

103. 周汉华："论行政诉讼中的法律问题"，载《中国法学》1997 年第 4 期。

104. 于立深："违反行政程序司法审查中的争点问题"，载《中国法学》2010 年第 5 期。

105. 杨登峰："程序违法行政行为的补正"，载《法学研究》2009 年第 6 期。

106. 李烁："行政行为程序轻微违法的司法审查"，载《国家检察官学院学报》2020 年第 3 期。

107. 何海波："公民对行政违法行为的藐视"，载《中国法学》2011 年第 6 期。

108. 章志远："行政行为无效若干问题研究"，载《河南省政法管理干部学院学报》2002 年第 1 期。

109. 余凌云："行政行为无效与可撤销二元结构质疑"，载《上海政法学院学报》2005 年第 4 期。

110. 杨登峰："行政行为程序瑕疵的指正"，载《法学研究》2017 年第 1 期。

111. 张旭勇："权利保护的法治限度——无效行政行为理论与制度的反思"，载《法学》2010 年第 9 期。

112. 关保英："无效行政行为的判定标准研究"，载《河南财经政法大学学报》2012 年第 4 期。

113. 刘淑范："论确认诉讼之备位功能：行政诉讼法第六条第三项之意涵与本质"，载《人文及社会科学集刊》2003 年第 1 期。

114. 王锡锌："行政行为无效理论与相对人抵抗权问题探讨"，载《法学》2001 年第 10 期。

115. 黄全："无效行政行为理论之批判"，载《法学杂志》2010 年第 6 期。

116. 王太高："无效行政行为制度研究"，载《河北法学》2002 年第 2 期。

117. 朱雁："论确立我国无效行政行为制度"，载《行政法学研究》2004 年第 1 期。

118. 梁凤云："不断迈向类型化的行政诉讼判决"，载《中国法律评论》2014 年第 4 期。

119. 应松年："中国行政法发展的创新之路"，载《行政法学研究》2017 年第 3 期。

120. 林莉红："行政救济基本理论问题研究"，载《中国法学》1999 年第 1 期。

121. 曹淑伟："确认行政行为无效诉讼的期限研究"，载《行政法学研究》2017 年第 4 期。

122. 张浪："行政诉讼中确认无效之诉的问题探讨"，载《法学论坛》2017 年第 2 期。

123. 薛刚凌、杨欣："论我国行政诉讼构造：'主观诉讼'抑或'客观诉讼'？"，载《行政法学研究》2013 年第 4 期。

124. 张旭勇："行政诉讼维持判决制度之检讨"，载《法学》2004 年第 1 期。

125. 田勇军："中国行政诉讼之诉判关系及其发展趋势探讨——诉判关系不一致的一个分析框架"，载《甘肃行政学院学报》2010 年第 2 期。

126. 苏峰："行政行为效力理论与确认判决制度"，载《行政法学研究》2007 年第 2 期。

127. 叶必丰："论行政行为的公定力"，载《法学研究》1997 年第 5 期。

128. 李建良："行政处分的构成要件效力与行政争讼"，载《月旦法学杂志》第 86 期。

129. 王贵松："行政行为无效的认定"，载《法学研究》2018 年第 6 期。

130. 张卫平："民事诉讼'释明'概念的展开"，载《中外法学》2006 年第 2 期。

131. 金伟峰："建立我国行政诉讼中的确认无效诉讼制度"，载《政法论坛》2005 年第 3 期。

132. 王贵松："行政诉讼判决对行政机关的拘束力——以撤销判决为中心"，载《清华法学》2017 年第 4 期。

133. 梁君瑜："论行政诉讼中的确认无效判决"，载《清华法学》2016 年第 4 期。

134. 叶必丰："最高人民法院关于无效行政行为的探索"，载《法学研究》2013 年第 6 期。

135. 姜明安："行政的现代化与行政程序制度"，载《中外法学》1998 年第 1 期。

136. 章剑生："论行政程序违法及其司法审查"，载《行政法学研究》1996 年第 1 期。

137. 周佑勇："作为过程的行政调查——在一种新研究范式下的考察"，载《法商研究》2006 年第 1 期。

138. 崔卓兰、张婧飞："追求过程与结果的双重价值——围绕我国行政强制立法的探索"，载《华南师范大学学报（社会科学版）》2008 年第 3 期。

139. 赵宏："欧洲整合背景下的德国行政程序变革"，载《行政法学研究》2012 年第 3 期。

140. 陈春生："行政法学的未来发展与行政程序法——月旦法学杂志发行百期志庆"，载《月旦法学杂志》2003 年第 100 期。

141. 章剑生："面向司法审查的行政行为说明理由——郴州饭垄堆矿业有限公司与国土资源部等国土资源行政复议决定再审案评析"，载《交大法学》2020 年第 2 期。

142. 江利红："论宏观行政程序法与我国行政程序法立法模式的选择"，载《浙江学刊》2009 年第 5 期。

143. 郑春燕："现代行政过程中的行政法律关系"，载《法学研究》2008 年第 1 期。

144. 温恒国："行政责任过程说——一种对行政责任性质的新认识"，载《北方法学》2008 年第 1 期。

145. 郑春燕："论城乡规划的司法审查路径——以涉及城乡规划案件的司法裁判文书为例"，载《中外法学》2013 年第 4 期。

146. 章剑生："行政征收程序论——以集体土地征收为例"，载《东方法学》2009 年第 2 期。

147. 王青斌："论需批准行政行为的主体认定"，载《华东政法大学学报》2011 年第 4 期。

148. 邹爱华："被征收人土地征收救济难困境及其对策——以国务院土地征收决定权为视角"，载《国家行政学院学报》2012 年第 1 期。

149. 章志远："新时代我国行政行为法研究的新进展"，载《安徽大学学报（哲学社会科学版）》2020 年第 3 期。

150. 李洪雷："德国行政法学中行政主体概念的探讨"，载《行政法学研究》2000 年第 1 期。

151. 湛中乐："首次行政法学体系与基本内容研讨会综述"，载《中国法学》1991 年第 5 期。

152. 章剑生："作为担保行政行为合法性的内部行政法"，载《法学家》2018 年第 6 期。

153. 毕洪海："作为规制决策程序的成本收益分析"，载《行政法学研究》2016 年第 3 期。

154. 朱芒："中国行政法学的体系化困境及其突破方向"，载《清华法学》2015 年第 1 期。

155. 于立深："现代行政法的行政自制理论——以内部行政法为视角"，载《当代法学》2009 年第 6 期。

156. 王锡锌："行政程序法价值的定位——兼论行政过程效率与公正的平衡"，载《政法论坛》1995 年第 3 期。

157. 章志远："迈向公私合作型行政法"，载《法学研究》2019 年第 2 期。

158. 章剑生："现代行政程序的成因和功能分析"，载《中国法学》2001 年第 1 期。

159. 袁文峰："论行政形式自由选择权"，载《财经法学》2018 年第 1 期。

160. 张运昊："行政一体原则的功能主义重塑及其限度"，载《财经法学》2020 年第 1 期。

161. 刘恒、彭箫剑："相对集中行政许可权的正当性判断标准研究"，载《中南大学学报（社会科学版）》2019 年第 2 期。

162. 陈爱娥："行政任务取向的行政组织法——重新建构行政组织法的考量观点"，载《月旦法学教室》2003 年第 5 期。

163. 胡建森、章剑生："论行政程序立法与行政程序法的基本原则"，载《浙江社会科学》1999 年第 6 期。

164. 沈岿："论行政法上的效能原则"，载《清华法学》2019 年第 4 期。

165. 鲁鹏宇："法治主义与行政自制——以立法、行政、司法的功能分担为视角"，载《当代法学》2014 年第 1 期。

166. 霍振宇："不同诉讼目的主导之行政审判模式间的整合与调适——面相司法实践的法解释论进路"，载《法律适用》2020 年第 4 期。

167. 谭宗泽："行政诉讼目的新论——以行政诉讼结构转换为维度"，载《现代法学》2010 年第 4 期。

168. 姜明安："扩大受案范围是行政诉讼法修改的重头戏"，载《广东社会科学》2013 年第 1 期。

169. 邓刚宏、马立群："对行政诉讼之特质的梳理与反思——以与民事诉讼比较为视角"，载《政治与法律》2011 年第 6 期。

170. 于安："我国行政诉讼特点刍议"，载《现代法学》1986 年第 3 期。

171. 郭修江："监督权力　保护权利　实质化解行政争议——以行政诉讼法立法目的为导向的行政案件审判思路"，载《法律适用》2017 年第 23 期。

172. 程琥："解决行政争议的制度逻辑与理性构建——从大数据看行政诉讼解决行政争议的制度创新"，载《法律适用》2017 年第 23 期。

173. 章剑生："论司法审查有限原则"，载《行政法学研究》1998 年第 2 期。

174. 宋炉安："评我国行政诉讼结构"，载《中央政法干部管理学院学报》1997 年第 2 期。

175. 郭修江："行政诉讼法立法目的的修改与完善"，载《中国审判》2013 年第 9 期。

176. 刘群："实质解决行政争议视角下的行政履行判决适用研究"，载《行政法学研究》2019 年第 2 期。

177. 章剑生："有关行政诉讼受案范围的几个理论问题探析"，载《中国法学》1998 年第 2 期。

178. 马怀德："行政诉讼法的时代价值——行政诉讼三十年：回首与前行"，载《中国法律评论》2019 年第 2 期。

179. 张淑芳："我国行政诉讼受案范围不宜扩大"，载《法学》1999 年第 8 期。

180. 闫尔宝："行政诉讼受案范围的发展与问题"，载《国家检察官学院学报》2015 年第 4 期。

181. 邓刚宏："行政诉讼受案范围的基本逻辑与制度构想——以行政诉讼功能模式为分析框架"，载《东方法学》2017 年第 5 期。

182. 方世荣："对行政诉讼受案范围中设定排除事项的反思"，载《法商研究》2014 年第 6 期。

183. 杨小军："行政诉讼受案范围之反思"，载《法商研究》2009 年第 4 期。

184. 胡建淼："'特别权力关系'理论与中国的行政立法——以《行政诉讼法》、《国家公务员法》为例"，载《中国法学》2005 年第 5 期。

185. 朱芒："概括主义的行政诉讼'受案范围'——一种法解释路径的备忘录"，载《华东政法大学学报》2015 年第 6 期。

186. 叶必丰："法院在行政诉讼个案中对法律的解释——以行政诉讼的受案范围为视角"，载《华东政法学院学报》2007 年第 2 期。

187. 刘善春："论行政诉讼价值及其结构"，载《政法论坛（中国政法大学学报）》1998 年第 2 期。

188. 谭宗泽："行政诉讼结构研究——一种结构主义的考察维度"，载《南京大学法律评论》2009 年第 2 期。

189. 顾培东："诉讼经济简论"，载《现代法学》1987 年第 3 期。

190. 李仕春："诉之合并制度研究"，载陈光中、江伟主编：《诉讼法论丛》（第 5 卷）法律出版社 2000 年版。

191. 范德浩："浅论我国司法审查的对象"，载《法学评论》1993 年第 4 期。

192. 于绍元："论行政诉讼中的举证责任"，载《政法论坛》1991 年第 4 期。

193. 胡震远："美国共同诉讼制度及其启示"，载《东方法学》2008 年第 4 期。

194. 梁君瑜："行政诉讼阶段化构造改良论——基于程序正义与诉讼经济之双重价值诉求"，载《广西社会科学》2017 年第 3 期。

195. 朱兴有、郑斌锋："诉的合并与诉讼请求的合并之界定"，载《西南民族学院学报（哲学社会科学版）》2002 年第 8 期。

196. 肖建华："论共同诉讼分类理论及其实践意义"，载陈光中、江伟主编：《诉讼法论丛》（第 6 卷）法律出版社 2000 年版。

197. 李龙："论民事诉讼客观的诉的合并"，载陈光中、江伟主编：《诉讼法论丛》（第 5 卷）法律出版社 2000 年版。

四、英文著作

1. Freund, *The Law of the administration in American*, 9 Pol. Sci. Q. 403, 1894.

2. Kirchner，Abgrenzung des VA von anderen behoerdichen Handungen，DVBL 1990.

3. Kopp/Ramsauer，Verwaltungsverfahrensgesetz Kommentar，9. Auflage，Verlag.

4. Harmut Maurer，Allfemeines Verwaltungsrecht，14. Auflage，Verlag C. H. Beck，S. 255.

5. Franz Knopfle，Tatbesands—und Feststellungswirkung als Grundlage der Verbindlichkeit von gerichtlichen Enscheidungen und Verwaltungsakten，Bayerische Verwaltungsblatter，1982，S.

6. F. Frankfurter："The Task of Administrative Law"，*75 University of Pennsylvania Law Review*，1927.

7. F. Frankfurter："Forward ，a Discussion of Current Development in Administrative Law "，*47 Yale Law Journal*，1938.

8. Cuthbert W. Pound，"Constitutional Aspects of Administrative Law"，*The Growth of American Administrative Law*，1928.

9. Kenneth C. Davis，*Administrative Law Treatise*，1978，vol. 1.

10. B. Schwartz，*Administrative Law*，991.

11. Stephen G. Breyer and Richard B. Steward，*Administrative Law and Regulatory Policy*，1992.

12. Peter l. Strauss，*An Introduction to Administrative Justice in the United States*，1989.

13. Henry P. Monaghan，Constitutional Fact Review，*Columbia Law Review*，Vol. 82，No. 2，March 1985.

14. Micheal Asimow，The Scope of Judicial Review of Decisions of California Administrative Agencies，*UCLA Law Review*，Vol. 42，1995.

15. Association of Data Processing Service Organizations v. Camp，397 U. S. 150，1970.

16. Hartmut Maurer，Allgemeines 19. Verwaltungsrecht，14. Auflage，Verlag C. H. Beck，2010，S. 255.

17. Vining，G. J.，Direct judicial review and the Doctrine of Ripeness in Administrative Law，*Michigan Law Review* 69. 8，1971.

五、日文著作

1. ［日］美侬部达吉：《日本行政法》（上卷），有斐阁 1936 年版。

2. ［日］美侬部达吉：《评价公法判例大系》（上卷），有斐阁 1933 年版。

3. ［日］美侬部达吉：《公用收用法原理》，有斐阁 1936 年版。

4. ［日］冈田春男：《行政法理的研究》，大学教育出版 2008 年版。

5. ［日］田中二郎：《行政法总论》，有斐阁 1957 年版。

6. ［日］福井秀夫：《土地收用的事业认定违法性的承继》，有斐阁 1998 年版。

7. ［日］远藤博也：《行政行为的无效与取消》，东京大学出版会 1968 年版。

8. ［日］远藤博也：《实定行政法》，有斐阁 1989 年版。

9. ［日］山本隆司：《判例探究行政法》，有斐阁 2013 年版。

10. ［日］宇贺克也：《行政法概说Ⅱ行政救济法》，有斐阁 2009 年版。

11. ［日］矶部力、小早川光郎、芝池义一编：《行政法的新构想Ⅱ》，有斐阁 2008 年版。

12. ［日］高田敏：《法治国家观的展开——法治主义的普遍性近代化与现代化》，有斐阁 2013 年版。

13. ［日］雄川一郎、盐野宏、园部逸夫：《现代行政法大系Ⅱ行政过程》，有斐阁 1983 年版。

14. ［日］雄川一郎编：《公法的理论》（下Ⅰ），有斐阁 1977 年版。

15. ［日］石川敏行：《论文试验行政法》，学阳书房 1991 年版。

16. ［日］佐藤英善：《经济行政法——经济政策的形成与政府介入的手法》，成文堂 1990 年版。

17. ［日］兼子仁：《行政法学》，岩波书店 1997 年版。

18. ［日］兼子仁：《行政法总论》，筑摩书房 1983 年版。

六、学位论文

1. 章志远："行政行为效力论"，苏州大学 2002 年博士学位论文。

2. 郝明金："行政行为可诉性研究"，中国政法大学 2004 年博士学位论文。

3. 李琦："行政行为效力新论——行政过程论的研究进路"，中国政法大学 2005 年博士学位论文。

4. 黄启辉："行政救济构造论"，武汉大学 2007 年博士学位论文。

5. 鲁鹏宇："行政法学理构造的变革——以大陆法系国家为观察视角"，吉林大学 2007 年博士学位论文。

6. 马立群："行政诉讼标的理论研究——以实体与程序连接为中心"，武汉大学 2011 年博士学位论文。

7. 肖亮："关联行政行为的连带审查研究"，华东政法大学 2011 年硕士学位论文。

8. 侯杰："关联行政行为司法审查问题研究"，中国政法大学 2012 年硕士学位论文。

9. 周泽中："行政不作为的定位及其责任体系"，西南政法大学 2018 年硕士学位论文。

10. 雷雨薇："关联行政行为的司法审查——兼论违法性继承理论的适用与重构"，西南政法大学 2019 年硕士学位论文。

THANK YOU

致　谢

　　对于学术研究而言，每逢谈及致谢，便是作品发表或者论著结语的"窠臼"，虽然我并非一个固守传统套路的性格，但在如此重要且珍贵的场合，能够公开表达我的感谢必定也是极为珍视的。

　　在此，需要郑重地感谢所有人，所有在我求学道路上以及在学习、工作和日常生活的方方面面，给予我帮助的人。因为这些帮助，总是那么及时地照亮我前行的道路。正是内心保有对这些温暖的真诚感恩，才能得以"静心养性，增益'吾'所不能"，尤其在锻炼思维逻辑与提升学术素养等方面大有裨益。以上绝非伪善客套之言。在学术道路上不断地丰富阅历，逐渐地趋于成熟理性，本应是个人孜孜以求的目标。

　　当然，更值得感恩和致谢的，是经常在我身边给予力量和帮助的人，他们是：

　　博士研究生导师王学辉教授。无论是在校读博期间，还是毕业求职期间，老师给予学生的指导和支持皆为无私、不求回报的。直至今日乃至未来，诸如"中国的行政法（学）应该长成一个什么样子？"等此类振聋发聩的理性思考，仍旧令学生肃然起敬，老师的这些学术品性必然深刻影响学生的教学和科研工作。回顾学术之路，虽历经无数坎坷，先生始终是砥砺我品性、学识的精良磨石。本书之所以能够整理出版，同样也受益于老师主持的《中国当代公法研究论丛》提供的宝贵机会。先生栽培知遇之恩，学生定当永记于心！

母校西南政法大学行政法学院。很庆幸能够在法科学子的"梦中情校"潜心研习宪法学与行政法学基础理论，得以领略大家风范。各位老师淡泊清明，力守学术圣地、奖掖后学后进，足堪师表之誉。在博士学位论文的开题答辩、预答辩以及正式答辩等环节之中，老师们给予的那些真知灼见，助我得以持续、系统地展开多阶段行政行为司法审查这一充满挑战但于我而言又有着巨大吸引力的议题研究，并且推荐荣获西南政法大学优秀博士学位论文、重庆市优秀博士学位论文、重庆市优秀毕业研究生。

执教供职的湖南师范大学法学院。作为初入职场的"菜鸟青椒"，内心甚为焦虑，可是，很幸运能够加入这样一个充满人文关怀的大家庭，肖北庚院长、唐建文书记等学院领导关心青年教师的成长需要，积极营造良好的教学科研环境。学院系所各位同事努力钻研的"内卷"态度和学术热情，进一步激发了我出版成书的前进动力。此外，本书出版也获得了湖南省一流建设学科法学（湖南师范大学）建设项目的大力资助，为之提供了切实有效的物质保障。

父母周景光先生、黄燕女士。他们对我物质上的养育、精神上的支持，是我学术逐梦之路的持久动力。在博士学位论文写作期间遇到瓶颈之时，父母的耐心开导一直在耳边回响，让我无不感受到坚守人生理想的幸福与满足，更使我得以静心修改、整理出版本书。

最为值得感谢的是夫人付颖。本书的绝大部分内容都是在她的陪伴下得以完成。她经常不动声色地把"流水不争先，争的是滔滔不绝"等暖心话语写在家里冰箱的留言板上，每每看到都会助我驱赶迷茫、消除困顿。在得知本书即将公开出版的消息时，她比我都还要开心得多。正是由于她发自肺腑的这些鼓励安慰，时刻督促和激励着我继续怀揣梦想、奋力前行。此情灼灼、流年相伴，自当珍惜敬重！

最后，感谢中国政法大学出版社和责任编辑丁春晖老师为本书出版提供的辛勤劳动和认可关照，在此致以崇高的敬意和真挚的谢忱！在学术研究过程中难免陷入苦闷或者遭受挫折，很幸运得遇曾钰诚博士、李复达博士、郭胜习博士、杨庆博士、陈昶博士、刘诗豪博士、廖彩舜博士、曹梦娇博士等同侪学友，闲时彼此勉励、互相扶持，方可行稳致远。囿于篇幅，抱歉无法一一致以谢意，个中情感容待私诉衷肠！本书即将付梓出版，惶恐之余，亦有喜悦之情。

是为跋。

公元 2023 年　初春

于湖南长沙　岳麓山下